保险实务系列教材

保险专业销售技术

BAOXIAN ZHUANYE XIAOSHOU JISHU

（第2版）

肖举萍　常　伟　主　编
周　灿　谢汀芬　陈　韬　副主编
段　鹏　夏雪芬　主　审

電子工業出版社
Publishing House of Electronics Industry
北京 · BEIJING

图书在版编目（CIP）数据

保险专业销售技术 / 肖举萍，常伟主编．—2 版．—北京：电子工业出版社，2015.2
保险实务系列教材
ISBN 978-7-121-25381-2

Ⅰ．①保… Ⅱ．①肖… ②常… Ⅲ．①保险业务－销售－高等学校－教材 Ⅳ．①F840.4

中国版本图书馆 CIP 数据核字(2014)第 313679 号

策划编辑：晋　晶
责任编辑：杨洪军
印　　刷：北京京师印务有限公司
装　　订：北京京师印务有限公司
出版发行：电子工业出版社
北京市海淀区万寿路 173 信箱　邮编 100036
开　　本：787×980　1/16　印张：16.25　字数：366 千字
版　　次：2008 年 4 月第 1 版
2015 年 2 月第 2 版
印　　次：2020 年 2 月第 4 次印 刷
定　　价：34.00 元

凡所购买电子工业出版社图书有缺损问题，请向购买书店调换。若书店售缺，请与本社发行部联系，联系及邮购电话：（010）88254888，88258888。
质量投诉请发邮件至 zlts@phei.com.cn，盗版侵权举报请发邮件至 dbqq@phei.com.cn。
本书咨询联系方式：（010）88254199，sjb@phei.com.cn。

保险实务系列教材

编　委　会

序 Preface

据时任中国保险监督管理委员会主席吴定富在2008年全国保险工作会议上介绍，党的十六大以来我国保险业保持年均18.2%的增长，2007年全国保费收入是2002年的2.3倍；2007年我国保费收入世界排名第9位，比2000年上升了7位，平均每年上升1位；到2007年年底，我国保险公司总资产达到29 000亿元，是2002年的4.5倍；目前全国共有保险公司110家，比2002年增加68家，保险资产管理公司9家，保险专业中介机构2 331家。上述资料充分显示了中国保险业在新的历史时期光辉灿烂的前景。随着发展速度的加快、发展质量的提升，中国保险业对能胜任保险实务工作的高素质人才的需求日益增加，国民对了解保险实务的热情持续升温。在这样的背景下，作为已经为中国保险业培养了近万名优秀保险专业人才、数千名保险系统各级公司经理（其中不少人担任了省级以上保险机构的领导职务）和保险实务教学已在业内形成知名品牌的保险职业学院，萌生出编写一套高质量的保险实务系列教材的念头也就不足为奇了。这套系列教材将突出以下几个特点：

（1）强化实务。实务与虚务相对，是指实际的事物或具体的事物。强化保险实务特色所追求的是，在最大程度上反映当前我国保险业界真实而具体的现实，使学生或读者真切了解保险业界正在发生的事情。

（2）以国家级精品课程《保险学概论》的教材建设为龙头。《保险学概论》是我院2005年成功申请的国家级精品课程，是我院保险专业教育的标志性成果。教材建设是国家级精品课程维护与改革的主要工作，而不断创新又是我们保持优势并不断超越自我的必经之途。

（3）课证融合。使保险专业课程与相关的保险职业资格考试有机地结合起来，是保险专业教育（特别是保险职业教育）的重要发展趋势，也是降低教学成本、提高教学效率的内在要求。在本系列教材中，我们将以有关保险职业资格的考试大纲为纲来组织编写，以使课证融合落到实处。

（4）案例丰富。以案例教学为主线或主导教学方法是本系列教材的又一特色。

众所周知，保险经营的实务性很强，时至今日，不少业务对经验的依赖程度还相当高（如海上保险业务等），这是我国保险专业教育不可回避的现实。由衷地希望本系列教材能成为大中专学生、保险从业人员及社会大众了解和学习保险实务的良师益友。

吴金文

前言 Introduction

我国保险业近20年来年均增长速度超过15%，是属于快速发展的行业之一。截至2013年年底，国内共有保险公司134家，总资产9.37万亿元，保险营销员300多万人，兼业代理机构20万余家，专业中介机构2 500多家。2013年中国全年实现保费收入1.72万亿元，全球排名第四位。但目前我国保险密度和深度都还处于较低水平，2012年年底，保险密度为1 144元/人，保险深度为3%，与发达保险市场相比有非常大的差距。保险业在我国仍是一个朝阳行业，有巨大发展潜力。研究表明，在一国人均GDP达到3 000美元之后，人们的消费需求开始升级，生活需求出现多样化，对养老保健、医疗卫生、汽车、住宅、文化教育等改善生活质量的需求将明显提高，而这些消费领域都与保险业息息相关，需要保险业提供更加丰富的产品和服务。目前中国人均GDP已经达到6 747美元，未来10~20年，仍然是我国保险业发展的重要战略机遇期。

当前，伴随着我国经济的转型发展，我国保险营销模式也处于转型升级期，过去“低投入、低素质、粗放式”发展模式变得无法持续，从人力驱动向服务驱动转变，从劳动密集型向知识密集型升级，以经营客户为中心的专业化、规范化、信息化模式是未来发展方向。因此，拥有专业化的保险销售技术的保险销售人员才能在全球化、信息化、金融大众化时代塑造核心竞争力，才能赢得发展空间。助力保险销售队伍专业化转型，是保险职业学院组织团队开发《保险专业销售技术》第2版的应有之义。

保险职业学院（前身为中国保险管理干部学院）自1986年以来就开办了保险专业教育，是我国改革开放以来最早从事保险教育的高校之一，为保险行业输送了数以万计的保险专业人才。经过28年来的办学积淀，保险职业学院的品牌已得到行业和社会的深度认可。专业建设成果斐然，拥有系列国家级教研教改成果，如精品课程《保险学概论》，精品资源共享课程《保险原理与实务》，主持金融专业国家级教学资源库保险实务课程建设项目，出版国家规划教材多部，保险实务、国际商务等专业系中央财政支持专业，并建有保险实务中央财政支持实习实训基地，省级成果包括保险实务特色专业、营销与策划精品专业及保险实务省级重点实习实训基地，并拥有保险实务、营销与策划、金融保险三个省级教学团队。学院为全国金融职业教育教学指导委员会委员单位、中国保险学会常务理事单位、湖南保险学会副会长单位、湖南保险行业协会常务理事单位。

我们相信此次开发《保险专业销售技术》第2版会对广大保险及营销学专业学子、保险行业从业人员提供有益帮助。“保险专业销售技术”系保险类和营销类专业的核心课程之一。目前市场上保险销售类书籍存在下列不足：要么理论性太强，操作性不够，不适合培养实务型人才；要么具有操作性，但理论性、系统性欠缺，不能适应学员综合素质和专业水平的提升。本书编写人员均为从事多年保险教育和行业培训工作的人员，深知保险高职教育和行业培训需要理论性与实践性高度结合的教材。因此，我们本着针对性、实用性、新颖性、前瞻性、生动性、操作性等原则，对保险专业销售所应掌握的各项专业技术技能进行既深入理性的剖析，又进行活泼通俗的阐述，在保证理论适度和体系相对完整的前提下，对实战性技术技能内容进行重点阐述和介绍，并提供丰富的新颖生动的案例和资讯，以期为读者提供较强的理论与实践价值。本书适合作为大中专院校教材，尤其是高职教育教材，同时我们也希望该书成为中国保险市场上庞大的保险销售人员队伍和保险营销组训、讲师等培训人员的良师益友。

本书共7章，从保险专业销售技术概论、客户投保行为分析、保险销售模式探究、保险销售步骤与技巧、保险产品分析、保险建议书的设计与制作、保险销售人员素质培养与自我管理等方面对保险专业销售技术进行全面的阐述和剖析。第1章由肖举萍编写，第2、4章由常伟、周灿、张旭升编写，第3章由陈韬编写，第5章由谢汀芬、张旭升编写，第6章由谢汀芬、肖举萍编写，第7章由肖举萍、周灿编写。全书由肖举萍、常伟整体构思并统稿。编写人员均是从事多年保险教育和行业培训工作的教授、副教授及高级经济师。本书由保险职业学院段鹏院长、夏雪芬教授担任主审。

在本书的编写过程中，我们得到了保险职业学院院长兼党委书记段鹏、科研处处长夏雪芬、教务处处长饶晓波、中国人寿渭南分公司总经理李彬、中国人寿电子商务公司长沙区域分公司负责人余三明等领导的关心和支持，还得到了电子工业出版社相关编辑及其他保险行业的朋友们的鼎力支持。此外，我们还参考了不少学者的论文、著作及大量网络资讯。在此，一并致以诚挚的感谢！

由于编者水平有限，本书错误与疏漏在所难免，敬请各位读者批评指正。

肖举萍

2014年12月

目录 Contents

第 1 章 保险专业销售技术概论

学习要点

- 理解保险专业销售技术的概念；
- 掌握保险专业销售的基本原则；
- 了解保险专业销售技术的内容。

1.1 保险专业销售技术的概念

1.1.1 专业销售

专业销售即销售人员运用专业的销售技巧销售产品，并保持不间断客户服务的过程。“专业销售”的“专业”体现在销售人员在销售方面具有执着的从业精神、丰富的销售知识、熟练的销售技能和高品质的销售服务。

一般来说，销售模式可分为交易销售、关系销售和顾问销售三种类型。

（1）交易销售往往表现为诱导、误导客户，不如实告知，急功近利，强硬销售。

（2）关系销售注重情感营销，讲究沟通艺术，让客户先成为朋友，再变成客户或成为销售人员的客户转介绍者。

（3）顾问销售注重对客户的财务、生活及消费需求进行科学分析和评估，并致力于解决问题，做客户的生活规划师、理财咨询师和消费顾问师。

这三种销售模式在利益出发点、销售手段和销售目标等方面体现出较大差异，具体区别如表 1-1 所示。

表 1-1 交易销售、关系销售和顾问销售的区别

销售模式	利益出发点	销售手段	销售目标
交易销售	自身利益	销售技巧和话术、短期刺激	扩大销售、赚取收入
关系销售	客户感性利益	愉悦客户、情感沟通	建立客户关系、合情赢利
顾问销售	客户理性利益	理性分析客户需求、提出问题解决方案	客户满意、合理赢利

有一点必须认同，这就是只有客户利益导向型的保险销售行为才能长期地赢得和维持忠诚客户，才能塑造销售人员良好的专业销售形象。所以，以专业精神从事的关系销售和顾问销售都属于专业销售的范畴。

1.1.2 保险销售

保险销售是以保险产品作为销售客体的销售活动。保险销售因其所销售的产品的特殊性而具有较大的挑战性。

保险产品的特殊性体现在以下三个方面。

（1）保险产品的不可感知性。保险产品是一种具有风险管理或经济保障功能的特殊产品，是一种无形产品。保险产品的不可感知性特征对保险产品的销售具有重要影响。保险销售人员不能通过陈列、展示等形式直接激发客户的购买欲望或供顾客检查、比较和试用。对购买者而言，保险产品是抽象的。解决这一问题的基本思路是“化无形为有形”，即为无形的保险产品增加有形的、可以感知的成分，使顾客能够通过保险服务场所、服务人员、服务设施及保险宣传资料等各种有形的、可感知的“证据”判断保险产品的质量及效果，从而促使其做出购买决策。

（2）保险产品的异质性。保险产品不像一般有形产品可以实行机械化或标准化生产，因此，其质量缺乏稳定性。不同的保险服务人员所提供的同一保单项下的服务，会由于服务人员的素质、专业水准及个性等方面的差异，在质量上有所不同。即使同一个保险服务人员，因心理状态变化等因素的影响，在不同时间和地点所提供的保险产品也会有不同的质量水平。保险产品质量的不稳定性，给保险销售工作带来很大困难，尤其不利于建立稳定的客户群。因为质量的不稳定性，会使客户的忠诚度减弱，流动性增强。解决这一难题的办法有加强对保险销售人员的培训，加强保险售后服务，加强客户满意度调查及采取客户抱怨的有效处理和补救措施，加强保险企业的品牌建设等。

（3）保险产品的价格刚性。保险产品的价格是根据经验生命表中的生存率和死亡率（寿险商品）、损失率（非寿险商品）、投资回报率以及保险公司的经营费用率来拟订的，非常客观，一经制定，其变化的可能性较小。而且，在销售时讨价还价的空间很小（个人寿险不存在还价），买方只能做买还是不买的决定。

1.1.3 保险专业销售技术

技术，是指进行某种活动的知识技能和操作技巧。技能，是指掌握和运用某种技术的能力。技巧，是指巧妙的技术或熟练地运用技术的能力。

所以，保险专业销售技术是指基于销售客体，即保险产品的特殊性而应掌握的体现专业化品质的保险销售技能技巧。

1.2 保险专业销售的基本原则

保险专业销售行为是在现代营销理念指导下的销售行为，而现代营销理念强调客户需求导向、专业化整体营销手段及合理赢利，同时，保险经营的根本原则是最大诚信原则。因此，保险专业销售应遵循四个原则：以客户需求为中心、以诚实信用为基础、以专业服务为手段、以达到多赢为目的。

1．以客户需求为中心

与交易销售相比而言，保险专业销售强调对保险消费者需求的关注。需求=顾客+需要+经济能力。因此，找准具有消费能力的目标客户群体，分析客户的风险管理和经济保障需要，为客户解决问题，向客户提供价值，是专业的保险销售人员最应该注重的问题。只有围绕客户需求提出解决问题的方案，客户的需求得到满足，客户才会满意，而一个满意的客户可能会变成忠诚客户，一个忠诚客户会给保险销售主体带来无尽的价值。一是重复购买，二是扩大购买，三是购买新产品，四是介绍别人购买，五是降低销售成本。这就是保险专业销售为什么应“以客户需求为中心”作为首要原则的原因。

2．以诚实信用为基础

保险行业是一个以信用作为基础的行业，保险产品具有无形性，消费者购买的其实是保险经营主体的一种承诺。保险经营活动的特殊性决定了它必须坚持最大诚信原则，而作为保险销售人员，赢得客户和信誉的基础是诚实守信。

法国大文学家大仲马曾说过这么一句话：“当信用消失的时候，肉体就没有生命。”在保险行业中，部分销售人员对客户进行虚假宣传、夸大收益等销售误导行为，不但损害客户利益，也给保险行业抹黑，同时注定会断送自己的保险职业生命。

3．以专业服务为手段

保险专业销售在销售手段上与交易销售及原始的人情销售的差异，在于向客户提供专业化服务，包括售前的保险宣传咨询服务、售中的风险管理及保险方案拟订服务及售后的保单保全、理赔协助和相关附加超值服务等。例如，人身保险产品的售中的风险管理及保险方案拟订服务，保险销售人员应在客观分析客户的风险点的基础上准确把握客户的保险需求点，如家庭遗属生活保障需求、疾病医疗保障需求、子女教育保障需求、养老保障需求和资产保值增值需求等。在把握客户的需求点的基础上，再为客户提供科学的解决问题的方案。专业的保险销售人员其实充当了几个角色：风险管理师、生活规划师、员工福利规划师、保险顾问师、金融理财师等。而交易销售和原始的人情销售往往采取强硬销售和利用人情关系勉强达成销售，可能造成客户购买的保险产品不适合客户的个性化需求的情况，从而损害客户的利益。而以专业服务为销售手段的保险专业销售能更大程度地保障客户的利益。

4．以达到多赢为目的

交易销售及原始的人情销售行为，出发点在于销售人员的利益。而保险专业销售以客户需求为中心，通过专业化服务的方式提出解决问题的方案，这样的销售行为其实达到了“一箭多雕”的结果：一是为客户进行了风险管理和理财规划，满足了客户的利益；二是扩大了保险销售人员自身的销售业绩，提高了收入水平；三是为保险公司创造了良质保单，必然会提高保险公司的续保率，提升保险公司及保险营销机构的品牌形象等。可见，专业化的保险销售行为会达到多赢的效果，并进入良性循环。

1.3 保险专业销售技术的主要内容

本书将从客户投保行为分析、保险销售模式探究、保险销售步骤与技巧、保险产品分析、保险建议书的设计与制作、保险销售人员素质培养与自我管理等方面对保险专业销售技术进行全面的阐述和剖析。

（1）关于客户投保行为分析。包括保险需求与保险客户分析、客户投保心理分析、客户投保行为分析等，主要阐述哪些人可能成为投保人，他们的投保行为受哪些因素的影响，他们为什么投保，他们可能买什么样的保险，他们在什么时候和什么地方可能投保等问题。了解客户的投保行为，才能更好地满足客户的需求。

（2）关于保险销售模式探究。对传统型模式和创新型模式分别进行阐述。针对传统保险销售模式而言，依据渠道划分主要介绍员工直销、个人代理人销售、银邮兼业代理销售和专业保险经代销售等模式；针对创新型保险销售模式而言，依据资源平台主要介绍交叉互动销售、邮寄销售、电话销售、网络销售和保险超市等模式；另外，依据运营技巧，对保险产品说明会及客户联谊会等模式进行介绍。

（3）关于保险销售步骤与技巧。主要对保险销售过程中可能经历的各环节进行探讨和阐述，包括对开拓准保户、拜访准保户前的准备、接洽准保户、保险销售面谈、异议处理、促成保险签单、售后服务等保险销售环节的阐述和对保险销售谈判技巧的探讨。

（4）关于保险产品分析。包括对保险产品的概念、保险产品的构成要素、保险产品的特征、保险产品的分类等内容的概述，对人寿保险、健康保险和意外伤害保险等人身保险产品和企业财产保险、家庭财产保险、运输工具保险、责任保险等财产保险产品及其营销实务的阐述和分析。

（5）关于保险建议书的设计与制作。包括对保险建议书的文本内容、文本形式、类型等内容的概述，对风险管理建议书、几种常见的财产保险建议书的设计与制作、个人及家庭人身保险建议书的设计原则、个人及家庭人身保险建议书的风格类型、团体人身保险建议书的设计与制作等内容的重点阐述和典型案例介绍。

（6）关于销售人员素质培养与自我管理。主要对保险销售人员的素质与能力、保险销售人员培训和销售人员自我管理等进行阐述。素质方面：职业道德素质是保险销售人员首要具备的素质，包括热忱的态度、敬业精神、诚信等；专业素质包括知识素质和专业销售能力要求，知识素质包括保险知识、保险相关知识等，而专业销售能力包括智力，社交能力，自我管理能力，观察能力，理解、判断和决策能力，语言表达能力，应变能力等方面的要求；形象素质要求主要指保险销售人员应有健康的体魄，要注意服饰仪容和肢体语言；心理素质要求主要指保险销售人员应具有爱心、信心、耐心、诚心、恒心等。培训方面，主要阐述理念培训、产品知识培训、销售技术培训等。自我管理方面，包括对销售人员形象管理和活动管理两大方面。销售人员个人形象管理包括对销售人员个人形象塑造的意义、个人形象色彩诊断与设计、个人形象风格款式诊断与设计及商务礼仪的介绍；活动管理包括目标管理、时间管理、客户管理和情绪管理等内容。

总之，本书本着针对性、实用性、新颖性、前瞻性、生动性、操作性等原则，对保险专业销售所应掌握的各项专业技能技巧进行深入和相对通俗的剖析和阐述，在保证理论适度和体系相对完整的前提下，对实战性操作技能技巧内容进行重点阐述和介绍，并提供丰富、生动、鲜活的案例、资讯和操作工具，以期为读者提供较强的理论与实践价值。

同步练习

1. 何谓保险专业销售技术？
2. 保险专业销售应遵循哪些基本原则？
3. 保险专业销售涉及哪些方面的内容？

本章实训

请分别列举现实生活中交易销售、关系销售、顾问销售的案例。

第2章 客户投保行为分析

学习要点

- 了解需求与需求的层次；
- 理解保险需求的特征；
- 知晓客户投保的心理过程；
- 了解投保客户的性格类型；
- 掌握个人客户投保的决策过程；
- 掌握团体客户投保的决策过程。

案例导读

好丈夫买保险

孙先生：买保险的事情，我想再等等。

销售人员：为什么要等等呢？

孙先生：下个月是我太太的生日，我准备给她办一个规模稍微大一点的生日聚会，还要买一些生日礼物。

销售人员：孙先生真是一位好丈夫。

孙先生：应该的。安排生日聚会，购买生日礼品要花不少钱，所以……

销售人员：可以理解。不过……

孙先生：不过，你认为什么样的生日礼物最让女人感到意外，感觉有内涵、有价值。

销售人员：让我说吗？

孙先生：是啊，说说看。

销售人员：从我的职业角度上说，我认为就是你想等等再购买的保险单，再配上象征爱情的99朵红玫瑰和一段深情的配乐内心独白的录音现场播放。

孙先生：大喜的日子里，送保险是不是有点不吉利？

销售人员：……

资料来源：节选自360问答网站2013年3月2日发表的《保险人员向客户介绍保险的对话》，

http://wenda.so.com/q/1362208182067077，节选时有删改。

辩证性思考：

1. 孙先生有可能有什么样的保险需求？为什么？
2. 制约孙先生购买保险的原因是什么？属什么心理类型？
3. 影响客户投保行为的因素有哪些？
4. 销售人员该如何说服孙先生？

2.1 保险需求与保险客户分析

2.1.1 保险需求分析

1. 需求

需求是指人们的各种渴求和欲望。人们的需求是多方面的，并且随着客观条件的变化而变化。美国心理学家马斯洛把人们的需求划分为五个层次，如图2-1所示。

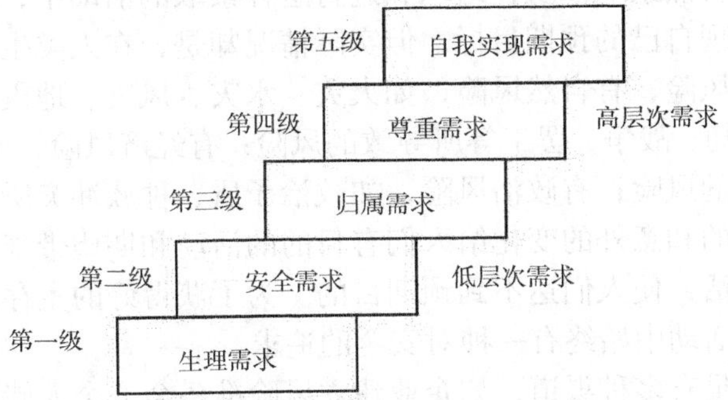

图2-1 马斯洛需求层次模型

（1）生理需求。生理需求是维持人们生存和发展的一种基本需求，具体表现为对食品、衣物、睡眠等的需求。衣食住行，人人需要，所以生理需求是人们最基本的需求。这些需求只能通过完成工作而获得货币，以货币来购买所需的物品而得到满足。但一旦这些生理需求得到基本满足后，人们的注意力就会集中到高一层次的需求上。

（2）安全需求。安全需求是人们对自己的生命、身体以及自己所有的财产平安完整的渴望。人人都渴望自己的身体和生命不遭受意外伤害，不遭受疾病的侵袭，都希望自己的财产完好无损，不遭受毁损。安全需求以生理需求为基础，又为其他需求创造前提条件。安全需求有多种具体表现，如希望免受野兽的袭击；希望避开极热、极冷的气候；希望摆脱狂风、暴雨、火灾、地震等威胁；希望有一个安定有序的社会环境；希望有一份稳定收入的工作；希望有基本的生活保障等。

（3）归属需求。归属需求是人们对自己与他人的友谊、他人对自己的认同的需求。人们都愿意与他人进行社会交往，这种交往经常通过交谈和建立友谊来达到。同事之间、邻里之间感情融洽、团结互助、相互信任。希望得到爱情，希望建立友谊，喜欢别人并希望得到别人的喜欢，并有所归属，得到承认。归属需求具体表现为和睦、互助、互信、爱情、友情等。

（4）尊重需求。尊重需求是人们对被别人尊重或尊敬的渴望。尊重需求具体表现为两个方面：一是渴望自己有能力，有成就，有独立与自由；二是渴望自己有名誉，有地位，受人尊敬和重视。

（5）自我实现需求。自我实现需求是指人们希望自己成为自己所期望的人物，完成与自己能力相称的工作，发挥自己潜在的能力，实现自己的理想与抱负。自我实现需求具体表现为自我满足、自我发展、自我创造。当前面四种需求都基本满足后，自我实现需求就变得突出起来。

2．保险需求的含义

马斯洛需求层次划分的意义在于：低层次的需求满足之后，便进入高层次的需求，越是低层次的需求，越是基本的需求，也越迫切，人类的安全需求是较基本的低层次的需求。这是因为人类在向大自然索取以及在组织和进行这种索取的活动中，虽然总是希望在安全的环境中进行，以实现自己的预期目标，但实际情况却是，在人类生存和发展的过程中，常会出现各种各样的风险，有自然风险，如火灾、水灾、风灾、地震等形成的风险；有社会风险，如偷窃、抢劫、战争、罢工等所导致的风险；有经济风险，如由于经济管理不善、市场预测失误而带来的风险；有政治风险，如政治矛盾、种族冲突所引发的风险。这些自然的、社会的、经济的和意外的变化给人们有目的的活动和期望带来冲击，有时会打破或中断人们的生产和生活，使人们达不到预期目的。为了获得好的生存环境，促进自身的发展，人们在社会经济活动中始终有一种对安全的追求。

对安全追求的满足有多种渠道，如企业建立风险准备金、个人储蓄存款、进行防灾防损工作、进行保险、社会提供保障等。其中最为有效的途径是保险，于是安全需求就转化为保险需求，但并不是所有的安全需求都能转化为保险需求。

保险需求是人们为转移风险而产生的保险渴求和欲望，是促成投保行为的内在动力。人们在一定条件下形成一定的保险需求，由一定保险需求引发投保动机，由投保动机支配投保行为。

3．保险需求的特征

（1）保险需求具有客观性。保险需求的客观性是指人们在一定现实条件下必然产生一定的保险需求，不管人们是否认识到它，它都是存在的。保险需求源于风险存在，风险的存在是客观的，不以人们的意志为转移。风险存在的客观性决定了保险需求的客观性。但在现实经济生活中却常常出现以下三种情况。

① 没有意识到保险需求。以人身保险为例，几乎每个人都有购买人身保险的需求，但有时自己意识不到。有人认为自己没有结婚不必买保险，没有意识到风险无处不在、无时不有，更没有意识到人身保险不仅有保障家庭的功能，还有保障自身的功能；有人认为自

己非常健康，会长命百岁而无须买保险，岂不知长寿也是一种风险，老年时生活费和医疗费日益增加，而劳动能力却逐步下降，从而更需养老保险；有人认为自己有足够财富而无须买保险，没有认识到偶然出现的一把大火、国家经济崩溃引起的恶性通货膨胀都可能使其财产荡然无存。当一个人身患绝症需巨额医疗费而苦无着落时，当一家的主要劳动力惨遭不幸、家庭经济陷入危机时，人们才意识到一直存在但又一直被忽视的保险需求。

② 公民的保险心理障碍使客观的保险需求难以变成现实的保险需求。目前，我国公民的保险意识比较淡漠，表现在：一是存在怕吃亏心理，认为保险公司办理保险业务无非是变着法子赚钱，参加保险无便宜可占；二是存在侥幸心理，认为自然灾害、意外事故无非是个别现象，只要自己小心防范，就不会招灾惹祸；三是存在不信任心理，认为保险公司靠不住；四是存在唯利自信心理，认为参加保险不如到银行存款划算；五是存在迷信心理，把保险看成不吉利的事情，仿佛保了险灾害就将降临。有这些心理的人，往往把理应实现的保险需求，或者转化为不找保险公司找银行，不靠保险靠儿孙；或者顺其自然、听天由命，吞咽各种风险为其所酿制的苦酒。

③ 人们已经意识到了保险需求，但由于保险公司的宣传工作做得不好，保险需求变不成投保行为。保险需求的客体是保险产品。保险产品是一种特殊产品，表现为印有保险条款的保险合同，是极其抽象的东西，因此，引起投保的欲望要比购买一般有形产品困难得多。人们如果不能很好地理解其中所表达的意思，就不会主动买保险，所以保险公司有针对性的宣传必不可少。从形式上看，保险公司的宣传既包括在各种媒体上所做的广告，也包括员工们的街头咨询、业务人员面对保险需求者的耐心解释；从内容上看，保险公司的宣传既包括公司总体形象方面的宣传，如以各种方式让人们知道 “投保到人保，人保最可靠”、“平安保险保平安”、“太平洋保险保太平” 等，也包括类似商品指南性的具体细致的宣传，如讲解某一类风险应投什么样的保险，某一险种具有什么样的特点等。如果在宣传内容上 “抓大舍小” 就会造成宣传上的偏差，从而不利于保险需求向投保行为的转化。

（2）保险需求具有多样性。危及人类的风险是多种多样的，在自然风险中，有水灾、火灾、飓风、海啸、雷电、冰雹、地震等；在社会风险中，有盗窃、抢劫、罢工、暴动等；在人身风险中，有生、老、病、死、残等。风险的多样性，决定了保险需求的多样性。保险需求的多样性具体表现为以下两种。

① 社会对保险产品有多种需求。为了满足各种保险需求，就需有各种保险产品与之相适应。目前，世界上已开办的险种有几千种，我国保险业务恢复虽然时间很短，推出的保险也近千种，而且对于人身险来说，已经能够像定做衣服一样量体裁衣，即根据保险需求设计险种。

② 同一保险需求主体对保险产品也有多种需求。例如，某人既需投保意外伤害保险，还需投保医疗保险和养老保险；某企业既需投保财产保险，还需投保利润中断险等。

（3）保险需求具有差异性。保险需求的差异性是由保险标的所遭受风险的种类和程度、经济状态、地域、文化程度、性别年龄、对保险的感知认识程度、道德水平等差异造成的。

保险需求的差异性表现为人们对保险的种类、强度和数量等方面的不同需求。每个人都对人身保险有需求，但身体健康者和体弱多病者对医疗保险的需求程度不一样；先富起来的居民保险需求较为旺盛，尚未解决温饱、为一日三餐而发愁的居民则希望保险给予扶持；普普通通的工薪阶层参加人身保险的金额不会很高，而一些收入颇丰的个体业者、明星人物的保险金额则可能很高，甚至对身体的某一个部位投保金额就高达数十万元；同样是企业，经济条件好的可能选择几种保险来投保，经济条件差的可能只投保基本财产保险。总之，保险需求主体之间的保险需求千差万别，表现出明显的差异性。

（4）保险需求具有层次性。既然人们参加保险源于安全需求，那么保险需求也可以安全为标志划分层次。就个人（人身保险）而言，保险需求可以分为五个层次：一是生理安全保险需求，包括基本生活（衣食住行）等方面的保险需求；二是劳动安全保险需求，包括劳动工具、意外事故等方面的保险需求；三是职业安全保险需求，包括失业、待业等方面的保险需求；四是经济安全保险需求，包括财产、养老、医疗等方面的保险需求；五是心理安全保险需求，包括婚姻、教育、社会交往等方面的保险需求。就企业而言，保险需求可分为四个层次：一是财产安全保险需求，包括固定资产、流动资产方面的保险需求；二是收益安全保险需求，主要指利润损失的保险需求；三是责任安全保险需求，包括客户责任、产品责任、雇主责任、职业责任方面的保险需求；四是信用安全保险需求，包括投资、出口、履约保证等方面的保险需求。保险公司可以根据保险需求的层次性，进行分层次开发。

（5）保险需求具有渐进性。人类的保险需求具有渐进性，在低层次的保险需求得到满足之后，就会向高层次的保险需求迈进。人们的收入水平、文化程度、面临风险大小等因素不同，决定了他们对保险需求的差异，而且随着他们收入水平的提高、面临风险的加大、保险意识的加强，他们对保险的需求也不会停留在原有的水平上。例如，一个人最关心的是老有所养、病有所医的问题，当这些基本保险需求得到满足之后，就会转向子女教育保险、婚姻保险等更高的层次。当然，高层次保险需求的发展，并不排斥低层次保险需求的存在。例如，企业最先考虑的必定是有形财产的保险问题，当企业经济承受能力加强后，又会在此基础上把目光投向利润损失、产品责任等高一层次的保险上。

总之，随着社会生产力水平的不断提高和科学文化的不断发展，人们的保险需求总是在不断产生和渐次扩大的。当扩大的保险需求与有限的保险供给不相适应时，就迫使保险公司增加险种、扩大规模，于是保险业在保险需求的促进下向前发展。

（6）保险需求具有波动性。保险需求总是受经济大环境影响，呈现某种形式的动态变化。在经济繁荣、物价波动较小的时期，保险需求增长较快；在经济萧条、通货膨胀时期，保险需求也呈疲软状态。保险需求的动态变化还体现在险种的寿命周期上，一个险种从设计到受益直到退出历史舞台，一般都要经过引入期、成长期、成熟期、衰退期、退出期五个阶段。险种寿命周期各阶段社会普及率大体如表 2-1 所示。

表 2-1　险种寿命周期各阶段社会普及率

生命周期阶段	引入期	成长期	成熟期	衰退期	退出期
社会普及率	小于 10%	10% ~ 50%	50% ~ 70%	70%以上	0

（7）保险需求具有选择性。同其他商品的买卖不一样，保险产品的销售将永远是买方市场。人们根据自身的保险需求选择自己认为合适的险种投保，特别是人们掌握越来越多的保险知识和信息以后，这种选择就变得更加明显。在保险需求中，有机会选择、险种选择、价格选择、标的选择、责任选择、信誉选择等。

① 机会选择是指满足安全需求途径的选择。例如，一个企业为解决财产安全问题，它可以采取风险自留即企业自我承受风险损害后果的方法，也可以以缴纳少量保费为代价换取保险保障。

② 险种选择是指为满足某一保险需求对险种的优选。保险的供给具有多样性，同样是意外伤害保险，有长期和短期之分、有普通和特殊区别、有单独开办的和附加于基本险之上的。同样是医疗保险，可以是住院医疗保险，可以是门诊医疗保险，也可以是普通医疗保险，还可以是大病医疗保险。这就为投保人为满足某方面的保险需求进行选择提供了条件。

③ 价格选择是对保险费率的选择。由于竞争等原因所致，同一险种的保险费率不一定相同。例如，同是一年期企业财产保险，不同保险公司拟定的费率可能不同，假如其他条件都一样，投保人当然首选保险费率低的公司投保。

④ 标的选择是指对保险保障对象的选择。一个企业是只对固定资产进行投保，还是对全部财产都投保。一个家庭，投保了家财险，那么投不投人身险，投保人身险是投保仅以生存和死亡为给付条件的人寿险，还是投保以疾病、分娩为给付责任的医疗保险。

⑤ 责任选择是指保险责任能否满足需要。例如，一个人既担心万一自己遭遇不测会给家庭带来毁灭性的打击，又担心自己年老丧失劳动能力之后的生活问题，他选择单一的意外伤害险或养老保险都难以满足其需要，而选择生死两全险或养老附加意外伤害险比较合适。

⑥ 信誉选择是指选择信誉好的保险公司作为签约方。尽管各家保险公司注意推出自己的特色险种，但保险公司推出保险产品的雷同性还是十分明显的。很多险种即使名称不同，内容也是大同小异。这样，满足某种保险需求就有保险公司的选择问题。例如，一家企业想进行财产保险，其所在城市有中保财险分公司、太保财险分公司、平安财险分公司可供选择，最后选择哪一家，关键是信誉。

保险需求的选择性，促使保险公司不断推出适销对路的新险种，也促使保险公司不断提高自身管理水平，以便为更多的投保人所认可。

（8）保险需求具有隐蔽性。安全需要的产生是以风险存在为前提的，风险难以识别，从而导致与未被识别风险联系在一起的安全需要无法显露出来，而只是一种潜在需要。保险营销的一项重要工作，就是将这种潜在的保险需求转化为现实的保险需求，把保险需求变为购买动机并采取购买行为。方法是：站在保户立场上，运用系统的观点和方法，帮助他们识别其所面临的各种风险，同时诱发购买动机。

（9）保险需求具有非迫切性。保险需求的非迫切性表现在两个方面：一是保险需求可能是若干年以后的事情，也就是说，购买保险是为了满足相当长一段时间之后才产生的需要。例如，养老保险，年轻时投保交费，老了的时候才开始享受，这种未雨绸缪的事情并不迫切。二是风险的发生具有偶然性，发生的概率毕竟很小，所以买不买保险并不是十分要紧的事情。人们常有这种想法："这些年没参加保险不也过来了吗？"

保险需求的非迫切性，需要保险销售人员多做解释工作，让人们有危机意识，有紧迫感，不能临时抱佛脚，闲时不烧香。要年轻时为年老时着想，健康时为有病时着想，平安时为有难时着想，成年人为孩子们着想。

4．保险需求的类型

（1）按需求存在的表现方式，保险需求划分为两类。

① 现实保险需求。现实保险需求是指人们已经意识到并有支付能力的保险需求。它的数额是测算一定时期内在整个行业营销努力下和一定环境条件下，一个国家全部保险公司所能获得最大营销数额的根据。同样，一家保险公司当年可能达到的营销规模，也须建立在以现实保险需求数额为根据的全国营销数额的基础之上。应当明确，当年保险营销总额一般会小于保险需求总量。这是因为：由于营销工作不到位，致使保险需求没有全部转化为投保动机完成投保行为；由于保险公司没能提供满足某类保险需求的保险产品，或已推出的保险产品不大符合人们的保险意愿，只能部分地满足保险需求，于是一部分现实保险需求就以潜在的保险需求的形式沉淀下来。

② 潜在保险需求。潜在保险需求是指人们尚未认识到或虽已认识到但无法实现的保险需求。后一种情况前已述及，前一种情况则是由风险的客观性与人们认识风险的有限性所造成的。由于人们的认识能力欠缺，有时对一些风险意识不到。例如，前些年，人们把吸烟当作一项好的习惯，认为抽烟能消愁解闷、消除疲劳，但他们却不知道抽烟有害健康，抽烟致癌。因此，防范由于吸烟的风险引发的保险需求，也只能以潜在形式存在着。潜在保险需求在一定条件下可以转化为现实保险需求。

（2）按需求持续的时间长短，保险需求划分为两类。

① 长期需求。有人类社会存在就有风险存在，有风险存在就有保险需求的存在，从这个意义上讲，保险需求是无限期的。但具体到某一保险需求主体，则保险需求又是有期限的。一个企业从它诞生那天起到最后关闭，即在它的整个寿命周期内有保险需求；一个人从出生到死亡，一生中一直存在保险需求。企业的寿命周期、人的一生可能 80～100 年，期限虽长但毕竟不是无限的。这种长期性的保险需求，可以通过每年投保来加以解决，也可以通过购买长效还本财产险或终生生存、终生死亡保险来得到满足。

② 短期需求。某些风险并不是普遍存在的，只涉及某些标的或只有从事某些特殊活动

才会存在，因此产生了短期保险需求。例如，卫星发射有风险，但其发射过程很短，一经结束，卫星发射的保险需求就消失了。例如，人们外出办事或旅游，只有坐飞机才有航空旅客意外伤害的保险需求，乘坐其他交通工具或飞机到达目的后，这种保险需求也就不存在了。

（3）按需求的层次，保险需求划分为三类。

① 低层次保险需求。低层次保险需求也可以说是基本保险需求。它包括满足人们基本生存条件的各种保险需求，如企事业单位的财产安全、家庭及个人的家财安全、人的生命和身体的安全等。

② 高层次保险需求。在低层次保险需求得到满足之后，人们即开始追求更高层次的保险需求。例如，企业投保营业中断险、雇主责任险，父母为子女投保子女教育婚嫁金险，朋友间赠送生日贺卡险、金婚险等。

③ 特殊保险需求。特殊保险需求往往发生在人身保险中，某些人为显示自己的富有和高贵，以自己的生命或身体中的某一部位高保险金额投保就属此列。例如，我国曾有人投保了 1 000 万元的人身意外伤害保险；好莱坞明星伊丽莎白・泰勒有一双紫色的眼睛，从而一直保持着 100 万美元的保险金额；法国香水制作家艾费利昂，为其鼻子在劳埃德保险公司投保，保险金额为 500 万美元。

（4）按需求的内容，保险需求划分为四类。

① 财产保险需求。这是人们由于担心所拥有的、所占有的、有保管义务的物质财富遭受风险损失而产生的保险需求。

② 人身保险需求。这是人们因担心自己的身体或生命遭受老、病、死、残等风险而产生的保险需求。

③ 责任保险需求。这是人们担心自己难以承受因违背法律、合同或道义上的规定，而造成他人财产损失或人身伤害所引起的民事损害赔偿责任的保险需求。

④ 保证保险需求。在投资、贸易等活动中因义务人不履行合同义务而遭受经济损失引起的保险需求。

（5）按需求的主体，保险需求划分为两类。

① 团体保险需求。团体是指企业、行政事业单位等。团体保险需求的特点是需求集中、金额较大。团体保险需求主要存在于人身保险需求中，而以学生平安保险为最。在我国保险业务恢复之初，企业为其全体职工投保意外伤害保险的情况也较为多见。

② 个人保险需求。个人保险需求的特点是量小分散，但若把其集中起来，积少成多，总额则是相当可观的。近几年来，在人身险方面，各家保险公司广招销售人员，做分散性业务，结果促进了个人寿险业务的迅猛发展。与个人寿险相比，一家一户的家财险则还处于拓荒阶段。

2.1.2 保险客户分析

保险客户的范围很广，包括一切可能购买保险产品的组织和个人。保险客户是保险营销工作的对象。保险企业的生存和发展离不开客户的支持和信任。保险营销活动要做到有的放矢，就必须了解和分析保险客户。

1．现在客户、潜在客户和将在客户

根据客户与保险企业发生利害关系的程度，可将保险客户划分为现在客户、潜在客户和将在客户。

（1）现在客户是已和保险企业发生直接而确定利害关系的客户。例如，已经投保的企事业单位和个人。现在客户是保险企业经营业务的主要对象。他们从保险企业得到的服务，直接影响着保险企业在他们心目中的形象，影响着他们对保险企业的信任与支持，现在就影响着保险企业经营的经济效益。因此，处理好保险企业与现在客户之间的关系，增进保险企业与现在客户的感情，进一步提高他们对保险的认识，是开展保险公共关系活动最重要的内容。

（2）潜在客户是指将来有可能与保险企业发生利害关系的客户。例如，还没有意识到要去保险公司投保的工人、农民。在我国，国内保险业务恢复只有十几年时间，人们对保险的认识还很不全面，全民保险意识的提高还需大量的宣传教育工作。保险企业的潜在客户是保险企业扩大业务经营规模的主要对象。因此，对潜在客户保险意识的培育，是一件具有预见性和战略性的工作，是保险企业开展公共关系活动时不可忽视的一个方面。

（3）将在客户是介乎于现在客户和潜在客户之间的那部分客户，并正向现在客户转变。例如，感到自己需要办理人身或财产保险，但还没有最后拿定主意到保险公司办理投保手续的人们。保险企业的将在客户，是保险企业业务工作当前要争取的对象。只要营销工作做得艺术、恰当，将在客户就可以转化为现在客户。

综上所述，可以看出，保险企业将非客户转化为现在客户是一个连续发展的过程。潜在客户—将在客户—现在客户，这一过程的每个环节都需要保险业务人员做认真细致的营销工作。

2．零散型客户与组织型客户

根据客户的组织状态，可以把保险客户划分为零散型客户与组织型客户。

（1）零散型客户是指没有固定组织机构的公众，其中又可以分为流散型、聚散型、周期型、固定型客户。

① 流散型客户的特点是流动性大，如街上的行人、旅店的旅客、风景点的游客等。保险销售人员可以充分运用这类客户传递信息广泛、迅速的特点，向他们散发保险广告单等，扩大保险影响范围，提高保险企业的知名度。

② 聚散型客户的特点是因某件事或某项活动而临时聚集，而又很快分散的客户，如报告会、展销会、运动会、博览会的参加者们。因此，保险销售人员也可以利用这类客户传

递保险信息。

③ 周期型客户是指按一定规律定期形成的客户，如学校放假时的学生，保险销售人员可以有计划、有目的地进行保险信息传播，可以举办中小学生保险夏令营。

④ 固定型客户是指成员相对稳定而又未形成组织的客户，如保险报刊的读者、广播电视栏目的听众和观众。保险公关人员应根据这类客户相对固定的特点，进行保险宣传。例如，在广播电台、电视台等开设“保险之窗”、“吉祥鸟”等形式多样的栏目，向这些固定型客户介绍保险知识、宣传保险。

（2）组织型客户是指有稳定组织机构的客户，包括社区型组织客户、集团型组织客户和权力型组织客户。

① 社区型组织客户是指社区内的工农商企业、同行业、社会团体组成的客户。

② 集团型组织客户是指司法部门、新闻机构、文化艺术团体、学校等社会机关团体所组成的客户。

③ 权力型组织客户是指由有某种行政权力的政府部门及各类管理机构所构成的客户，如人民银行、国家财政部门等。

组织型客户对保险企业的经营影响很大，是保险企业营销工作也要重视的客户。

3. 顺意客户、逆意客户和独立客户

依据客户对保险组织和行为的态度，可以把保险客户划分为顺意客户、逆意客户和独立客户。

顺意客户是指对保险企业的政策和行为持赞赏和支持态度的客户，相反则为逆意客户。独立客户是指对保险企业政策、行为持中间态度，或态度不明朗，或未表态的客户。

保险销售人员的工作，就是要做客户态度的转变，努力把逆意客户、独立客户转化为顺意客户，为保险事业的发展打好群众基础。

延伸阅读2-1　高端客户的保险需求

相对于普通老百姓来说，绝大部分高端客户的保险需求会有所不同，通常情况下，应该涉及以下几个方面。

1. 规避风险

对富人来讲，保险可能不能让他更有钱，但当他和他的财富面对不可预测的世界时，保险会让他变得更加容易地把握未知的未来。因此，规避风险是包括高端客户在内的所有人必须首先考虑的保险规划目标。

值得一提的是，目前高端客户群体中有相当一部分是企业主。其中，一部分是个人独资企业，其所有人往往也是经营者或主要经营者。由于众多原因，其资产面临的风险非常大。如果无风险管理预案，其企业资产可能会因为所有人的死亡或伤残事件而丧失殆尽。另一部分则为与他人合伙经营。对这种形式，一般合作与信任是合伙企业成功经营的前提，

所有人之一的死亡会破坏这个重要的前提。对此，购买人寿保险能够有效地发挥作用，解决这些可能遇到的问题。例如，合伙企业可以购买关键人物保险或者合伙人之间的保险等。

另外，健康风险也是高端客户必须高度重视的。一个健康的身体对每个人都是非常重要的，为了保证身体健康，或者在不幸患上重大疾病时，能够得到及时有效的医治，足额的医疗保险和重大疾病险等险种至关重要。

对于规避风险所使用的保险品种，通常都是传统的保障型保险。除了上面提到的定期寿险、医疗保险、重大疾病险外，还包括意外伤害险及终身寿险、两全保险等。

2. 保值增值

近年来，购买投资型保险已逐渐成为人们特别是一些风险承受能力较强的高端客户选择的一种理财方式。投资型保险主要包括分红险、万能险和投连险。以分红险为例，保险公司在每个年度结束后，将该保险的可分配盈余按一定比例以现金或增额红利的形式，分配给客户。分红险推出10年多来，作为一种既有保底收益又能参与分红而且有保障功能的投资型人寿保险，一直是各大保险公司主打品种之一。有些投保人甚至一直将其作为储蓄存款的替代产品。不过投保分红险，要选择经营管理水平高、投研能力强、过往分红情况较好的保险公司，并选对分红方式，同时选择尽可能长的保险期间，真正实现保单红利的最大化。再如，投连险，作为一种融保障和投资于一体的新型寿险，通常根据不同的资产配置设立多个不同类型的投资账户。客户可根据自身风险承受能力和对收益的要求等，选择一个或多个投资账户来组成个人投资账户，并安排保费在其间的分配比例。投连险主要投资于基金产品，也称“基金中的基金”。

市场上还有一些投资型保险可以关注，主要是投资型家财险。目前市场上的投资型家财险一般都与市场存款利率挂钩，称为利息联动型保险。其中，有的是市场利率调整，投资型家财险的收益随之调整，有的则是将银行同期定期存款税后利率加上一定的百分点作为收益率。

需要注意的是，由于更加注重投资和储蓄功能，投资型保险的保障功能被弱化，保险金额通常较低，同时任何投资都是有风险的，投资型保险同样如此。

3. 合理避税

根据有关规定，保险受益人在获得保险金的时候不用纳税，在储蓄利息税取消后，保险产品的这一优势不再受到重视，但是一个非常重要的税种正在受到越来越多的有识之士（其中绝大部分是高端人士）的高度关注，即遗产税。虽然目前我国还没有开始征收，但这是一个发展趋势，种种迹象表明，遗产税法必将出台。如果开始征收遗产税，购买保险无疑是避开遗产税的有效方式。

当然，目前国内虽有征收遗产税的意向，可何时开征并无时间表，但高端客户必须未雨绸缪，及时做好这方面的规划是非常重要的。在险种选择或保险方案上，可投保以父母为被保险人、子女为受益人的终身寿险或者定期寿险，这样在父母身故后，子女可以得到保险金，并以这笔款项作为缴纳遗产税的资金来源，从而顺利继承父母留下的遗产，尤其是房产或其他固定资产。

4. 其他方面

根据法律规定，保险资产不被查封和罚没，不得用于抵债，高端客户可以利用这些规定，为自己和家人进行保险安排。例如：

资产保全，即通过保险规划进行财富或资产保全。在西方国家保险是最好的保全资产的理财工具，但国人并没有真正熟知保险的内涵和功用，所以这些功能用的非常少。理财人员在为高端客户进行保险规划过程中不妨多进行一些这方面的尝试。

信托安排，即通过投保年金保险等险种，用年金给付的方式来实现自己的养老安排，或者给孩子留钱，使孩子每年都有保险金领取，从而保证孩子的教育、生活和创业等。这种做法在国外也非常普遍。

资料来源：节选自新浪财经 2013 年 1 月 7 日转载《零售银行》高业伟的文章“如何为高端客户进行保险规划”，http://finance.sina.com.cn/money/insurance/bxdt/20130107/152914 206997.shtml，节选时有删改。

2.2 客户投保心理分析

保险企业的客户是多种多样的，不管是组织客户还是非组织客户，内部客户还是外部客户，他们都是由单个的人构成的；保险企业与客户建立业务关系，或进行业务宣传时，总是通过人与人的交往来进行的。每个人都是有血有肉、有认识有感情的社会性的人，因此，了解保险企业客户心理的构成，是做好保险营销工作的前提之一。

2.2.1 客户投保的心理过程

客户投保的心理过程由客户对保险的认识、对保险企业的情感和投保的心理选择等过程构成。

1. 客户对保险的认识过程

客户对保险的认识过程，包括客户对保险的感觉、知觉、记忆、思维和想象过程。

（1）客户对保险的感觉过程，是指客户对保险的某个特点、某种职能的认识。例如，朋友投了家庭财产保险，家里失火，得到了保险公司的赔偿，从而认识到保险公司可以补偿家庭财产因火灾引起的经济损失。保险客户对保险的感觉，虽然是片面的、肤浅的，但它是客户对保险认识的开始，是保险给公众留下的初次印象。

（2）客户对保险的知觉过程，是指客户对保险特性、职能的全面认识。例如，不仅认识到保险可以补偿火灾引起的财产损失，还可以补偿人身损害、提供防灾防损服务等。

（3）客户对保险的记忆过程，是指保险客户对保险曾经给自己留下的印象能够回忆和再认。例如，听到某保险公司给某企业赠送消防器材的消息，能意识到这是保险防灾防损功能的体现。

（4）客户对保险的思维过程，是指客户对保险本质的认识。例如，认识到保险的本质是组织经济补偿，投保的意义在于遇到意外事故后能得到保险企业的赔偿。

（5）客户对保险的想象过程，是指客户对保险未来发展或者保险企业未来的经营，或者对自己投保后是否能得到合理、准确、迅速理赔的预测。例如，某人投保时临柜人员热情、主动，办理手续时快捷、准确，使客户对保险公司产生了信心，感到自己将来万一出了什么意外事故一定会得到经济补偿。

客户对保险的认识过程，伴随着投保行为的各个阶段，投保前、投保时、投保后。而在客户对保险的认识过程中，感觉与知觉过程的作用非常重要，它是人们对保险整个认识的开始。在业务操作中，表现为保险给客户留下的第一印象，或者保险从业人员给客户的印象，或者某项理赔给客户的印象，也可能是客户看到某篇有关保险的报道后所获得的信息。因此，保险从业人员应全方位地提高服务质量，加大宣传面，给客户以良好的第一印象和初步认识。

2. 客户对保险企业的情感过程

保险客户的情感，是指保险客户对保险是否能满足自己需要的体验。例如，投保前和投保时，保险从业人员的态度是积极的；投保后，客户得到保险公司提供的优质服务，对保险的需要得到满足，对保险公司就会产生热爱、信任的积极情感。相反，如投保时或投保后，保险企业没满足客户合理的需要，客户就会对保险企业产生消极的情感。积极情感是对保险企业的支持和关心，保险营销工作就是要培养客户对保险的积极情感。

3. 客户投保的心理选择过程

客户投保行为的心理选择过程，即客户确定投保目标，为实现投保目的，自觉地支配、调节投保行为的心理过程。例如，认识到投保的意义去投保，客户投保后，得到保险公司的优质服务，保险合同期满后，仍续保；假若客户没得到优质服务，或者看到了保险公司在其他事故理赔上出现的失误，保险合同期满后，就可能停止投保，更有甚者还会中途退保。客户投保行为的心理选择过程，实质是客户对自己投保行为的有意识的调节和支配，它是构成客户投保行为心理过程的一个重要方面。

客户对保险的认识、情感和心理选择，共同构成了客户投保行为的三个要素。这三者之间的关系是相互联系、相互影响的。保险客户对保险认识的过程是情感过程和心理选择过程的前提；反过来，客户对保险企业的情感，以及对保险行为的调节，又影响客户对保险的认识。保险从业人员的职责之一就是提高客户对保险的认识，培养客户对保险的情感，使客户的心理选择过程，即客户对投保行为的调节向有利于保险事业发展的方向转变。

2.2.2 客户投保的心理类型

在各种因素作用下，人们的投保心理也有所不同。其中既有促进保险需求的心理，又有制约保险需求的心理。

1. 促进保险需求的心理类型

按购买保险产品的目的不同，可以将促进保险需求的客户心理分为三种。

（1）保障心理。对大多数投保者来说，其购买保险产品的主要目的是获得安全保障。这一点是由保险产品本身的特殊性决定的。例如，人们购买养老保险是希望到年老退休时，能够获得相对稳定的收入来源，以保障晚年生活。人们购买家庭财产险是希望一旦家庭财产发生了不测，就可能得到一定的物质补偿。保险产品的这一特殊性，使得大多数人要求获得保障的心理能够得以满足。

（2）实惠心理。对有些投保人来说，其购买保险产品不仅是希望获得保险产品本身所具有的安全保障这一基本需要，而且希望通过保险的“以小的投入避免大的风险”的特性，获得更大的实惠。因此，这些人在购买保险产品时，通过各种比较（如各保险公司所提供的同一种险种的比较、购买某个险种与进行某种类型的储蓄的比较），以期寻找最为经济实惠的满足方式。

（3）投资心理。有些投保人购买保险产品，是将这一行为看作一种投资，希望通过这种投资获得一定意义上的保值增值的目的。

2. 制约保险需求的心理类型

按不愿购买保险产品的原因看，可以将制约保险需求的客户心理分为五种。

（1）忌讳心理。我们民族有一种特殊的心理习性，也可以说是一种民族亚文化。比起其他民族，我们总是愿意听到好听的、吉祥的话语，而特别忌讳像伤亡、疾病、意外事故、灾难等，对这些不吉利的事情甚至不愿意提及，避而远之。但保险总是与这些事情联系在一起的，因此一些刺耳的话总是免不了要提到。人们特别是中老年人在忌讳心理支配之下，往往在思想上就认为保险不吉利，难以接受，这在很大程度上制约着保险销售的成功。如果保险销售人员能巧妙地处理好这个问题，将对其销售工作大有裨益。

（2）短视心理。保险产品有别于一般的产品，它看不见、摸不着，除了一纸合约，客户手中并无实质性的东西。所以，人们对保险总不免多了一分担心。况且长期寿险还要在很长一段时期内分期不断付钱，其利益一般很少在短期内享受到，而大多数人都不免着眼于享受即时的、眼前的、看得见的利益，在做未雨绸缪的长远打算时显得犹豫不决。对于企业来讲，短期行为来源于急功近利的思想。有的企业负责人受这种思想的影响，一味追求短期效应，认为参加保险，缴纳保险费会影响自己任期内的经济效益，往往斤斤计较眼前得失，把险情和困难留给下一任领导。有的则认为买了保险，如果自己任期内不出险，钱就白花了；如果自己任期内发生了灾害事故，虽然保险公司给予赔付，自己也推卸不掉应负的责任。实际上，这种只顾眼前利益的短视心理，会给企业带来后患，一旦发生灾害事故就叫苦不迭。

（3）侥幸心理。有的人认为，自然灾害、意外事故毕竟只是个别现象，怎么就偏偏会落到自己头上呢？像健康状况良好的青年人，很少受疾病或死亡的困扰，与他们谈论保险，他们会认为杞人忧天，与其为一些遥不可及的事情做准备，还不如目前吃喝玩乐更好。还有的人认为“福祸无门，唯人自招”，只要自己处处小心，事事防范，就不会招灾惹祸，何必去参加保险呢！显然，这种侥幸心理害人不浅。在现实生活中，灾害和意外事故随时都有可能发生。不怕一万就怕万一，哪怕这万分之一摊到自己头上也是百分之百。在保险实务中，这种例子举不胜举，留给受害者的只是无尽的悔恨和遗憾。

（4）怕吃亏心理。在人寿保险中，保险的受益人很大部分并不是保险的投保人，所以，一些投保人会认为自己投钱而别人受益很不划算。在现实中，我们经常会听到像“我现在买少儿平安保险，将来领钱的却是我儿子，我又没有享受到”，或者“我死后保险公司才赔偿，对我来说还有什么用”等诸如此类的话。有的投保人在购买保险的时候，总将保险与储蓄、炒股做比较，把本金产生收益的最大化作为自己的第一考虑因素，十分计较购买保险比之于储蓄、炒股、买债券是否划算。还有人买了保险因没有保险事故发生而得不到补偿，就认为自己吃了亏，心理不平衡，后悔参加保险，也就不愿意继续购买保险。这些思想都在某种程度上忽略了保险的保障功能，没有考虑到保险会在家庭、个人陷于危机的时候雪中送炭。

（5）不信任心理。目前，社会上很多人对保险公司有一种不信任的感觉。有人认为，保险公司卖保险是为了赚钱，交保险费是白给人家集资，自己得不到什么好处，而保险公司永远不会吃亏，所以不愿意买保险。有人基于以往在高度计划的条件下对保险的认识，认为保险公司是国家变相地向企业和个人摊派、集资，从人们手里多挖一些钱罢了，真遇上严重自然灾害，如地震、洪水等，保险公司都不一定存在了，买保险根本无用。还有人忧虑，保险公司属于商业企业，在市场竞争中很可能因为经营不善而陷入经济危机，倒闭了怎么办？这时候保险公司一拍屁股走人，保险岂不是白买了！

这些心理因素在很大程度上抑制了人们的保险需求，为保险的普及增加了无形的障碍。之所以产生这些心理，是因为人们对风险和保险的认识不足，对它们缺乏了解，甚至生误解。我国正处于转型时期，旧有的思想观念还在相当程度上左右着人们的心理，使人们仍然在旧的思路上徘徊。计划经济体制下，企业和个人的风险基本上都由国家财政负担，灾害事故的发生自然就难以对人们的心理造成深刻冲击效应。因此目前一些人对风险逐步由自己承担的心理准备不足，陷入一些心理误区。同时，我国恢复保险时间很短，保险真正进入商业化阶段才十年多，公众难以对它充分认识了解。因此，保险公司要大力加强对保险的宣传工作，让保险深入人心，让老百姓有效的保险需求真正实现，充分发挥保险作为“社会稳定器”的作用。

2.2.3 投保客户性格类型

不同性格的人在购买保险产品时会有不同的表现和行为。他们会在收集信息、评估商品、准备购买以及使用商品的过程中充分表现出其差异性。按性格特点，可将投保人分为八种类型。

（1）独立型。这种类型的投保人，其行为多表现为“我行我素”，不受任何观念束缚。他们往往有较好的经济基础，购买能力较强，选购险种的范围较广，喜欢对各种险种进行比较，在与保险销售人员接触时较为主动，易于沟通，有一定的购买技巧。

（2）从众型。这种类型的投保人，其行为多表现为“随大溜”，易受周围人的影响。他们性情随和，一般没有特殊癖好，消费观念属于大众型，比较容易受广告与其他促销手段的影响。例如，看到周围几家邻居都为其孩子买了平安险，于是也决定为自己的孩子买这种保险。

（3）保守型。这种类型的投保人，其行为多表现为“墨守成规”，对自己过去习惯使用的商品和服务比较留恋，对保险产品本身这一较为新鲜事物接受较慢，不易受周围人以及广告和其他促销手段的影响。

（4）节俭型。这种类型的投保人，其行为多表现为“实用主义”，注重保险产品的实际价值，希望获得“以小博大”的经济利益，因此，他们往往在购买保险产品和储蓄哪个更合算方面，精打细算。

（5）谨慎型。这种类型的投保人，其行为多表现为“货比三家”。他们较为理智，行动较为谨慎，不轻易相信广告和销售人员的推荐，而相信自己的经验和判断。

（6）计划型。这种类型的投保人，其行为多表现为“量入为出”，不盲目从众，而是根据自己的实际进行选择，生活有计划、有安排，做事有条不紊，不易受即时性的促销手段的影响。

（7）冲动型。这种类型的投保人，其行为多表现为“随心所欲”，做事主要是凭感觉或一时的冲动。他们的购买决定或者是被保险销售人员的“真情”所感动，或者是为保险促销活动所打动而做出的。

（8）趋时型。这种类型的投保人，其行为多表现为“捷足先登”。他们思想开放，易于接受新鲜事物，并有很强的购买欲望和一定的经济基础。他们往往是最先购买和已经拥有保险的人群。

2.3　客户投保行为分析

保险客户可分为个人客户和团体客户，两类客户的投保行为具有不同特点。

2.3.1　个人客户投保行为分析

个体购买者包括个人购买者和家庭购买者。后者可能是家庭中某位成员做代表。每位购买者在年龄、职业、收入、教育程度、道德信仰等诸多方面千差万别。因此，保险市场销售人员必须区分不同购买者群体或细分的小市场，这样才能根据他们的需求和购买行为去满足他们。如果一个细分市场足够大，保险企业可以设计专门的险种及其市场营销计划来占领这个细分市场。

1. 个人客户投保决策参与者

在投保人的投保决策中，有许多人参与了决策过程，并在其中扮演着不同的角色。这些主要的参与者有：

（1）倡议者。首先提出建议购买保险产品的人。他（她）可能是家庭中的某一位成员或某几位成员，如母亲提出为孩子购买少儿保险，女儿提出为父母购买养老保险等。

（2）影响者。对所提出的建议发表个人意见，影响该建议是否被采纳的人。他（她）也可能是家庭中某一位成员或某几位成员，如父亲赞成或反对为其孩子购买儿童保险，从而对该倡议产生影响。

（3）决策者。对倡议有决定权的人。在有些家庭，决策者可能是妻子，而在有些家庭决策者可能是丈夫，也有很多家庭决策者是夫妻双方。

（4）投保人。与保险公司或保险代理人签订保险合同，并支付保险费的人。

（5）被保险人。保险合同的真正受益者。

2. 个人客户投保决策过程

一般人购买保险，从表面上看，似乎十分简单，选定险种，付钱签订保险合同，过程就算结束。实际上，除团体为个体统一购买保险外，个体购买保险时，从选择险种、确定保险人到购买方式等都要经过比较复杂的决策过程。个体保险购买决策过程分成五个阶段：确认需求、收集信息、险种评估、购买决策和保后评价。

（1）确认需求。购买过程是从保险需求开始的。人们由于受外界刺激或受他人影响，产生保险需求之后，他们才考虑购买问题。如何确认保险需求对每个保险投保人都是十分重要的。如前所述，个体保险需求有三种：长期需求、短期需求、特殊需求。保险企业对这些需求应设计相应的条款，确定合理的费率，满足不同需求。

（2）收集信息。人们有了保险需求，便为满足自己的需求收集保险企业及相关险种的有关信息，为购买决策奠定基础。某个人收集某一险种的信息的不同，很可能导致其购买决策的差异。人们收集保险信息分为两种方式：一是主动收集信息；二是被动收集信息。主动收集信息，指人们为了满足某种保险需求而主动收集有关的各种信息。被动收集信息，指人们在日常工作和生活中不自觉地接受各种保险信息。被动收集的信息可能刺激人们的保险需求。

保险企业应认真分析人们所接触的信息源以及它们对人们保险需求的影响。保险信息源一般可分为以下四类。

① 人际来源，指家庭、朋友、邻居等。

② 商业来源，指广告、销售员、经销商（代理人或经纪人）等。

③ 公众来源，指大众媒体、消费者协会等。

④ 经验来源，指经历的风险事故及其保险补偿。

上述信息源的重要性和影响力因保险种类和购买者特征不同而异。一般商业信息起着告知的作用，而人际来源则起着评估的作用。通过收集信息，购买者知道了市场上有哪几家保险企业，它们提供的保险有哪些特征等重要情况。

（3）险种评估。通过主动或被动地收集信息，购买者可以从获得的信息中分析所需要的险种与企业的情况，并做出评估。在一般情况下，购买者对险种的评估要经过下面三个阶段。

① 分析市场上提供的险种是否符合自己的需求，如保险责任、保险金额、保险费率及保险期限等是否符合需求。不同的购买者对同一种保险需求的侧重点可能不一样。但他们都十分注重险种是否具有满足自己需求的条文。

② 分析保险企业或它的代理人是否符合自己的心意，如保险条款、费率和服务质量等是否令购买者满意。

③ 分析保险费率及付款方式是否符合自己的要求。每位购买者对保险费率的心理反应是不一样的。同时，每位购买者对不同付款方式的反应也是不一样的。购买者一般是根据费率及付款方式来选择保险企业。

（4）购买决策。在险种评估阶段，购买者对各种保险和企业进行认真的分析，并形成购买意向。接下来就是进行购买决策。影响购买决策的主要因素有下列五个。

① 保险企业的服务质量，指险种、费率、付款方式及理赔等。

② 他人的影响，指家庭、朋友、领导者及社会团体等。

③ 保险企业的广告宣传、促销活动等的影响。

④ 购买者对风险的预测，指购买者对风险发生的可能性及损失大小的估计。

⑤ 特殊因素，指购买者的特殊保险需求和保险企业的态度等。

还有一些其他因素也对购买决策产生影响，只是重要性不如上面五个因素。购买者在上面一些因素的作用下做出购买决定，以决定购买哪个企业的保险、如何付款等具体行动内容。

（5）保后评价。人们购买保险后，一般是在发生保险事故或到期领取保险金时，才能评价保险服务的质量。保后评价一般有三种结果：满意、比较满意或不满意。

不同购买者的保后评价的标准是不一样的。因此，尽管一些人购买了同一企业的相同的保险，但他们中间有的人可能会对获得的服务满意，有的人却比较满意或不满意。那些满意的购买者将来还会继续购买该企业的保险，而那些比较满意或不满意的购买者有可能不再购买该企业的保险。

如何判断购买者保后的满意程度呢？购买者的满意程度是保险的期望与保险的直观功效相互比较的结果。如果期望与功效相符，则购买者是满意的；如果期望与功效相差一点，则购买者是比较满意的；如果期望与功效相差较大，则购买者是不满意的。

保险企业应采取适当的措施来尽量减轻购买者的保后不满意程度。例如，在宣传保险时尽量实事求是，在理赔或支付保险金时尽量公平合理等。

3. 影响个人客户投保行为的因素

影响个人客户保险动机和行为的因素有多种。

（1）经济因素。经济因素是影响个体保险人购买动机和行为产生的最重要因素。下面我们将择其经济因素中的险种与费率、风险损失和收入水平来介绍。

① 险种与费率。保险经过很长时期的发展，每个保险企业都能为人们提供100多个保险险种。每位保险购买者根据自身需要的险种及其费率来选择保险企业。例如，一个保险需求者原来打算购买A企业的汽车保险，后因得知B企业该种保险的费率最低或比A企业的费率低，那么，他一般会改变主意去购买B企业的保险。

② 风险损失。实际上，保险业是因为风险损失的存在而存在并发展起来的。人们购买保险是因为存在风险损失而保险企业又能提供这种风险的担保。

③ 收入水平。人们的收入水平决定他们的消费水平。购买保险的种类及保险金额，主要取决于购买者的收入水平。一般来说，收入水平越高，人们购买保险的种类及保险金额越多。

尽管经济因素是影响个体保险动机和行为的重要因素，但是随着社会整体经济水平和人们收入水平的提高，保险险种日益增加，经济因素的地位会越来越下降，而非经济因素却起到了日益重要的作用。

（2）社会文化因素。社会文化因素主要包括文化、家庭、社会阶层和相关群体等，它们对个体保险行为会产生深刻的影响。

① 文化。文化是人们需求和行为最基本的因素之一。人们的文化层次和社会风俗不同，他们认识事物的方式、结果和价值观念就有差异，消费需求也会具有不同的特点。虽然保险是一种特殊产品（无形），但人们对它的需求与购买行为在很大程度上也受文化因素的支配。

现代市场营销学认为，每个社会的文化还可分为若干不同的亚文化群，即民族亚文化群、宗教亚文化群、种族亚文化群、地理亚文化群等。不同民族、不同宗教、不同种族以及不同地理区域的人们，其文化背景、消费心理和购买行为是有一定差异的。

② 家庭。购买者的家庭成员对其购买决策有着重要影响。家庭成员的影响分为三类：一是父母、祖父母等长辈的影响；二是配偶的影响；三是兄弟姐妹或子女的影响。一般来说，配偶和子女的影响力较大，而且男性重视人身保险、汽车保险，女性重视财产保险和子女保险等。

③ 社会阶层。每个国家都存在社会分层现象。每一分层称作一个社会阶层，在这个阶层里，每位成员具有相似的价值观、消费心理和行为。美国社会学家曾把美国人分成六个社会阶层，即上上层、上下层、中上层、中下层、下上层和下下层。

- 上上层。这个阶层一般都有显赫的家族背景，拥有巨额财产。
- 上下层。这个阶层主要由在职业上或经济界获得成就的人组成，他们一般收入很高。
- 中上层。这个阶层的主要成员是律师、教授、科学家。他们的文化层次较高，也有较高的收入。
- 中下层。这个阶层主要由教师、职员、公务员等组成。他们是美国社会的主体，是一个巨大的保险市场。

- 下上层。这一阶层主要是“蓝领”工人，他们多数从事体力劳动，文化程度不高，他们对家庭财产和养老保险兴趣很大。
- 下下层。这个阶层主要由一般工人组成，也包括那些失业人员，他们是社会的底层，收入水平和文化程度都较低。

上面的划分，是针对美国这个特定社会和市场而言的，但对一般市场营销具有重要的借鉴意义。例如，中国虽然没有明显的社会阶层划分，但不同职业、不同收入水平和不同文化程度的消费者群，其保险需求心理、动机和购买行为也不一样。保险企业分析不同社会阶层的购买动机和行为，对于细分市场、确定保险险种和费率等，具有十分重要的意义。

④ 相关群体。社会中每个消费者，其消费心理和行为习惯都受家庭和社会的影响。社会的影响，主要是指相关群体的影响。最密切的相关群体有亲友、邻居、同事等，而关系一般的有各种有关的社会团体、普通朋友等。此外，影响较大的相关群体还有社会名流、上级领导、文体明星等。

（3）个人因素。个人因素是保险购买动机和行为的决定性因素。每个人的职业、性别、年龄、生活方式等，对他的保险购买决策有着重要的影响。

① 职业。不同职业人们的保险需求也不一样。从事危险工作的人们，可能比其他人更需要人身意外保险。另外，收入较高者往往比收入较低者购买更多的保险险种和更高的保险金额。

② 性别、年龄。不同性别、不同年龄的人对保险的态度也不一样。例如，前面提过，男性比女性更重视人身保险。即使同样对待养老保险，年龄较大者比年轻者更重视些。保险企业也常常根据不同性别、不同年龄划分细分市场，并提供不同的险种服务。例如，中国人民保险公司针对育龄妇女细分市场，推出母婴平安保险。

③ 生活方式。来自相同的亚文化群体、相同的社会阶层甚至同一职业，但他们会有很不相同的生活方式。例如，同样是做教师工作，文化层次和社会地位也相近，但有的人喜欢安乐型生活方式，即与家人有很多时间在一起，不爱运动，社交活动较少等。有的人却喜欢活跃型生活方式，即工作成就欲望强，喜欢运动旅游，善于社交等。生活方式的不同能够诱发保险需求、动机和行为的差异。

判断生活方式主要考虑人们的活动、兴趣和价值观念等因素。生活方式更具体地表现出人们的心理特征和行为特征，这可为保险企业分析保险动机和行为提供重要的依据。

（4）心理因素。人们的保险购买决策还受到诸多心理因素的影响，如动机、感觉、价值观等。

① 动机。动机是指一种具有强烈的压力而迫使人们不得不去满足的需要。这种需要不是生理性的，而是心理性的。前面介绍过，著名心理学家马斯洛将人类的需求排列成几个层次，即马斯洛需求层次。依其重要性的大小，分别是生理需求、安全需求、社会需求、尊重需求和自我实现需求。马斯洛理论可以帮助我们分析保险购买者的动机，并促使它变

成购买行动。例如，某人购买医疗保险的动机产生于他的安全需求。

一般地说，人们总是先努力满足最重要的需求，在得到满足后，人们便会被激励去满足下一个次要的需求。例如，一个连温饱都没有满足的人不会对保险有任何兴趣，但是当他满足温饱后，他将考虑满足安全需求，产生购买动机。

② 感觉。人们的心理活动以感觉为基础。即使人们有了某种动机，但具体行动则取决于他们对环境的感觉如何。由于他们对环境的感觉不同，两个有同样动机的人，可能其行动大不相同。例如，有的人喜欢能说会道的保险销售员，购买他销售的保险；而有的人则不喜欢这类销售员，视他为不真诚并拒绝购买他销售的保险。

人们对同一环境产生感觉的差异，是每个人的视觉、听觉、嗅觉、触觉与味觉反应方式和结果不同所致的。保险企业应认真研究人的感觉的规律，为制定广告宣传和其他促销策略提供坚实的心理依据。

③ 价值观。人们的价值观是指人们对生活的态度，即对某事物的看法、对产品和服务的看法及行动倾向。价值观导致人们对保险喜爱还是厌恶，是购买还是观望。此外，不同价值观的人对每种保险的态度也不一样。人们价值观的形成主要靠后天的学习和经历。

后天学习主要指向他人学习与受他人影响，而且后者更为重要。因为人的生理需求以外的需求在很大程度上受他人的影响。后天经历主要指人们的生活经历，这些经历影响着价值观的形成和发展。在后天经历中，风险事故的影响力最大。

2.3.2 团体客户投保行为分析

保险企业不仅要了解个体购买者行为及相关因素，还要了解团体购买者行为及相关因素。

1. 团体客户投保决策参与者

在团体投保行为发生过程中，有许多人对投保决策有影响力。

（1）受益者。团体投保行为的发生，主要是为了满足实际使用者的需要。因此，在购买决策的制定上，必然要听取他们的意见和要求。他们在享受保险服务过程中，可以感受到实际服务与理想状态是否有差距。他们在享受保险服务过程中，可能会有两种直接的反应：满意或不满意。当他们将满意或不满意的信息反馈给决策者和购买者时，就会影响下一轮的购买决策。

（2）影响者。在团体投保行为中，有一些人，如组织中的管理人员、员工等，虽不是最终的决策者，但他们却对投保决策有很大的影响。他们通常协助选择险种、确定期限，并提供对不同方案的评估信息。

（3）采购者。采购者是指企业授予正式权力去购买保险的人。通常，采购者对所要投保的保险公司、险种性质、数量、保费、期限、服务等交易条件有直接的发言权和选择权。

（4）决策者。决策者是指拥有选择和决定供应者权力的人。一般情况下，决策者往往就是采购者，但在交易量大而复杂的情况下，往往由最高决策人或项目经理担任最后的“拍板人”。

（5）信息控制者。信息控制者是指有可能控制外界有关销售信息流入企业内部的人，如接线员、秘书、看门人等。因为外界传递各种信息的人，如销售员，都可能首先通过他们与企业内部有关人士取得联系；如果他们拒绝让销售员等进入，那么就有可能阻碍有关信息流入企业内部。

2. 团体购买者市场特点

与个体购买者市场相比，团体购买者市场具有下列一些特点。

（1）购买者较少。由于团体单位数量远远少于个体购买者数量，所以保险企业用于联络团体购买者的销售人员少于用于联络个体购买者的销售人员。例如，某一团体购买者购买了 1 000 份的团体家庭财产保险，这时保险企业面对一个团体购买者。如果保险企业不通过团体的购买者，那它将面对 1 000 名个体购买者。

（2）购买保险金额较大。每个保险企业都拥有一些较大的保险客户。这些客户往往交付巨额保险费，以获得巨额财产的保障。

（3）销售人员与团体购买者关系密切。因为团体购买者人数较少，而且多数购买者购买的保险金额较大，所以销售人员能经常与团体购买者保持联络，且关系密切。

（4）团体购买者多数比较集中。大多数具有一定规模的团体客户，都集中在城市或城镇。此外，政府机构一般设在城市或城镇，且需求弹性较大。个体购买者总需求受费率变动的影响并不大，乘飞机旅游者不会因为保险费增加几元而不购买人身意外保险，他们也不会因为保险费下降而多乘几次飞机。但是团体购买者对费率的变动很敏感，他们往往因为费率不合意而改变保险决策。因此，团体保险总需求受费率变化的影响较大。

（5）需求波动性大。团体保险需求与个体保险需求相比，前者的波动性较大。经济景气，团体保险需求增长较快；经济不景气，团体保险需求会急剧下降。对每个保险企业来说，如果失去一个较大的团体客户，则该企业的保险业务将受到很大影响。

（6）影响购买决策者多。个体购买者进行购买决策时，不受他人影响，或只受少数几个人的影响。而团体购买者进行购买决策时，会受到更多人的影响。因此，争取团体购买者，不仅要靠广告宣传与促销，更要靠人员销售。

（7）决策过程较为规范。团体投保人的决策过程相比个体投保人要正式化、规范化。其决策过程往往要经历主要决策者审议、上级主管审批、专人负责执行等较为规范化的过程。在具体执行中，还要就所选择的保险公司、保险代理人的资格审核、保险险种的确定、费率、保险金额、售后服务等做进一步的决策。

除了上面几个特点外，团体购买者市场还具有直接购买、优惠购买和附加服务等特点。

3. 团体购买者行为类型

团体购买者市场具有一些特殊性质，因此有相对统一的模式，一般具有以下几种类型。

（1）被动购买型。有些团体购买者购买保险不是自己决定购买的险种和费率，而由上级主管机关来决定。这些购买者属于被动型购买者。

（2）自主购买型。这种类型的团体购买者能自主进行购买决策，大型集体购买者常根据不同保险企业的险种、费率与服务质量选择满意的保险企业。保险企业应注重分析这类购买者的行为及相关因素。

（3）委托代理型。有的团体购买者不直接与保险企业签订保险合同，而是委托保险代理人办理。保险代理人代替这类团体购买者进行购买决策。保险企业应注重分析保险代理人的态度和行为。

4．团体客户投保决策过程

团体保险购买决策过程与个体购买者决策过程基本相同，也经历确认需求、收集信息、险种评估、购买决策和保后评价等。

（1）确认需求。团体的保险需求可能由下列因素产生：团体尚未购买保险或保险期限已到；团体增加新的财产或开始新的风险性活动；团体最高决策者认为或受到他人影响而要增加新的保险；新成立的团体。

保险企业应认真分析上面几种因素。团体保险需求也可以分成长期需求、短期需求和特殊需求三种，前面已有论述，这里不再重复。

（2）收集信息。团体有了保险需求，他们将收集有关的信息。信息的内容主要包括险种的种类、费率水平、保险企业的情况及保险代理人的情况等。信息的主要来源有下列四类：上级主管部门的信息，如上级统一保险通知、保险指南等；保险企业销售人员或代理人、经纪人的电话访问和亲自访问；商业信息，如新闻广告、邮递广告等；经验信息，如该团体或其他团体经历的风险事故及其保险。

（3）险种评估。团体购买者根据自己的需求和所收集到的信息来进行险种评估。对险种的评估，团体购买者一般要考虑下列因素。

① 保险条款。条款是否符合本团体的保险需求和要求，如保险责任、除外责任、费率等。

② 保险企业。比较不同保险企业提供的相同险种，看它们之间还有什么异同，并分析各自的优点和不足。

③ 保险费率。分析某险种的费率是否符合购买者意愿，其他保险企业相同险种的费率如何。

（4）购买决策。通过对险种的评估，团体购买者对各保险企业及其提供的各个险种有了比较明确的认识，接下来就要进行购买决策。购买决策主要解决三个问题，即购买什么险种、选择哪家保险企业和选择哪家代理人。一般影响团体购买决策主要因素有：团体从事活动的风险特性，如火灾风险、运输风险等，其性质各不相同；上级主管部门，如总公司、企业的主管部、委、局等；保险企业外勤人员、代理人的劝说；团体购买决策者个人因素，如他的文化程度、职权和心理因素等。

（5）保后评价。团体在购买保险之后，一般都对险种、保险企业的服务以及保险效果进行评价。同个体购买者一样，团体购买者的保后评价一般也有三种结果：满意、比较满意、不满意。由于有些团体购买者要支付数额较大的保险费，所以他们比个体购买者更关心保后服务。

保险企业应重视保后服务，无论是防灾、防损还是出险后的理赔，都要尽量做到让客户满意。

5. 影响团体客户投保行为的因素

团体购买者在进行购买决策时受到许多因素的影响，但主要有下面五种因素。

（1）政治经济因素。团体购买者受当前的政治经济因素的影响极大，如经济景气与否、政治安定与否都对团体购买决策有着重大的影响。在一个法律制度完善的国家里，企业必然会依法购买各种财产险、职工医疗保险、养老保险等各种险种。相反，企业就会抱着侥幸心理，无视或忽视保险。因此，政治经济是影响企业团体是否投保的一个重要因素。

利率水平也会直接影响企业的保险意识、保险决策与保险购买。通常，企业会根据各项保险费用的承受能力决定应该投保的险种和保险金额。利率水平的高低对企业制定保险计划有着直接影响，特别是对长期保险项目（如企业财产险、职工养老保险等）的影响。

（2）组织因素。每个企业都有其组织目标、政策、作业程序、决策程序、组织结构和制度。企业目标、政策、程序、组织结构和制度必然对组织的投保决策有着直接的影响。一个企业的组织目标明确、政策灵活、决策程序清晰等对团体投保人的行为将会产生积极的影响；反之，则会对投保决策起延迟作用。

（3）团体自身特点。有的团体在进行经济或社会文化活动时，面临的风险较小，这类团体的保险需求并不强烈。对这类团体，保险企业应积极激发它们的保险需求，并提供适合它们需求的险种和服务。与前面一类团体相对应，有的团体的活动面临较大的风险，它们的保险需求比较强烈。当某一团体从事的活动的风险变化时，该团体的保险需求及购买决策也会发生变化。

（4）人际因素。团体购买者往往受到上级领导、同业团体的领导以及本团体有关主管部门多层次的影响。人际关系中各个参与者的权力大小、地位高低、情绪好坏以及说服能力的强弱会在一定程度上影响决策方向和决策内容。

（5）个人因素。虽然团体购买决策受许多因素的影响，但最终决策还是由一个人拍板。有的团体购买决策由最高决策者来确定；有的团体购买决策由某个部门主管来确定。由于每个决策者的年龄、文化及对风险的态度是不相同的，所以他们进行购买决策的方式和结果也不一样。

此外，团体购买者受自然条件、科技与贸易等因素的影响。保险企业必须注重分析那些有影响力的因素，以制定正确的营销策略。

延伸阅读2-2 客户保险消费行为特点

消费行为的直接原因是其心理动机，它是人体内在的主动力量，能够驱使消费者为了达到一定的目的而进行消费活动。购买保险即投保，也受心理支配，并受投保人个性特征和社会文化因素的影响。投保人的投保行为具有以下特点。

（1）非渴求性。保险产品是为人们提供风险保障服务的特殊产品。消费者由于风险意识淡薄，对保险需求的欲望往往不强烈。一般情况下，除了一些制度要求必须投保的（如高科技、重点工程等）项目外，大多不会主动去购买。

（2）犹豫性。保险的赔偿或给付是属于未来的，有些险种（如长期寿险）的保险责任的兑现要经过十几年甚至几十年，与购买其他商品相比，人们往往存在许多的疑虑性或犹豫性，这在投保长期寿险时最明显。

（3）禁忌性。由于期望吉利、恐惧灾害的本能，人们往往对保险具有一种本能的反感和排斥的态度，对诸如灾害、事故、疾病、死亡等所谓不吉利的字眼，采取一种回避的态度，不愿提及。

（4）抽象性。与一般商品相比，保险产品具有抽象性的特点，投保人唯一能看到的是保险人签发的保险单以及保险单上列出的保险条款，所能听到的也仅是销售人员对条款的解释，不像购买其他有形商品时，可以根据产品的外观、性能等来清晰地判断其质量和使用价值情况后决定是否购买。

（5）独特性。保险产品的买卖是建立在合同的基础上的，保险合同是一种明显体现消费者独特性的合同，保险人是否承保，保险价格是多少，都要严格根据被保险人特定的年龄、性别、健康情况、教育背景、文化水平、信用状况和所处的风险环境等来确定，不同的情况会得到不同的处理结果。

资料来源：节选自《上海保险》期刊2012年第4期阮凯丰的文章“保险营销与客户心理”，节选时有删改。

同步练习

1. 保险企业如何赢得客户的情感？
2. 保险客户的性格类型有哪些？
3. 团体客户与个人客户投保的决策过程有何异同？

典型案例分析

保险销售人员小施的遭遇

小施做了五年医生，随丈夫的工作调动来到了某市，找了几个月也没找到合适的工作，后来一个朋友介绍她进入了一家保险公司。经过培训学习，她觉得自己应该可以胜任这份工作，决定在这一行好好做下去。第一次进行陌生拜访时，她去一家公司里寻找客户，推开一家电子公司的门，里面坐着几个人，她走到最外边的一位先生旁边，介绍了自己后开始提到保险，那位先生眼皮都不抬地说："出去吧，没看到我现在正忙着吗？"小施觉得自己的脸一下子红了，头脑中一片空白，拿着名片快步走出房间。在路上，她越想越气，你以为自己了不起啊，想买我还不卖给你呢。想着想着又伤心起来，以前自己当医生时，多少人找上门来求自己去看病，如今这些人怎么可以用这个态度来对待自己啊。回到公司后，她把情况给主管一讲，主管开导她并答应陪她去拜访一次。于是，第二天她和主管来到电子公司的另一个房间，主管选取最里边一位先生介绍了自己，那位先生也说："我很忙，你以后再说吧。"主管说："张先生，看您工作牌知道您是负责电子管销售的，这么年轻就很有地位呀，我有很多客户以前都提到您这个牌子的电子管质量好，可能还有一些会再次成为张先生的客户呢！您今天忙就不打扰了，您看这周三还是周五比较方便，我再来拜访您。"

仔细阅读上述案例并组织学生分组讨论下列问题。讨论完毕后要求每组派出一名代表对本组讨论结果进行评述，时间不超过5分钟。各组评述后由教师进行总结点评。

1. 为什么客户会提出异议？他们是否没有保险需求？
2. 影响客户投保行为的因素有哪些？
3. 她的主管运用了哪些技巧？
4. 客户投保的决策过程是怎样的？

销售工具

1. 保险需求调查问卷

保险需求调查问卷

一、您的个人信息	二、您是否经常外出（包括出差、外勤、旅游）（ ）
1. 姓名：________	A. 经常外出
2. 年龄：________	B. 很少外出
3. 性别：________ A. 男 B. 女	
4. 婚否：________ A. 已婚 B. 未婚	

续表

5. 电话号码：__________

6. 家庭住址：__________

7. 工作单位：__________

三、您对户外活动的参与情况（　　）

A. 经常参加

B. 很少参加

四、您是否驾车（　　）

A. 驾车

B. 不驾车

五、您对自己健康状况的满意程度（　　）

A. 身体很好

B. 目前身体尚可，但也担心患病

C. 身体不太好

D. 身体很差

六、您的个人收入（　　）

A. 5 000元/月以上

B. 3 001～5 000元/月

C. 1 500～3 000元/月

D. 1 500元/月以下

七、您的年收入是如何支配的（　　）

A. 日常消费（包括衣、食、用、交通、通信等）

B. 储蓄/投资

C. 大宗支出（如住房贷款与购车贷款）　　其他（请注明）______

八、您与家人已有社会保险的情况（社保养老、社保医疗等）：

	单位/企业提供社保	自己交费买社保	无社保
1. 本人	A	B	C
2. 父亲	A	B	C
3. 母亲	A	B	C
4. 其他	A	B	C

九、您对下列保险的功能都有哪些需求？（　　）

A. 意外保障

B. 健康保险

C. 养老保险

D. 理财/投资

E. 保值/储蓄

F. 避税

您所选择的上述保险需求中，最重要的三个依次是：（　　）

十、（如果有保障类保险需求）您对保障类保险有哪些需求？（　　）

A. 意外身故保险金

B. 意外伤残保险金

C. 意外伤害的医疗

D. 意外伤害的收入补偿

您所选择的上述保险需求中，最重要的三个依次是：（　　）

十一、您目前拥有的商业寿险产品有哪些？

	公司名称	产品类型	保额/保费
1. 本人			
2. 父亲			
3. 母亲			
4. 其他			

再次感谢您对×××和我们的业务代表的信任！我们将根据问卷的结果对您及您家庭的保障情况进行认真细致的分析，并为您提供量身定做的理财和保障方案。

2．保险个人准客户资料卡

保险个人准客户资料卡

客户姓名		性别		付款方式	
学历		年龄		年均收入	
职业		性格特征			
购买产品		购买日期			
住址					
备注					

本章实训

借助营销工具中的“保险需求调查问卷”，陌生拜访 2～3 个客户，分析所访客户的性格类型，然后填写“保险个人准客户资料卡”，思考如何引导客户完成保险产品的销售。

第 3 章　保险销售模式探究

学习要点

- 了解保险销售传统模式；
- 了解保险销售创新模式；
- 掌握员工直销与个人代理人销售的区别；
- 掌握银行保险渠道开拓和网点经营维护的方法；
- 了解网络保险的发展趋势和特点；
- 掌握电话保险销售方法；
- 掌握交叉保险销售策略；
- 了解数据库保险销售方法；
- 了解微客销售方法
- 掌握微博销售方法；
- 了解门店销售保险的发展趋势和方法。

案例导读

保险电商颠覆游戏规则

2014 年 7 月 21 日中国互联网络信息中心（CNNIC）在京发布的《中国互联网络发展状况统计报告》显示，截至 2014 年 6 月底，我国网民规模达到 6.32 亿人，手机网民规模 5.27 亿人，互联网普及率达到 46.9%。网民上网设备中，手机使用率达 83.4%，首次超越传统 PC 整体 80.9%的使用率，手机作为第一大上网终端的地位更加巩固，手机在微博用户及电子商务应用方面也出现较快增长。2014 年 2 月 25 日，中国保险行业协会发布首个《互联网保险行业发展报告》（简称《报告》），这也是金融业首个互联网发展报告。《报告》显示，2011—2013 年，国内经营互联网保险业务的公司从 28 家上升到 60 家，年均增长达 46%；规模保费从 32 亿元增长到 291 亿元，三年间增幅总体达到 810%，年均增长率达 202%；投保客户数从 816 万人增长到 5 437 万人，增幅达 566%。如果说目前移动互联网还无法成为保险销售的主渠道，但是新渠道在保险公司业务收入占比中已开始显得愈发重要，毕竟互联网消费的便捷性，令越来越多的消费者通过互联网、手机、移动终端等平台从事包括金融保险在内的各类消费，这一现状也不断推动着金融保险供应商加速信息化进程，推动着保险销售模式和产品设计创新，推动着保险公司运营管理和服务模式的变革。

资料来源：节选《金融时报》2013年9月4日发表的“保险电商颠覆游戏规则”，http://www.financialnews.com.cn/bx/ft_102/201309/t20130904_40399.html，节选时有更新和删改。

辩证性思考：

1. 传统的保险销售模式有哪些？
2. 互联网保险能否替代传统保险销售？未来的发展如何？

3.1 保险销售模式概述

销售模式是指把商品通过某种方式或手段，送达消费者的方式。当下市场上运用较多的销售模式分别是直销、代销、经销、网络销售、邮件销售和电话销售等。

保险销售是保险企业以保险服务为“商品”，通过市场交易向客户进行销售的一种活动。西方有句名言：“保险靠宣传，而不是消费者主动购买。”因此，选择合适的保险销售模式对保险公司至关重要。

目前，我国保险公司主要采取的是传统保险销售模式。这种销售模式包括直接销售（直销制）和间接销售（中介制）两类。直销主要是员工销售，间接销售有个人代理、银邮兼业代理和专业保险经代模式。保险销售模式创新主要采取复杂型销售模式，有网络销售、交叉互动销售、邮寄销售、电话销售和保险超市等。虽然新型销售模式带来了改变，但目前传统销售模式还是占主导地位。随着保险市场的发展，保险业应该探索多种销售方式，不断创新保险销售模式。

3.1.1 财险销售模式

财产保险公司主要采取的是员工直销、电话销售、个人代理、兼业代理、专业中介代理以及网络销售模式。电销业务在财险业务总量中占比30%，车商代理在财险公司中占比30%左右，员工直销和团体重点客户以及其他代理占比30%左右，个人代理业务在财险中占比较少。

1. 员工直销模式

员工直销模式是指保险公司不通过任何中间商，直接由该企业雇用专门营销人员向客户提供各保险险种的销售和服务。直销渠道面对的客户群体是标的比较集中或标的单位价值量比较大的机关单位或企业，属于集团性消费。直销渠道在前期需要投入大量的网点建设费、人员培训费以及经营管理费，短时间内难以回收成本，不适合刚起步的中小型公司，适合一些财力雄厚、实力较强的财险公司，后者凭借其丰富的营销机构管理经验以及业务素质高、专业技能较强的销售团队为客户提供专业理财顾问和风险管理服务。

2. 专业中介代理模式

经过数十年的发展，保险专业中介依然难成气候，与其错误的市场定位以及发展战略有关。大多数专业中介机构不注重对市场环境整体调查，也缺乏对行业政策的研究，靠模仿国外和行业成功经验的经营方式，无法形成自身的核心竞争力。有限资源的高度分散且大部分处于低效与无效状态是保险专业中介弱小的重要原因。

3. 兼业代理模式

我国保险兼业代理市场经过多年迅速发展，在拓宽保险市场、沟通保险人与投保人、满足投保人多样化的保险需求上做出了巨大贡献。但由于保险公司长期以来粗放式的经营方式，对保险兼业代理渠道的监控较弱，使得一些机构不法经营，扰乱了市场秩序。2012年保监会加强清理整顿保险代理市场，注销保险兼业代理机构许可证6 178家。

4. 个人代理模式

最适合该渠道销售的就是个险类产品，如车险产品（尤其是家用车产品）；其次就是人身意外伤害保险、家庭财产保险等针对个人或家庭的保障型险种。

5. 新型营销模式

随着科技的不断发展，财产保险销售模式打破了传统的单一模式，到了不停创新的阶段，以网络、电话等媒介为手段的新型营销模式迅速形成。2012年全年，保险行业因电话销售、网络营销等新渠道产生的保费已超过700亿元。全球经济、金融服务一体化进程加快，营销环境的变化，为财产保险营销渠道发展提供了新的环境和机遇。

3.1.2 寿险销售模式

当前，人寿保险业采取的营销模式呈现出以个人营销模式为主导、兼业代理逐渐兴起、专业代理艰难发展、新兴营销模式不断出现的特点。

1. 个人营销仍然占据主导地位

个人营销模式经过20多年的发展，目前，已经成为绝大多数保险公司最主要的营销模式。由于我国寿险营销制度建立的时间比较短，法律法规建设滞后，监管体系正在形成，个人营销制度存在许多问题。

（1）个人代理人法律地位不明确。根据《保险法》规定，保险公司与个人代理人之间是委托与被委托的关系，个人代理人在保险公司授权范围内从事销售保单和收取保险费的业务，不存在雇佣与被雇佣的关系。然而，保险公司在实际管理中，普遍采取了介于员工与代理人之间的管理模式。这种法律关系的模糊，引发了一系列问题，如个人代理人不能享受国家规定的社会基本保障。

（2）误导客户问题严重，产生诚信危机。个人代理人实行佣金制。代理人按照销售保费提取佣金，没有固定的收入来源，容易导致一些代理人为了自身的利益，出现误导客户的行为，背离人寿保险最大诚信原则。

（3）代理人队伍整体素质有待提高。由于营销制度建立之初，保险监管的缺失，大部分公司均采取了“人海战术”，通过代理人队伍的快速扩张，以达到保费快速增长、扩大市场份额的目的，代理人队伍从业门槛低，大量教育文化水平低下的人员充斥代理人队伍。

2．兼业代理营销模式的兴起

进入21世纪，以银行保险为代表的兼业代理营销模式逐渐兴起，并迅速成为人寿保险公司销售的重要渠道。随着我国金融机构经营业务的不断融合，银行与保险公司呈现出金融集团化发展的趋势，银行与保险公司的合作将进一步深化，将会出现银行与保险相互持股，银行自行设计推出自身的保险产品也成为一种趋势。

3．专业代理艰难发展

专业代理公司自产生以来，一直在夹缝中艰难发展。一方面专业代理公司面临保险公司个人代理人销售队伍的压力，一方面面临银行代理等新兴营销模式的挤压，生存空间狭窄。因此，专业代理公司并没有成为各家公司主要的营销模式。

延伸阅读3-1 移动互联网催生保险“微营销”

作为一家财险公司业务员，小谭除了正常的工作外，近期多了一项任务，就是要在自己的朋友圈推广公司的保险产品，通过朋友圈为公司的微信公众平台引流，今年的任务是至少要通过微信渠道成交一单。

小谭仅仅是典型的缩影，尽管保险并没有像银行一样，面临着互联网金融的颠覆性“生死”冲击，但随着微信等移动互联网应用的崛起，这些新型渠道无论在保险公司层面还是从业人员个体层面，从保险产品形态到营销方式，都对这个行业产生了重要的影响。

作为定位于互联网保险品牌，安盛天平目前也在积极地推动像微信这样的新的移动互联网渠道，改变用户对车险的购买方式。因为像安盛天平这种企业，员工很多，而每个员工通过朋友圈可以辐射到的范围很广，这样就可以产生很强的影响力。

事实上，除了把微信作为营销渠道外，移动互联网社交化的特性亦在更深层次上改变着保险公司。

继“求关爱”开启了微信保险的新纪元之后，多家险企先后推出了“摇出万能险”、“擦出意外险”、“扔个救生圈”、“买份活雷锋”、“来份重疾险”等产品，越来越多的保险公司加入到互联网大军，企图利用朋友圈做文章，跑马圈地。

可以发现，从最初的淘宝保险频道，保险公司在互联网上卖产品，到现在的移动互联网时代，保险伴随着这一进程亦呈现出更丰富的形态。

资料来源：节选自云南信息网2014年9月10日文章“移动互联网催生保险‘微营销’”http:// insurance.hexun.com/2014-07-31/167152152.html，节选时有删改。

3.2 传统保险销售模式

传统保险销售模式主要是直销制与中介制。直销制是公司员工直接接触客户并向客户销售保险商品，保险中介制是指保险公司利用个人代理人、兼业代理人、专业代理人和经纪人及向客户销售保险商品的方法。

3.2.1 员工直销

员工直销，又称公司直销型或大项目型，即通过公司在编外勤人员开展保险销售业务，主要销售的是团体业务和大项目业务。销售人员在享有底薪和福利之外，根据销售业绩提取手续费。从总体上看，该渠道业务大致占总业务量的 20%以上。目前，财险公司主要采取这种销售模式。

1．员工直销的特点

（1）员工归属于公司，与公司签订正式劳动合同，享受公司的工资福利待遇，公司对员工负责。

（2）客户资源归公司所有，不归个人和团队所有，员工负责开拓和维护。

（3）员工服务于客户，以客户为中心，用心经营是公司客户服务的有效渠道。

（4）员工直销稳定性强，和个人代理人销售价值取向不同，具有长期性。

（5）员工直销一般开拓的是一些大型项目和团体业务，需具备较高的个人能力和专业技术水平。

（6）公司对员工的要求较高，需具备较高学历和高素质，需经过正式考试录用。

2．直销员工的工作职责

（1）拜访客户，销售保单，收取保费。

（2）收集市场信息，了解客户需求。

（3）发挥初级核保人的作用，保证承保质量。

（4）应收保费、续保业务的跟踪、落实和分析。

（5）协助客户服务工作。

（6）完成公司交办的其他工作。

3．员工直销的发展

员工直销避免了销售误导，有利于为客户提供优质服务，建立保险公司的品牌美誉度，但同时与代理人销售对比，增加了公司的管理成本，总体是利大于弊，是未来个人销售模式的发展方向。一些寿险公司也在尝试进行销售人员员工制探索，保监会于 2012 年出台了《关于坚定不移推进保险销售体制改革的意见》，提出改善保险销售员的待遇和保障，鼓励与销售人员签订劳动合同、鼓励探索产销分离新模式等改革方向。

3.2.2 个人代理人销售

个人代理人是指根据保险人的委托，在保险人授权的范围内代办保险业务并向保险人收取代理手续费的个人。个人代理人自1992年由友邦保险引入国内后，就成为寿险最主要的销售渠道之一。数据显示，短短20多年时间，单从销售人员数量上讲中国几乎赶超了国外成熟市场几十年甚至上百年的时间历程，截至2013年年底，全国共有保险销售员335.7万人。

1. 个人代理人的作用

保险代理制的实施和保险代理人的出现，为完善保险市场、沟通保险供求、促进保险业发展发挥了重要作用。

（1）直接为各保险公司收取了大量保险费，并取得了可观的经济效益。

（2）保险代理人的展业活动渗透各行各业，覆盖了城市乡村的各个角落，为社会各层次的保险需求，提供了最方便、最快捷、最直接的保险服务，发挥了巨大的社会效益。

（3）直接、有效地宣传和普及了保险知识，对提高和增强整个社会的保险意识起到了积极作用，进一步促进了我国保险事业的发展。

（4）保险代理作为一个新兴行业，它的发展能容纳大批人员就业。日本从事保险代理的人约占国民的1%。随着我国保险事业的不断兴旺发达，保险代理人的队伍将日益扩大，从而在安置就业方面发挥一定的积极作用。

2. 个人代理人的业务范围

个人代理人的业务范围是：财产保险公司的个人代理人可以代理家庭财产保险、运输工具保险、责任保险、意外伤害保险、健康保险和被代理保险公司授权的其他险种；人寿保险公司的个人代理人可以代理个人人身保险、个人人寿保险、个人人身意外伤害保险和个人健康保险等业务。保险集团公司内部的财产保险公司、人寿保险公司、健康保险公司在获得保险监管机构批准后，子公司之间相互开展了交叉销售业务，个人代理人的业务范围也有所扩大。

3. 个人代理人的工作职责

（1）负责代理推销保险产品，向消费者宣传保险知识。

（2）帮消费者分析个人财务需要，设计保险方案，制定保险计划。

（3）协助客户办理相关投保手续（签订投保单、保单送达、保单保全、保费收取）。

（4）根据客户的需要，为其提供优质的售后服务。

（5）定期回访老客户，发掘潜在客户。

（6）被保险人出险后，协助其向保险公司进行理赔等。

（7）为保险公司收集市场信息。

4. 个人代理人的销售方法

（1）陌生拜访法。陌生拜访是在陌生人中认识有缘人。其实，做保险也是做给有缘人的，两个人互相喜欢，才有交谈的基础，通过沟通，逐渐成为朋友，才会互相信任，但前提是要主动去认识陌生人。而且，保险行业的特点要求销售人员必然学会与陌生人交谈、认识，留下对方的姓名和电话号码，以便之后的时间来联系。陌生拜访有上门陌生拜访、电话陌拜和扫街、扫楼陌拜。

（2）缘故法。在原来认识的朋友中寻找准客户。向周围所有认识的人讲保险的好处，给他们做分析、做计划，让他们拥有保障。如果对保险的意义认识不够深刻，对方容易受伤害，自己也容易受伤害。这就要求自己要学习一些技巧，让朋友感觉到，买保险的确是他自己的事情，而且必须现在就买。

（3）转介绍。通过朋友和服务的客户介绍他周围的朋友购买保险。前提是，这个人一定要信任销售人员，而且他有很多信任他的朋友。然后，他愿意给销售人员转介绍。能做到这一点，需要和他有感情的维系。一般销售人员会利用向客户服务的机会向客户索取转介绍，还可以通过亲戚、朋友、同学来介绍新客户给自己认识。

（4）产品说明会。产品说明会能够在较短时间内集中较多准客户，通过大量的信息集中灌输，使准客户对产品各方面的特性及优势有全面、深刻的认识，从而有效提升销售业绩。产品说明会是保险公司各险、银保渠道使用较多的一种销售模式。

3.2.3 兼业代理

保险兼业代理机构是指在从事自身业务的同时，根据保险人的委托，向保险人收取保险代理手续费，在保险人授权的范围内代办保险业务的单位。例如，银行、汽车经销商、汽修厂都是保险兼业代理的主要群体。根据《2012 年中国保险中介市场报告》的统计，全国共有保险兼业代理机构 206 310 家，其中银行邮政类 144 973 家，汽车企业类 30 902 家，其他类机构 30 435 家。

1．兼业代理的条件

（1）具有法人资格或经法定代表人授权。

（2）具有“保险代理人资格证书”的专人从事保险代理业务。

（3）有符合规定的营业场所。

（4）必须持有“经营保险代理业务许可证（兼业）”，方可从事保险代理业务。

2．兼业代理的形式

目前，中国保险兼业代理人的形式主要有四种。

（1）金融机构兼业代理。利用银行、邮政储蓄机构、信用社、证券等金融机构与各行各业接触广泛的特点，在其柜台为客户代办保险业务。这种形式最常见的是银代，即银行作为中介人代理销售保险公司的产品，起步于 1996 年，成为兼业代理销售的主渠道。

（2）行业兼业代理。利用某一行业对保险的特殊需求以及该行业业务开展的便利条件为保险人代理保险业务，如旅行社代理客户旅游险、铁路部门代理货运险、民航部门代理民航旅客意外险、汽车销售商代理销售机动车辆保险等。目前，汽车经销商代理业务占财险总销售保费收入的 30%左右。

（3）企业兼业代理。企业的主管部门受保险人委托兼办下属企业的保险业务，或企业代办企业内部职工的保险业务，如企业代理开展职工个人的各种人身保险业务、家庭财产保险等。

（4）社会团体兼业代理。通过某些社团组织的特殊职能进行保险业务的代理。中国曾经出现过诸如通过计划生育协会代办母婴安康保险、通过个体劳动者协会代办人身保险或财产保险等兼业代理形式。

3. 银行保险

银行保险是兼业代理的主要发展模式，主要由银行、邮政、基金组织以及其他金融机构与保险公司合作，通过共同的销售渠道向客户提供产品和服务；银行保险体现出银行与保险公司的强强联手、互联互动。这种方式首先兴起于法国，20 世纪 90 年代末引入中国，经过十几年的高速发展，已经成为中国保险业重要的销售渠道，同时也成为银行中间业务收入来源。

（1）银行保险的特点。与传统的保险销售方式相比，它最大的特点是能够实现客户、银行和保险公司的“三赢”。对于消费者而言，银行保险是一种可以通过银行柜面或理财中心进行的简单、便捷的购买方式，具有诸多特色。对银行来说，可以通过代理销售多样化的产品，提高客户满意度和忠诚度，同时增加中间业务收入。对保险公司来说，利用银行密集的网点可以提高销售并且降低成本，从而可以以更低的价格为客户提供更好的产品。

（2）银行保险合作模式。在银行保险的发展模式方面，不同国家的不同金融机构呈现出不同的特性，在原来代理销售的基础上，探索出银行保险的几种方式。一是银行代理模式，保险公司提供产品，银行提供销售渠道，收取手续费；二是战略伙伴关系，银行与保险公司建立密切的联系，签订较为长期的合同，银行除收取手续费外，还分享保险业务的部分利润；三是银行入股保险公司，通过股权纽带参与经营保险业务。

（3）银行保险网点经营与维护。网点经营与维护是指在银行保险业务开展中，银保客户经理在对自己所辖银行网点代理销售保险产品的经营活动进行计划、组织、实施、推动的过程。

① 网点经营与维护的策略。

一是选点策略，抓住重点网点、重点柜员。首先看网点自身在系统内的地位高低，网点的存款量、中间业务的历史表现是否好，网点的客户资源是否丰富、周边小区是否较多；其次网点负责人是否积极支持保险业务的开展，网点整体销售保险工作氛围是否好，网点人员的销售意愿和技能是否强；最后还要看其他保险公司与该网点曾经合作业绩是否较好。

二是产品策略。同业竞争激烈的网点：以趸交产品为主打，辅助期交产品销售；独家经营的网点：趸交与期交并重，趸交建立销售信心，期交提高销售技巧；手续费竞争激烈网点：以期交产品为主，对抗手续费较高的压力；手续费竞争较弱网点：以趸交产品为主。

三是销售方式策略。创业型的客户经理都应该把主要的时间和精力放在网点上。当然，除非与柜员关系非常要好且专业水准很高，那就另当别论了。

② 网点经营激励。首先是激励信息收集。通过支行个金经理、网点主任、重点柜员沟通交流收集同业在网点内各层面的激励政策，了解银行人员希望的激励。其次将信息上报渠道经理和公司，并提出自己的应对措施和初步设想；然后和公司一起制定激励方案；接着正确有效宣导激励方案，鼓励柜员达成各阶段竞赛目标。

③ 网点经营维护技巧。要做好销售支持，单证、宣传品、海报等培训后及时送达；提供及时的辅导帮助、中肯的建议、独到的见解；帮助、辅导、监控出第一单；手续费的及时发放；注重售后服务的时效性（退保、保全等），随叫随到。

（4）银行保险产品销售。

① 银行人员销售。银行人员销售是指银行人员在网点直接向客户面对面销售，这是标准的代理销售模式。根据规定，销售区域应在银行营业场所内，银行人员应持有保险代理从业人员资格证书，保险公司人员负责向银行提供培训、单证交换、协助银行做好售后服务。这种模式适用承保风险相对单一、客户同质化程度较高的简单标准化产品。

② 保险顾问销售。保险顾问销售是指银行人员寻找目标客户后介绍给保险公司专业人员，并参与实现销售。根据规定，保险公司的专业人员不得派驻银行网点，应在业务机会出现时赴银行进行销售，并应与银行人员具有明显的身份差别，禁止假冒银行人员销售。这种模式适用于承保风险相对复杂、客户同质化程度较低的非标准产品。

③ 银保合作直复营销。银保合作直复营销是指银行和保险公司合作开展电话销售、网上销售等模式。根据规定，电话销售人员应当是具有从业资格的银行人员。电话销售可采取呼入或呼出方式，适用简单标准化保险产品；网上销售一般通过银行的互联网主页平台向客户提供产品、实现销售，适用的保险产品相对丰富多样。

3.2.4 专业经代模式

专业经代模式即保单销售不使用传统意义上的个人保险代理人，而是通过保险代理公司和保险经纪公司经销代理，由中介公司提供专业咨询和分析服务，为消费者选择合适的保险商品。截至 2012 年年底，全国共有保险专业中介机构 2 532 家，其中，保险中介集团公司 3 家，全国性保险专业代理机构 92 家，区域性保险专业代理机构 1 678 家，保险经纪机构 434 家，保险公估机构 325 家。保险专业代理机构实现保费收入 586.64 亿元，其中产险保费收入 448.49 亿元，寿险保费收入 138.15 亿元。越来越多的保险公司认识到经代销售模式的发展潜力，开拓了经代渠道。

1. 专业保险代理人

专业保险代理人是指专门从事保险代理业务的保险代理公司，其组织形式为有限责任公司，它具有独立的法人资格。

（1）专业保险代理人业务范围。

① 代理销售保险产品。保险代理公司通过多种渠道向企业和个人进行保险宣传，招揽保险业务。与其他保险代理人相比，保险代理公司的代理行为更具有专业性和规范性。

② 代理收取保险费。收取保险费是保险代理公司经营的重要内容。保险专业代理公司代收保险费的，应当开立独立的代收保险费账户进行结算。同时，保险代理公司应根据保险代理合同的约定，及时将保险费划转给保险公司。保险专业代理公司还应当建立专门账簿，记载保险代理业务收支情况。

③ 代理相关保险业务的损失勘查和理赔。当保险代理公司招揽的客户出险后，保险代理公司利用其熟悉客户情况的优势协助保险公司进行损失的查勘和理赔工作，可以更方便快捷地提供保险售后服务。

（2）专业保险代理人的特点。

保险代理公司具有不同于其他代理人的特点：

① 组织机构健全。保险代理公司必须依照有关法律法规的规定设立，经保险监督管理机关资格审查，领取经营许可证，并向工商行政管理部门注册登记。

② 专业技术人才集中。保险代理公司作为专业代理人，将是中国未来保险代理市场的主体，是市场规范发展的核心所在。保险代理公司利用其业务专长和技术优势，可以有针对性地推动保险业务向纵深发展，不仅为投保人和被保险人提供更加完备的服务，也降低了保险公司的营运成本，使保险公司的经济效益相应提高。

③ 经营管理专业化、规范化程度高。保险代理公司是基于保险公司的利益，代表保险公司与被保险人办理保险业务、提供中介服务的。保险代理公司代表保险公司宣传推销保险产品、收取保险费、协助保险公司进行损失的勘察和理赔。

④ 节省保险公司经营成本。节省保险公司招聘、培训、管理保险代理人的成本，有利于保险公司有效发挥其有限的资源。

2. 保险经纪人

保险经纪人是基于投保人的利益，为投保人与保险人订立保险合同提供中介服务，并依法收取佣金的单位。在同客户签订委托协议后，由保险经纪公司组织市场询价或招投标，选择综合承保条件最优越的保险公司作为承保公司。在与保险公司的谈判中维护客户的利益，争取对客户的最大优惠。此外，保险经纪人还协助客户制定保险以外的全面的风险管理计划。风险管理具有很强的专业性，保险经纪公司是国内外保险市场所公认的专业的风险管理顾问。

（1）保险经纪人的组织形式和分类。一般来说，保险经纪人具有三种组织方式：个人制、合伙制和公司制。

根据委托方的不同，保险经纪人可以分为狭义的保险经纪人（原保险市场的经纪人）和再保险经纪人。

狭义的保险经纪人是指直接介于投保人和原保险人之间的中间人，直接接受投保客户的委托。按业务性质的不同，狭义的保险经纪人又可分为寿险经纪人和非寿险经纪人。寿险经纪人是指在人身保险市场上代表投保人选择保险人、代办保险手续并为此从保险人处收取佣金的中间人。寿险经纪人必须熟悉保险市场行情和保险标的详细情况，熟练掌握专项业务知识，还要懂法律，运用法律，并且会计算人身险的各种费率，以便为投保人获得最佳保障。非寿险经纪人是安排各种财产、利益、责任保险业务，在保险合同订约双方间斡旋，促使保险合同成立并为此从保险人处收取佣金的中间人。

再保险经纪人是促成再保险分出公司与接受公司建立再保险关系的中介人。

（2）保险经纪人的工作职责。

① 发现潜在客户的保险需求，争取成为客户认可的保险经纪人。

② 对客户面临的风险进行调研、查勘，提供风险评估报告。

③ 对客户面临的风险制定风险管理方案，其核心为保险方案。

④ 协助或代表客户进行保险采购，选择合适的保险人和保险方案。

⑤ 协助客户办理投保、缴费等手续。

⑥ 审核保险协议、保险合同、保险单等技术文件。

⑦ 对客户保险相关人员进行保险培训，告知保险方案内容、被保险人义务、保险报案方式、保险公司及经纪公司联系人等重要保险事宜。

⑧ 发生保险事故后，协助客户报案、收集报案材料、查勘现场、代表客户与保险公司谈判等。

⑨ 日常联系、定期报送保险服务情况等其他工作。

（3）保险经纪人展业。保险经纪人不同于保险代理人，保险经纪人是投保人的代理人，对保险市场和风险管理富有经验，能为投保人制定风险管理方案和物色适当的保险人，是保险展业的有效方式。

因此，“经代渠道”会越来越被保险公司和老百姓接受认可，成为今后保险市场的主要营销手段。其实，“经代渠道”在欧美、新加坡、澳大利亚均已成为保险销售的主流渠道。在中国台湾，25%新契约业绩也来自经代市场。保险经代渠道不仅能帮助保险公司做到专业分工、产销分离，大量地降低固定成本、节省开支，同时还能为消费者提供公开公正的资讯、丰富开放的选择，打造“保险超市”的优越购买环境。消费者到经代公司购买保险产品，可以最低的成本取得最高的效益。

延伸阅读 3-2 高效服务是客户开拓的根

2014年7月26日，“激情杨帆·梦想起航”2014 MDRT 中国在大连国际会议中心举办 MDRT 大会。MDRT 中国大陆区主席叶云燕发表主题演讲。

以下是叶云燕的分享：

（1）用短信服务开拓客户（名片收集管理建档分类，持续假日短信服务，之后再电话；持续每周一条原创短信，总会感动客户）。

（2）用爱心活动开拓客户（儿子生日，相约20个家庭一同帮助因病致贫家庭，教育孩子献爱心同时收获志同道合的客户）。

（3）用微博微信开拓客户（微博关注你想关注的人，评论适时转发；经营你的朋友圈，注意你在圈中言行，不要只打广告）。

（4）用拍照开拓客户（精彩瞬间留念，寄给客户，用心打动客户）。

（5）用读书成长开拓客户（参加各类学习班，用心做班委）。

（6）用商家互动做开拓（如红酒品鉴会）。

（7）用礼品行销开拓客户（红包一年大吉）。

（8）用车主活动开拓客户（4S店、洗车行，选对客户层，参与车主俱乐部活动，用车险拓寿险）。

（9）用各种社团开拓客户（想办法成为各种社团成员甚至会长）。

（10）感恩宴开拓。

资料来源：节选自和讯保险大搜索网2014年7月31日的文章“2014MDRT中国大连活动嘉宾观点分享：叶云燕”，http://insurance.hexun.com/2014-07-31/167152152.html，节选时有删改。

3.3 新型保险销售模式

中国保险公司面临越来越激烈的竞争，特别是外资保险公司的全面进入，使得保险公司对中高端客户的争夺更加白热化。保险公司面临着巨大的压力和挑战，公司已经意识到客户营销在企业成长中的重要性。大多数公司重视搭建丰富的数据库，建立有序的客户数据管理系统，甚至借助外部数据资源，尝试各种营销手段，从产品导向营销逐步转向客户导向营销，提高客户忠诚度。

3.3.1 网络销售

网络销售是保险公司利用互联网的技术和功能，销售保险产品，提供保险服务，在线完成保险交易的一种销售方式。网络保险主要有两种大模式：一种是保险公司自建渠道，或成立网上保险商城，或设立电商子公司；另一种则是借助现有第三方的网上保险平台。

1. 网络销售的发展

西方发达资本主义国家的保险公司早已在利用网络进行保单销售，并取得了一定的成效。1997年美国网上保险销售保费收入达到3.97亿美元，到2011年美国寿险保费收入中，网上直销占 8%左右；韩国网上车险销售已经占到总体市场的 20%以上，日本车险业务电子商务渠道的占比为41%。网上这种销售渠道已经成为个人保险快速销售的一个渠道。

在我国，网络销售方式虽然起步较国外稍晚，但近年来也得到了初步的发展。1997年11月28日中国保险信息网的开通，标志着我国保险业已经迈进网络之门。2000年8月，国内两家知名保险公司太保和平安几乎同时开通了自己的全国性网站。2000年8月泰康在线开通，在该网上可以实现从保单设计、投保、核保、交费到后续服务全过程的网络化。

2．网络销售推广策略

保险网络销售应从以下几个方面着手。

（1）保险公司要从战略的高度重视保险网络销售，要把它作为公司发展战略的重要部分。保险网络销售的推广涉及网站建立、产品开发、营销销售和客户支持的复杂过程，各个环节相互影响，需要投入足够的人力、物力，需要精心地设计和组织，才能把保险网络销售推广好。

（2）建立一个专业的功能齐全的网站。网站不仅实现网上宣传展业、投保、缴费、核赔等网上服务，更重要的是，怎样发现准客户，快速地转送所需资料，记录准客户，怎样让公司人员或代理人和准客户联系互动。

这就需要安装流量统计分析系统。该系统可以看到这个网站浏览者的地区分布、各个页面被访问的次数、流量来源路径，甚至根据其来源路径得知用户在各个搜索引擎中搜到此网站所用的关键词等，然后再对其做出相应的网络销售策略。

（3）建立专门的保险网络销售部门（电子商务部）协调运作，甚至单独核算。因为保险网络销售涉及产品、销售、售后服务的整个过程，客户要求快速反应，只有人员和客户的互动，才能更好地达成保险的销售和服务，没有一个专门的部门组织管理是不行的。

（4）要设计专门的保险网络销售产品。多开发条款比较简单、投保人又需要快捷服务的保险品种，直接在网上销售。同时把保险网络销售节省的成本，在价格上给客户一定的优惠。

（5）推广安全认证系统，提高保险网络销售的认同度。安全认证体系是整个网络销售能否成功的关键问题，商务过程是本着诚信原则完成的，而保险行业更要求投、承保双方均需本着最大诚信的原则进行商务活动。因此，安全认证体系的推广是金融领域网络销售发展的核心之一，更是推进保险网络销售发展的重中之重。

（6）保险网络销售与传统营销要协调发展。保险网络销售与传统保险销售是一对矛盾对立的统一体，可以相互影响，也可以促进。企业网站的作用主要是提供一个比个人直销更全面的信息平台，为双方的保险行为提供一个更充分的信息支持。例如，平安保险公司设立了门户网站，通过网上在线购买保险配合网下的上门服务；网下的传统销售模式配合网上方便的保险购买流程，实现了传统销售与网络销售的互动。

（7）推进核心业务系统建设，与电子商务网站协调运作，网络销售、客户服务和业务管理一体化。保险行业的网络销售建设不是一个简单的过程，如同电子商务必须以整个企业销售、服务流程的改造为前提，保险电子商务的发展很大程度上取决于保险公司核心业务系统的建设情况。因此，加快推广保险网络销售必须推进核心业务系统的建设。

（8）与非竞争性的厂商进行线上促销联盟。Cyber Dialogue 数据行销公司调查表明：在消费者上网购买保险所访问的网站中，仅有 20%的人通过保险公司设立的网站而进行，而非保险公司网站却占据了更大份额，其分布格局是美国在线的保险专栏（15%）、保险中介网站（12%）、INTUIT 的加速保险市场网站（5%）、其他在线保险市场（8%）和综合网站（25%）。更有趣的是，有 15%的被调查者甚至不知道他们是通过哪个网站进行的保险选购。

（9）在国内外的著名搜索引擎上注册。企业必须在消费者选购或搜寻信息前，在国内外的著名搜索引擎上注册。在有人查询公司名称、“保险”等关键字时，将信息传递给消费者，把客户拉入公司网站，这样才能发展更多的准客户。

3.3.2 电话销售

电话销售是以电话为主要沟通手段，借助网络、传真、短信、邮寄递送等辅助方式，通过专用电话营销号码，以公司名义与客户直接联系，并运用公司自动化信息管理技术和专业化运行平台，完成公司产品的推介、咨询、报价以及产品成交条件确认等主要营销过程的业务。

1. 电话销售的发展现状

电话销售保险业务在中国走过了 7 年，从 2007 年平安产险获颁第一家电销牌照，到目前已有 19 家电销车险渠道商，电销车险的规模保持飞速增长。如今，电销保险已被人们所接受。

另外，经过这两年的整治，银保增长乏力，个险渠道也萎靡不振，似乎只有电销渠道稳步增长，因此电销业务成了不少公司的救命稻草。

2. 电话销售技术支持

电话销售保险工作的良好开展，离不开一套功能强大、方便操作及管理的电话销售系统。传统的手工拨打电话方式同走街串巷的营销模式一样耗时耗力，这就需要系统的客户资料批量导入和拨打、自动识别错号与忙音、录音监管、三方通话、营销日志等功能模块解决这一类问题。系统在设计中应充分利用先进的计算机技术、网络技术、通信技术和 CTI 技术来实现该行业所需的功能作用。

3. 电话销售存在的障碍

保险电话销售在各大保险公司的业务开展中的比重越来越大，业绩也越来越好，但是仍然存在一些服务方面的问题。

（1）消费者对电话销售的方式认可度不高。这缘于两方面：一方面很多消费者认为电话销售方式打扰了个人生活；另一方面认为电话销售这种方式侵犯了个人隐私，不安全。

（2）客户资料来源的准确性不高。保险公司的客户信息数据来源主要有两个：一个是自身积累的老客户数据；另一个是从外部收集和获取的数据。数据收集要花费大量人力物力，因此有不少保险公司为了节约成本而不得不降低对数据质量的要求，“滥竽充数”现象严重。

（3）电话销售的产品过于简单。由于电话销售的固有特点，通过电话销售的产品相对比较简单。例如，寿险方面通过电话销售的产品多是一些短期意外险、健康险、防癌险等条款相对简单、消费者比较容易明白的险种。这固然对消费者的理解有一定帮助，但并不是所有客户都需要这些险种，而具有其他需求的客户则不能通过电话渠道来购买，从而造成了销售资源的浪费。

4. 解决电话销售障碍的对策

面对电话销售种种障碍，考虑如何解决问题，才能为保险业的营销创新续写新篇章。

（1）把握好客户信息数据的质量。

① 从源头上进行把关。选择优质的数据供应商并且对购买的数据进行筛选。对数据进行分析，将客户的行业、职位、年龄、学历等与产品特征结合起来，实行精准营销。

② 对数据进行动态管理。一些珍贵的数据应该补充到公司数据库中；应该定期对数据库进行清洗，以保证整个数据库的质量。

（2）培养高素质的电话销售人才。首先在招聘过程中，适当提高招聘人员的学历，同时要根据招聘人员的要求来严格筛选应聘者；其次加强业务培训，对营销人员进行专业知识和沟通技巧的培训；最后对营销人员进行心理辅导，这样才能打造出一支专业的优秀的电话销售队伍。

（3）完善专业规范的营销话术。营销话术的优劣直接关系到电话销售的成功率。优质的营销话术设计并不是一蹴而就的，必须对已设计好的话术进行模拟测试，并且在运用过程中要不断改进，这样才可以更好地帮助营销人员开展业务。另外，一套完整规范的营销话术必须包括一些投保人必须知道的信息，如犹豫期、保险责任、免责条款、注意事项等。

（4）注重电话销售与间接营销的有机结合。建议把电话销售方式与间接营销方式结合起来，在电话上达成协议后由TSR或专业的代理人亲自送合同给客户，并与其再次进行有效的沟通；而对于产品不适合的客户，在征得同意前提下可以委派专业的代理人进行跟踪服务，为其量身定做一份保险理财计划，通过这样的方式来实现客户资源的最大化使用。

3.3.3 电视销售

电视销售（Television Marketing）是指营销者购买一定时段的电视时间，播放某些产品的录像，介绍功能，告示价格，从而使顾客产生购买意向并最终达成交易的行为。其实质是电视广告的延伸。电视销售与网络销售同时作为直复营销的一种形式，都是符合时代要求、具有良好前景的营销方式，具有一定的相似性。

1. 电视销售的优缺点

电视销售的优点：通过画面与声音的结合，使商品由静态转为动态，直观效果强烈；通过商品演示，使顾客注意力集中；接受信息的人数相对较多。

电视销售的缺点：制作成本高，播放费用昂贵；顾客很难将它与一般的电视广告相区分；播放时间和次数有限，稍纵即逝。

为了克服上述弊端，有些营销者创造了一种新的电视销售方式——家庭购物频道（Homeshopping Channels）。这种方式主要是通过闭路电视或地方电视台播放一套完整的节目，专门销售各色俱全的套装产品。观众只需将频道锁定，即可全天24小时收看，并能随时通过免费电话与该公司联系。这种营销方式在1986年的美国，其营业额为4.5亿美元，而只几年的时间，到1991年则增加至20亿美元。

2．电视销售保险的发展

在国外，利用电视购物销售保险，进而取代传统的、依靠海量的保险业务员和经纪人销售保险的营销模式创新，早已并非新鲜事。对国内来讲，这一市场的空间非常大。一直沿用“一对一”原始推销模式的保险公司，为节省人力成本，近年来“转战”电视购物频道卖保险。这种创新模式被多方看好。保险公司同电视媒体合作，开创保险销售的新渠道对于保险企业形象的提升以及保险产品的销售都是不无裨益的。

3.3.4 交叉销售

所谓交叉销售，是指通过客户关系管理，发现并满足现有客户的多种需求，实现销售多种相关产品或服务的一种营销方式。与传统销售方式的区别在于，交叉销售注重从横向角度开发产品市场，在某次销售的基础上，通过对同一客户的深入挖掘，开拓并满足其更多的需求。

1．我国保险业交叉销售的几种模式

自2007年保监会放行产寿险业务相互代理以来，已有多家保险公司先后开展了保险产品的交叉销售业务。目前，我国保险行业中交叉销售的模式可归为以下几种。

（1）产代寿模式。在产险的营销渠道同时销售寿险产品的方式。将产险业务作为主要利润来源的公司如中国人保，采用的就是这种模式。

（2）寿代产模式。它与产代寿对应，是利用寿险渠道代理产险业务的销售。采用这种方式要以寿险业务发展成熟为前提条件，满足此要求的公司有中国人寿等。

（3）全方位代理模式。产险业务和寿险业务之间的相互代理。采用这种模式的主要有平安集团、太平洋保险集团等。它的特点在于“交叉效率”高，是一种较深层次的交叉销售方式。相应地，此模式对保险公司的条件要求也比较严格，要求公司的产寿险业务均已建立各自的营销渠道，且发展成熟。

2．保险业交叉销售业务的未来发展趋势

未来，保险业的发展趋向于集团化，集团内各公司之间能否密切配合实现资源共享将成为影响企业发展的重要因素。而交叉销售能够有效地进行渠道整合，充分利用集团内的资源。因此，未来正确地从客户角度理解交叉销售，以客户需求为核心提高交叉销售业务比重是必要的。

（1）不同保险产品间的交叉销售。对于保险公司特别是同时拥有产寿险公司的保险集团来说，应该努力发展保险产品之间的交叉销售，让这种销售模式成为保险产品营销的常态。

（2）不同金融领域之间的交叉销售。除了开展不同保险产品之间的交叉销售，对于同时拥有保险、银行、证券等子公司的保险集团来说，还应在不同金融领域间充分进行资源共享，实现跨领域的业务代理。这样在不同金融领域间开展交叉销售业务，是使企业发挥集团化优势的一个重要方式，并能够帮助客户更好地享受集团化发展带来的便利。

3.3.5 数据库销售

数据库销售是通过收集和积累客户信息，形成客户数据库，经过分析筛选后有针对性地使用网络互动、电子邮件、短信、电话、信件等方式进行客户深度挖掘与关系维护的营销方式。数据库销售也可以理解为通过与客户建立一对一的互动沟通关系，并依赖庞大的客户信息库进行长期促销活动的一种全新的销售手段，是一套内容涵盖现有客户和潜在客户，可以随时更新的动态数据库管理系统。数据库营销的核心是数据挖掘。

3.3.6 微博销售

微博是一个基于用户关系的信息分享、传播以及获取平台。用户可以通过 Web、WAP 以及各种客户端组建个人社区，以 140 字左右的文字更新信息，并实现即时分享。

中国平安保险公司新浪微博在 2011 年年初正式上线运营，仅 3 个月，微博合计转发突破 3 万条，评论达到 1 万条。平安保险官方微博在 2 月和 3 月推出了系列活动，宣传了保险的意义、功用，得到了网友和分公司员工的好评。

作为一个新兴渠道，虽然网销收入目前在总保费中的占比还不足 1%，但未来前景显然不可小觑。全球管理咨询公司麦肯锡近日发布报告称，预计到 2015 年，中国的网民人数将从目前的 4 亿多人增加到 7.5 亿人。IBM 则预测，到 2020 年，保险业电子自助渠道将从 2005 年的 0.16%上升到 10%。

3.3.7 微信销售

微信是腾讯公司推出的，用户可以通过手机、平板和网页快速发送语音、视频、图片和文字。微信提供公众平台、朋友圈和消息推送等功能，用户可以通过摇一摇搜索号码和附近的人，通过扫二维码方式添加好友和关注微信公众平台，同时还可将内容分享给好友以及将用户看到的精彩内容分享到微信朋友圈。有消息称，微信将对服务类公众账号收费，微信拥有超过 6 亿个用户，日均活跃用户超过 1 亿个，曾在 27 个国家和地区的 App Store 排行榜上排名第一。

保险公司使用微信功能销售和服务的竞争则更为激烈。通过微信即可进行投保车辆保险、投保意外险、激活卡服务、车险手机缴费、车险承保理赔查询等。目前，国内如中国人寿、中国人保、太平洋等多家保险公司已经开通了微信保险服务。

微信平台的使用，可加大保险各方面的效率。例如，车辆出险后，客户可以通过微信平台报案，在后台工作人员的引导下现场拍照，将照片上传至微信平台，供后台远程查勘。整个过程仅十几分钟，既节省了时间，又避免了车辆停在路边发生二次事故的风险。

保险公司通过建立自己的微信公众平台，可以及时向客户推送各类服务信息，客户加关注经认证后，就可以进行一对一交流。保险公司可以按照产品线或地域建立不同的群组，进行针对性更强的互动交流，如按健康、养老、教育等产品类别划分群组，每个群组配备相应的专业人员，同时可以邀请一些专家、学者参与，客户可以根据自身的保单属性或兴趣爱好选择加入，参与互动交流，分享保险认知，感受产品功用，做到明明白白消费。

3.3.8 门店销售

门店作为保险销售的一个渠道或一种模式，在国内也早已不再新奇。早在七年前，人保健康险公司与华安保险就尝试过深入社区，以门店形式经营业务。在销声匿迹数年后，近两年保险门店又卷土重来，华泰、人保相继开始了试点。

1．保险销售新型门面店模式

（1）保险超市。例如，大童保险在主要中心城市开展保险超市销售理念，让代理的各家保险公司产品像超市物品一样，任由客户选购。当然也会配备理财经理帮助挑选，通过对比各家保险公司产品责任和价格，选出符合自己的保险产品组合，但会给后期保全和理赔带来较大不便。

（2）保险加盟店，也是“肯德基”或“麦当劳”模式。在居民小区或主要街道开门面店，雇用代理人驻点经营，一个加盟店可以为整个小区服务。而加盟店的代理人因为营业点的固定，会放弃短利行为，维护保险公司品牌和自己形象。同样，小区居民天天看到这个门面店，比起巧舌如簧、衣冠楚楚的跑街代理人，更愿意相信加盟店，这也符合中国传统文化的理念，同时也可以做到保险销售标准化、简捷化。

2．保险销售新型门店做法

（1）要求创新加盟店要借势发力，增加保险销售信任。借势发力要求保险门面店不能单靠自己建或依赖保险代理人去建，而是要借势。现在我国在乡镇或社区的机关单位很多，如乡镇政府、村委会、文化站、电力单位、农村银行等。通过与乡镇的机关单位签订合作协议，业务开展后利润分成，同时也可以把部分原单位人员辅导成为保险代理人。如果与机关单位难以合作，可以尝试与小型商场或超市联系合作。通过成熟的网络可以迅速在各乡村机构设立保险销售点，借势形成全面覆盖，还可以借机扩大保险销售队伍。

（2）要求创新管理模式，提高保险认可度。即有固定区域、固定地点、固定人员、固定培训、固定产品搭配。

固定区域要求保险销售按照行政区域对保险销售网点布点划定区域进行宣传和销售，不能盲目布点。这样可以对区域内人员组成进行分析，有针对性地开展宣传，又可以避免无序竞争。

固定产品搭配是将销售险种进行组合，如将产品按偏重保障、投资、养老或教育等组合，每套组合又都含意外或医疗保障，固定险种搭配让客户容易记忆保费和理解保险责任，方便选择和购买。

（3）要求创新服务模式，增加保险服务意识。即便捷沟通、亲情礼品、服务时效和服务承诺。

服务时效和服务承诺是相辅相成的，很多保险公司都公开服务时效承诺，但实际行动时却以各种理由不兑现。也有的保险公司为达成服务时效而在理赔材料上刁难客户，不齐全的拒不接收，让很多客户感觉到投保容易理赔难。门面店的客户关系管理主要工作是承保、保全和理赔受理，将销售压力转移给金融风险管理师，这样固定服务的场所定期考核，将极大增强服务意识，同时引导客户到门面店办理各项保险业务，也可以减少保险销售误导行为。

延伸阅读 3-3 “二马”斗法决战保险圈

“二马”（马云、马化腾）卖保险，一边是阿里巴巴与国华人寿携手热卖“娱乐宝”，一边是腾讯与泰康人寿合作推出“微互助”（又称“求关爱”），“二马”在保险业短兵相见，杀得分外眼红。

“二马”保险业的“斗法”始于2014年3月的第一个周末。一款一元为朋友买保险的“求关爱”产品在微信朋友圈迅速走红。

其实，“求关爱”就是泰康人寿的一款微信防癌保险产品——微互助。产品设计得很简单：1元保费，每个用户只能为自己投保一次，保障时间为一年。18～39岁客户的保额为1 000元，40～49岁客户的保额为300元。要提高保额，就得依靠朋友们的“帮助”，朋友们每支付1元，就增加相应保额。加入微互助90天后，若初次罹患癌症，即可启用防癌基金。极低的门槛、便捷的操作方式，让这款产品在朋友圈得以迅速传播。

3月26日，阿里巴巴数字娱乐事业群发布“娱乐宝”平台，网民出资100元即可投资热门影视剧作品，预期年化收益率7%，并有机会享受剧组探班、明星见面会等娱乐权益。

“娱乐宝”究竟是个什么玩意？记者点击进入“娱乐宝”页面后发现，首期上线“娱乐宝”平台的是一款名为“国华华瑞1号终身寿险A款”的保险新品，由国华人寿提供。

根据国华人寿的产品设计细节，预期年化收益率7%。与此前支付宝在元宵节热销的万能险有2.5%的保底收益不同，投连险的性质是不保本、不保底；一年内领取或退保收取3%的手续费，一年后领取不收手续费。为防范客户资金风险，国华人寿采取了“单一客户保费金额限额”的销售策略，每人最大购买金额不得超过1 000元，防止客户购买超过自己风险承受能力以外的产品份额，从而引发财务风险。

“娱乐宝”推出一周后，《国际金融报》记者从阿里巴巴有关负责人处获悉，截至4月3日下午17时，“娱乐宝”首期四个投资项目全部售罄，共计78.5万份，总金额7 300万元。共有22.38万名网友通过娱乐宝平台参与投资，意味着中国多出了22.38万名“电影投资人”。

“求关爱”同样收获了意料之外的好成绩。公开数据显示，目前“求关爱”在微信用户的覆盖仅为3万多人，虽不及春节期限的“微信红包”覆盖面广，但作为保险产品，其销售情况还算不错。

资料来源：节选自和讯保险网2014年4月15日发表的刊登在《国际金融报》的文章“‘二马’斗法决战保险圈 众安保险处境尴尬”，http://insurance.hexun.com/2014-04-15/163927932.html，节选时有删改。

同步练习

1. 员工直销的业务范围是哪些？
2. 个人保险代理人销售方法有哪些？
3. 兼业代理的形式有哪些？
4. 专业保险代理人业务范围是哪些？
5. 保险经纪人有哪几种类型？与保险代理相比，经纪人有哪些不同？
6. 银行保险如何进行渠道开拓和维护？
7. 网络保险销售推广策略有哪些？
8. 电话保险销售的发展前景如何？
9. 交叉销售保险的模式有哪几种？发展趋势如何？
10. 门店保险销售的模式有几种？未来发展如何？
11. 利用媒体进行保险销售有哪几种模式？

典型案例分析

保险“触网”之变

在金融“触网”的大格局下，近年来，互联网保险的发展呈现井喷之势。2014年2月25日，中国保险行业协会发布首个《互联网保险行业发展报告》(简称《报告》)。《报告》显示，2011—2013年，国内经营互联网保险业务的公司从28家上升到60家，年均增长达46%；规模保费从32亿元增长到291亿元，三年间增幅总体达到810%。中国保监会主席项俊波对此表示，互联网保险的发展将对整个保险行业带来深远的影响和变革，并将改写保险原有格局。

1. 模式之变

2013年11月，三马联手成立国内首个互联网保险公司——众安保险；“双十一”期间，国华人寿淘宝旗舰店销售实现“三天一个亿”；刚进入2014年，余额宝联合珠江人寿推出保险理财产品、苏宁获批成立保险销售公司、泰康人寿正在内测上线首款微信保险“微互助”……有关互联网保险的市场信息接踵而至，让人目不暇接。

客户有主动需求的、适宜标准化的产品，如短期意外险、旅游险、理财产品等将是互联网保险产品短期发力的主要产品，而符合互联网开放、平等、协助、分享精神的社交化产品以及依据大数据开发的产品（如退货险），将是未来产品创新的重点。

2. 格局之变

最近几年，互联网保险呈现快速发展态势，受此影响，保险行业的格局也在发生变化。正如余额宝推出，一举将此前名不见经传的天弘基金推入国内第二大基金公司的位置，在保险领域，一些小保险公司排名也悄然前移。

统计显示，2013年在60家保险公司中，互联网保险规模保费排名前5位的公司分别是人保财险、平安财险、太保财险、国华人寿、泰康人寿；在人身险公司中，互联网保险规模保费排名前5位的公司分别是国华人寿、泰康人寿、阳光人寿、光大永明、宏康人寿；在财产险公司中，互联网保险规模保费排名前5位的公司分别是人保财险、平安财险、太保财险、阳光财险、美亚财险。

3. 理念之变

市场预测，随着互联网保险发展，保险公司经营导向和手法将从“产品导向”转而关注“用户和需求导向”，甚至学习互联网研究和满足人性需求的做法，为大数据下的少数客户个性化服务，而不是面向普通大众。

保险生活化成为重要的创新方向，“服务即产品”从隐性理念上升为显性指标，消费者不再为买保险而买保险，保险随着互联网润物细无声渗入衣食住行娱购医甚至感情生活，从经济补偿升格为对冲负面体验的工具，由此将衍生出无数花样翻新的保险产品。或许很多保险产品看上去根本不像保险，更像服务标准，如之前引起热议的赏月险、怀孕险、摇号险等“奇葩”险种。

另外，产品定位的变化也引发了销售理念的转变。近期跟互联网接触频繁的保险人士都在感叹，保险业真正要学习的是互联网“用户体验至上”的理念，向互联网企业学习俯下身段倾听、看重客户需求、了解用户心态的精神和做法。

资料来源：节选自和讯保险网2014年2月28日刊登的《上海金融报》的文章“保险‘触网’之变”，http://henan.hexun.com/2014-02-28/162588445.htm，节选时有删改。

仔细阅读上述案例并组织学生分组讨论下列问题。讨论完毕后要求每组派出一名代表对本组讨论结果进行评述，时间不超过5分钟。各组评述后由教师进行总结点评。

1. 案例中互联网保险的发展模式有哪些？哪种模式是最有发展前景的？
2. 互联网保险未来发展的障碍是什么？如何解决面临的障碍？
3. 互联网保险将给保险业带来什么样的变化？保险公司如何应对这种变化？
4. 随着互联网保险的发展，传统的保险销售方式是否会退出？

销售工具

1．产品说明会表格

工作组	工作职责	所需物品
运作组	讲师及主持人的联系与落实；准备专题教案及主持人讲稿；组织讲师试讲专题；主讲人演练；音像资料的准备；说明会现场流程的监控协调；布置场地与清场、彩排	各种电子设备、资料等
礼仪组	落实参加人员类型与人数，并下发门票；安排礼仪进行签到；礼仪接待工作、彩排	绶带、产品说明会来宾签到表、胸牌、礼品等
后勤组	落实预算费用和场地；确定场地布置方案；准备会议各项材料；彩排、布置场地	横幅、指示牌、欢迎牌、海报、喷画等
主持人	拟写主持稿，交运作组审核定稿；对会议现场进行控制，调动现场气氛，帮助保险业务员促成签单	主持稿、PPT
专题讲师	拟写专题教案，交运作组审核定稿；进行专题演讲	专题教案、PPT
保险业务员	邀约客户；与客户进行现场沟通；促成签单；会后追踪	签约意向书、相关产品资料等

2．保险分销渠道选择表

保险分销渠道选择表

险种名称：

策划内容	具体内容要素描述	备　注
销售渠道		
选择渠道依据		
渠道的类型		

3．业绩指标目标设定表

关键业绩指标	上月实际达成率	与计划差距	造成差距的主要原因	本月目标	措　施
活动率					
人均产能					
客户投诉率					

4. 业务改善措施计划表

措　　施	具体工作内容	预期效果	成本估计	实施时间	负 责 人
业绩追踪					
新人衔接教育					
目标市场增员					

本章实训

1. 针对熟悉的保险公司，寿险或财险任选一个方向，请学员调查了解公司目前采取的是什么样的销售模式。

2. 请学员们两人一组，模拟保险电话销售。

第4章 保险销售步骤与技巧

学习要点

- 掌握开拓准保户的方法与技巧；
- 了解准保户的筛选、拜访准保户前的资料准备和心理准备；
- 掌握接洽准保户的方法与技巧；
- 掌握保险销售面谈的方式与技巧，掌握保险建议书的说明技巧；
- 掌握保险销售过程中的异议处理方法；
- 掌握保险销售的促成技巧；
- 了解保险售后服务的内容与技巧；
- 掌握必备的保险销售谈判技巧。

案例导读

保险销售拒绝处理

销售人员：张大姐，我听说您有一个住院医疗被拒赔了，是吗？

张大姐：是。一提这事我的气就不打一处来。我去年因为卵巢囊肿住院做手术，出院到保险公司报销，保险公司说我投保时没有如实告知，拒绝给我理赔。气死我了！

销售人员：没有如实告知，到底是怎么回事？

张大姐：当时劝我买保险的销售人员是一个年轻的小伙子，在填写投保单的时候，是在麦当劳，投保单上的字太小，我又没有戴花镜，就让小伙子代填，最后我签个字就办完了。在如实告知有关妇科问题上，可能是小伙子不好意思问，就帮我在上面画了勾。我之前确实因为卵巢有点问题去过医院，但问题不算大，小伙子也没问，我也就没当回事，哪曾想这成了我不如实告知的把柄，现在小伙子也找不到了。你说，我冤不冤？哪天让我碰上那个小伙子，非找他算账不可！

销售人员：您息怒，张大姐。原来就是因为这件事情，您把当时的主险也给退了。

张大姐：对。我从那天起就决定再也不买保险了。

销售人员：张大姐，我最近看了一本书，书中就有一位和您一样的大姐也因为对一个保险销售人员不满而拒绝所有保险保障。书的作者是一位非常优秀的保险专业人士，您听人家是怎样开导对方的。他说，假设一位病人曾经因碰到过庸医，被误诊，因而发誓宁可病情恶化，再也不找任何医生看病，请问您，这位病人的决定明智吗？张大姐，您认为呢？

张大姐：当然不明智。病还是要看的。

销售人员：是嘛。大千世界，无奇不有。凡是有人群的地方就有素质不高的人。但是，我们不能因为个别人就拒绝社会提供的我们确实需要的服务。为了和一个人生气，而耽误自己的终身保障大事，您说划得来吗？另外，现在是法律社会，保险合同也是法律合同，只要认真签署合同就不会再出现那样的事情了。消消气，要不，我再请您到麦当劳，咱们边吃边谈。

张大姐：等等，我把花镜戴上。

资料来源：节选自上学吧网站2014年4月1日发表的《如何应对“我再不会考虑买保险的事情了”》，http://www.shangxueba.com/jingyan/1303983.html，节选时有删改。

辩证性思考：

1. 如何接洽准保户？拜访准保户前要准备些什么？
2. 如何与准保户面谈？面谈过程中应注意哪些内容？
3. 保险销售促成过程中客户可能会有哪些异议？如何应对？
4. 如果销售促成成功，售后服务有哪些内容？

4.1 开拓准保户

准保户是保险销售人员直接面对的销售对象，也是其衣食父母。一个销售人员开发保户数量的多少、质量的高低，直接决定了其工作业绩与事业发展前途。所以，准保户的开拓是保险销售人员所必须掌握的业务技能与生存技能。

4.1.1 准保户的开拓

在保险销售过程中，保户、准保户与顾客是必须明确的三种对象。保户通常也称客户，是指已经购买了本公司保险产品并享受本公司保险服务的单位与个人，保户既是保险公司经营管理的基础，也是其提供相应服务的对象；准保户，是指具有投保潜力但其保险需求目前尚未得到充分满足的单位与个人，准保户可能有购买保险产品的经验，也可能没有，其尚未满足的保险需求需要保险销售人员去进行激发与满足；顾客是指与保险公司、保险销售人员等有业务往来或联系的单位与个人，顾客可能是保户、准保户，也可能与保险产品无关，只是与保险公司有关联的个人或单位。

1．准保户应具备的条件

一个单位或个人要成为保险销售人员的准保户，必须具备一定的条件。

（1）要有保险需求。不论其意识到或没有意识到，准保户必须有相应的保险需求，这种保险需求可能是显性的，也可能是隐性的，在保险销售人员的引导与激发下，保险需求能够被准保户所认识并能产生购买动机。

（2）要有投保资格。准保户要拥有合格的保险标的，满足保险公司的承保要求，要能够通过保险公司的核保程序，否则保险销售人员花费大量的精力进行开拓，最后通不过核保，将前功尽弃。例如，一位90岁高龄的老人就不能成为定期寿险的准保户。

（3）要有充足的投保能力。准保户要具有一定的经济实力，能够负担起保险销售人员所销售或建议的险种的保费支出。如果准保户目前暂时由于资金周转等因素而不具备短期经济条件，也可将其列入长期的开发名单中加以关注。

（4）要有正确的合法合理的投保动机。准保户购买保险的动机必须是合理合法的，而不是出于欺诈。保险销售人员在展业和开拓过程中就要清楚准保户的投保动机，避免逆选择或保险欺诈行为的发生，以免为公司或个人带来相关的名誉或经济损失，更要避免违法犯罪行为的发生。

（5）要有投保决策权。准保户是否拥有投保决策权是很重要的一个条件。如果一个人不拥有投保决策权，保险销售人员花费大量力气，其结果换来的却是："我不能做决定，得到××同意才行。"这将浪费保险销售人员大量的时间、精力和经济成本。因此优秀的保险销售人员应该能够辨别谁才是真正的经济管理决策者，并能找对决策人进行销售。

（6）要有接洽的机会。如果一个准保户具备上述所有的条件，但保险销售人员就是始终无法接近，找到与其商谈或沟通的机会，那么该人仍然不能成为该保险销售人员的准保户，充其量只是一个潜力的发展对象而已。当然，能否接近还要看保险销售人员的沟通技巧与方法。

寻找准保户是保险销售人员进行保险销售的第一道程序。对于优秀的保险销售人员而言，准保户可说是无处不在，关键是看你如何着手进行。一般来说，开拓准保户还是有一些先例或方法可循的。

2．开拓准保户的方法

（1）善用关系网（缘故开拓法）。一个人在工作和生活中，总是不断地在与原来不认识的人打交道，因此每个人在日常生活中会认识大量的新人，通过日积月累，就能积累起一个比较庞大的关系网。其中，除了家庭成员外，还会有老师、同事、同学、亲戚、领导、朋友等，通过他们又可进一步横向发展，如朋友的朋友、同学的同学或同事等，这样关系网和交际圈会不断扩展，不断成为你的新客户源。

从本质上来说，每个人都需要保险。随着经济实力的增强和社会经济水平的发展，他们或早或迟都将向保险销售人员购买保险。因此，当你在认识或在和他们打交道的时候，就要意识到自己保险销售人员的身份。与其让一个陌生的保险销售人员向他们销售，还不如利用自己的关系直接向他们陈述保险的优点，力争抢得先入优势，早日向他们销售保险。只要你以真诚的心态向他们如实销售，像对待自己的家人一样，他们必然会接受你的好意和服务，相信对彼此双方都有益的事情是每个人都乐意去做的。

中国一直以来都是一个特别讲究人际关系和人治、重感情的国家，历史文化的底蕴使我们在感情上更倾向于自己所认识和所信任的人。家庭往往是我们的重要支点和依靠，亲情关系是首位的，往往是你突破了一个人，就会形成多方面的影响力，就会连片突破，所以做保险销售，要特别注重利用人际关系来开拓自己的保户群。

（2）随时随地发现准保户（陌生开拓法和生活化行销）。一个人的关系毕竟有限，如果仅仅只是局限于周围的人，那么，这个销售员肯定不可能成为一个优秀的销售员，关系再多，认识的人再多，也有用完的一天。因此，更注意的应是如何利用日常机会来发现和挖掘准保户，即从陌生人中寻找未来的机会所在，这才是真正的准保户开拓。

每一个有他人的场所，便是保险销售人员开拓准保户的地方，如学校、医院和其他公共场所，机关企事业单位等，各类文化娱乐场所、社交活动场所更是良机所在。例如，广州平安保险公司的一个业务员就是该类高手。广州天河体育中心有个城市高尔夫球场，在那里活动的多是一些高级白领及一些中小企业的经理，这些人的消费能力比较强，文化素质比较高，保险意识也比较强，所以对保险的需求和购买能力也高。这位业务员把眼光放在此处，一有时间就经常光顾，虽然开销不小，但收获更丰，不到半年时间，就在那里签下了几十万元的保单。

（3）善用关系，链式开拓（转介绍法）。一个人的力量是有限的，但团体的力量是无穷的。如果你能说动你周围的亲戚、朋友、同学、同事等人帮助你介绍新客户，宣传你的诚信与服务质量，通过一个介绍好几个的链式开拓方法，就能为你带来源源不断的客源，提供取之不尽的保源。这也是一个优秀保险销售人员成功的必由之路。前提是你确实是一个爱岗敬业、诚实守信、服务优秀的保险销售人员。所以提高服务质量，维系好客户关系是该法的首要关键，只有以老客户为突破中心，在优质服务的向心力之下，才可能形成保户滚雪球式的效应出现。从而形成准保户的链式增长。

（4）注意从各种名册、名录等公开资料上寻找机遇（资料开拓法）。广州某业务员在一家图书室看到一本广州市政府编的《广州政报》，里面除了刊登广州市的各种政策法律法规之外，广州市的各政府部门、大公司、大企业的领导变动情况也尽刊其中。在这本书的提示下，现在，已没有门卫能拦住他了，因为他一进门就报出某某局长、经理之名，说是应约而来。而且，由于他注意利用团体、组织，往往一次拜访，即使不能商谈团体保险，也可以与许多准保户见面，签成了不少的个险保单。

类似的例子还有很多，如工商企业名录、各地区和各部门的电话号码簿、大型博览会或展览会的名单等，销售员在有选择性的甄别后，进行拜访和联系。另外，各类聚会、宴会、交流会、展评会等场所都是认识和寻找销售机遇的好方式。通过它们可以使保险销售人员拓宽眼界，建立更为广泛的社会关系网。

（5）通过咨询和市场调查寻找准保户（咨询调查法）。保险销售人员除通过从咨询公司获取更多资料外，还可以到工商局、计委、税务、科研设计单位去咨询，从而收集更多的准保户资料。

参与公司和自己模拟的市场调查，也是倾听保户意见、寻找准保户的重要手段。另外，市场调查亦可帮助保险销售人员了解市场动态，清楚市场需求，理解保户感受，为制定寻找保户计划和销售计划打下坚实的基础。

总之，准保户无时无处不在，只要保险销售人员下定决心去开拓，方法得当，机会时刻在等着你。

4.1.2 准保户资格审查

在保险产品的销售实践中，并非每个人都是销售人员开拓的目标顾客，从准保户到目标客户还需要对其资格进行鉴定、选择，分析其是否具备成为目标客户的条件。只有准保户具备了一定的资格条件，才能正式将其列入目标客户名单中，建立客户资料卡，作为保险产品的重点销售对象。否则，保险销售人员将费力不讨好，付出很多的时间或金钱，却不一定能得到收获。因此，在展业之前，必须先对准保户的资格进行审查。

1. 准保户购买需求的鉴定

保险产品销售能否成功首先要看准保户对保险产品是否有购买需求，这就需要保险销售人员对准保户的购买需求进行鉴定，即事先确定潜在准保户是否真的需要所销售的产品，主要内容是围绕是否需要、何时需要、需要什么、需要多少来进行。经过严格鉴定，如果保险销售人员确认某准保户不具有购买需求，或者发现自己所销售的保险产品无益于该客户，不能适应其实际需要，就不应该花时费力去向其销售；相反，一旦确认该名准保户存在购买本人所代理的保险产品的可能性和倾向性，自己所销售的保险产品有益于准保户，有助于解决准保户的某些实际问题，就应该努力去说服和引导准保户，切勿坐失良机。

有保险需求的人一般是下列客户群。

（1）从事商业经营活动的人。该类客户一般有比较丰厚的收入或资产积累，但因不能保证未来生活的衣食无忧，加上这类人社会交往比较多，对保险有一定的了解，素质相对要高一些，因此他们是保险销售者的重点开拓对象，而且由于其购买力强，保障需求高，因而可以多次进行销售和购买，即该类人的个体需求总量较大。

（2）40岁左右的人群。因为该类客户群一般上有赡养义务，下有抚育义务，经济责任较重，而保险正好能满足该类人的这一需求，并且由于考虑到以后不久的退休年金问题，其自己对养老保险类产品的需求也较高，这一类人也是保险销售人员的重点销售对象。

（3）新婚夫妇。该类客户为了体现家庭责任与对对方的感情，可能需要购买保险，以便在自己遇到不幸时，能保障心爱之人的幸福生活。

（4）初为父母的家庭。因为现在儿童是家里的中心，因此父母一般在经济实力许可的情况下，会考虑为子女留下一份永恒的爱心，为孩子的将来铺路架桥，留下可观的教育费、婚嫁费。

保险是回报大于投资的好事，对于素质较高的人来说，一般均会有这方面的考虑。

2. 准保户购买能力的鉴定

只有保险需求并不一定能形成真正的购买力，只有既有需求又有支付能力的人才能成为真正的保户。从经济学上来说，有效需求必须具备下列条件：一是能购买该商品的欲望，二是具备相应的经济能力。保险准保户也须具备这两种条件方能进一步形成真正的需求。准保户的购买能力指的就是准保户购买保险产品时的支付能力，它是判断一个准保户能否成为目标顾客的首要条件，许多人对保险产品都有需求，但是只有有一定支付能力的需求才能成为真正的保险需求。

对于个人来说，如果按生命周期来说，一般可分为幼年阶段、少年阶段、青年阶段、中年阶段和老年阶段。在这一过程中，青年阶段、中年阶段刚好是参加工作或工作一定时间的人群，因此是最具有购买力的人群。从社会意义上来说，人的一生可分为依赖阶段、独立生活阶段、赡养与抚育阶段、再次回到依赖阶段。因此，在独立生活阶段和赡养与抚育阶段中，人们的保险需求与购买能力配合到高潮，是真正的有效需求阶段。

支付能力可以划分为现有支付能力与潜在支付能力两种形式。鉴定准保户的支付能力时，首先要对准保户的现有支付能力进行鉴定，具有产品购买意向并具备现有支付能力的准保户是最理想的目标顾客；其次，要注意准保户潜在支付能力的鉴定，掌握具有潜在支付能力的准保户，可以为产品销售开拓更为广阔的市场前景。

当准保户有一定的购买意向并且有潜在的支付能力时，销售人员应该主动协助准保户解决现有支付能力方面的问题。例如，建议准保户进行短期借款等形式来促使准保户达成保险产品交易。

鉴定个人与家庭的支付能力，主要是调查消费者个人或家庭的经济收入情况；鉴定企业的支付能力，主要是调查企业的经营状况、财务状况。销售人员要取得这方面的资料，通常需要花费大量的时间和精力，可以根据关系、经验或市场调查等手段来进行合理估计与判断。

通过鉴定准保户的支付能力，可以节约保险销售人员大量的时间和金钱，确保在其销售过程中有的放矢，提高保险销售工作的成功率。

3. 准保户购买决策权的鉴定

有些准保户既有支付能力，也有购买意向，但最终却无法达成保险产品的购买交易，究其实质是他没有购买决策权。因此，保险销售人员在销售过程中，一定要注意在销售过程中的对象选择。一般来说，在一个家庭中，有保险需求的影响者、决策者、使用者和购买者，但往往不是同一个人。因此，如何选择影响决策的人和决策者便是保险销售人员必须锻炼出来的一项技能。例如，在一个三口之家中，小孩是使用保险者，其父是最后掏钱的人，而真正决定购买与否的则很有可能是该家的主妇。如果保险销售人员未能看到该点，只是不断地说服该家的男主人，而对该家的女主人不理不睬，则很有可能最后即便形成了购买需求，也不一定由该销售人员获得，而可能会由该家主妇另觅一销售人员成交。另外，保险销售人员在销售团体保险产品时，必须了解团体客户的内部组织结构、人际关系、决策系统与决策方式，掌握其内部管理者的相对权限，向有决策权的管理者销售保险产品。

4．保险利益的鉴定

具有保险利益是成为投保人的首要条件，并不是任何人都可以成为保险保障对象的，只有具有保险利益的人才能成为合格的准保户。

所谓保险利益，是指投保人或被保险人对保险标的所具有的法律上认可的利益。根据我国《保险法》的规定，投保人对下列人员具有保险利益：本人；配偶、子女、父母；前项以外与投保人有抚养、赡养或者扶养关系的家庭其他成员、近亲属。

除前款规定外，被保险人同意投保人为其订立合同的，视为投保人对被保险人具有保险利益。

（1）本人，即被保险人本人，任何人对自己的身体和生命具有无限可保利益。当某人为自己的身体或生命投保时，任何保险公司在承保时，不得以不具备保险利益而加以拒绝。

（2）配偶是指夫妻双方，即与投保人有合法婚姻关系的另一方。

（3）子女是指投保人最近的晚辈直系亲属，包括投保人的婚生子女、非婚生子女、养子女和有抚养关系的继子女，但要注意在投保时，不得超过保监会所规定的、对未成年人限制的保险金限额。

（4）父母是指投保人的生父母、养父母和有抚养关系的继父母，家庭的其他成员、近亲属主要包括投保人的祖父母、外祖父母、孙子女、外孙子女等直系血亲及投保人的亲兄弟姐妹、养兄弟姐妹、有扶养关系的继兄弟姐妹等旁系血亲，并以有无赡养、抚养和扶养关系为准，不具备上述关系的，不具有保险利益。

上述以外，如被保险人同意投保人为其投保的，也视为投保人对其具有保险利益。

另外，上述以死亡为给付保险金条件的人身保险，要取得被保险人书面同意并认可保险金额，否则保险合同自始无效。

对于财产保险合同，其保险利益可由对保险标的的所有权、经营权、使用权、租赁权以及由此衍生出来的法律或民事赔偿责任等权益在内，均可构成投保人对保险标的的可保利益。

保险利益原则是保险销售人员必须时刻注意的重要事项，我国《保险法》规定："投保人对保险标的应当具有保险利益，投保人对保险标的不具有保险利益的，保险合同无效。"

5．核保条件的鉴定

对于准保户来说，还有一个重要的条件就是其身体状况或信用程度能通过保险公司的核保。如果该准保户身体健康状况很差，有过既往病史，并对保险公司而言承保的风险较高，则该名客户虽有购买能力和欲望，也将因其通不过保险公司的核保而不得不放弃，或者该准保户曾有过多次不良的索赔记录或不良的信用行为，则也有可能被保险公司拒保。因此，保险销售人员在销售过程中应注意准保户的逆选择行为，尽量在成交或开拓前对准保户有一定了解，以避免自己的努力成为无效销售行为或给公司带来损失。

延伸阅读4-1 准保户开拓的方向

保险准保户常常就在销售人员的左右，只是多花一些心思去开发，就能有许许多多的准保户接踵而至。销售人员开发准保户可以从以下四个大方向去努力。

开发方向一：现有客户档案

现有客户可以说是销售人员开拓准保户的最佳渠道。因为若能从现有客户着手，并请现有客户推荐亲朋好友，作为销售人员开发准保户的来源，自是再好不过了。销售人员应该每隔一段时间即主动与客户联络，以了解客户生活及工作近况，如有必要的话，不妨建议客户适应现实生活需要，审视现有保单的“合宜性”，修改保单内容或提高保障额度等。倘若客户的子女年龄介于18～30岁，也非常适合将其列入开发准保户之列。

开发方向二：工商日志簿

工商日志簿是销售人员开发企业主准保户非常合适且系统性较强的资讯来源之一，更何况企业主准保户也非常需要有人为其未来退休养老及医疗保险做规划，故通过工商日志簿往往可以找到不少需要投保的企业主。工商日志簿中的中小企业，也是实力相当雄厚且值得开发的市场，销售人员不应该轻易放弃向其进军的机会。

开发方向三：报章杂志宣传的公司或个人

报章杂志专访过的人物，由于有其基本资料可供参考，销售人员不妨在仔细研究后，将他列入准保户档案中，并加以开发。报章杂志曾经报道过的杰出风云人物，不仅值得销售人员去开发，也非常适合列入“影响力中心”。

开发方向四：人际关系网

可以在人际关系网中扩大准保户范围。他们可以是曾经与您有过商业往来的人。例如，商店的老板、服饰店的伙计；您的亲朋好友、同事、同学或隔壁邻居；自助餐的老板、俱乐部的会员、接送孩子的家长等；子女的朋友及其家人、亲朋好友等。

通过以上这样一个准保户全面大集合的方式，保险销售人员将不难发现，在周围存在许多值得去加以开发的准保户。

资料来源：节选自保险大搜索网2014年7月25日文章“如何开发准客户：四个大方向”，http://www.life-sky.net/sou/article6.asp?id=1938，节选时有删改。

4.2 拜访准保户前的准备

有一定经验的保险销售人员，在正式接触准保户之前，都要仔细研究一下准保户的资料，了解他们各自的家庭情况以及准保户的嗜好等。销售时寻找共同感兴趣的方面为切入点，设计投其所好的话题。如果是陌生拜访，这项准备工作就更应仔细、更具体，只有在正式接触前充分地了解准保户，选好谈话的切入点，才能做到有的放矢，事半功倍。

4.2.1　准保户的选择与了解

经过对准保户的选择与了解，保险销售人员就可以确定一份理想的准保户名单，以备正式进行保险销售时使用。

1．准保户分析表

通过长期的资料积累，保险销售人员可以将自己的客户按照时间顺序分为三大类，即现有客户、过去客户和未来客户。对每类客户都要进行详细的分析，以便从中发现保险产品的销售机会，如表 4-1 所示。

表 4-1　客户情况分析表

现有客户	哪些人				买什么	不买什么	能推荐哪些新客户	
	名称	地址	电话	决策人姓名	产品名称	产品数量	其他公司	朋友、亲戚
过去客户	哪些人							
	名称	地址	电话	决策人姓名	为何失去	如何挽回	能买何种产品	
未来客户	哪些人				如何促使其购买		可能购买何种产品	
	名称	地址	电话	决策人姓名	需要产品	能否满足		

2．建立客户资料卡

在建立客户分析表的基础上，保险销售人员还应对每个经过鉴定的客户制作详细的资料卡，对本卡中的有关内容进行充分的调查和了解，便于在将来接近客户和面谈时查找，使保险产品销售工作系统化、表格化，进一步提高保险产品的销售效率。

在实际销售过程中，保险销售人员可以根据实际需要设计准保户的资料卡的具体格式，前文已提供“保险个人准保户资料卡”，这里不再重复。下面提供“保险团体准保户资料卡”供参考，如表 4-2 所示。

表 4-2　保险团体准保户资料卡

团体名称		营业地址	
团体性质			
联系电话		经营规模	
主要决策人情况			
购买产品情况			
购买日期			

续表

付款方式	
营业状况	
信用等级	
备注	

根据以上资料，保险销售人员就可以根据有关标准将客户分为A、B、C、D类。类别不同，保险销售人员的准备访问次数也不同，如表4-3所示。

表4-3 准保户级别与计划制定

类别	满足要求程度	计划访问次数	计划购买时间	计划销售数量
A	具备完整的购买条件	1周1~2次	当月购买	
B	具备购买潜力，具有访问价值	每隔1周1次	2~3个月内购买	
C	偶尔访问	每月1次	半年内购买	
D	具备长远的开拓价值	顺路访问或电话访问	1~2年内购买	

3．准保户资料的利用

在以后的保险销售过程中，保险销售人员就可以根据客户的资料卡随时掌握其情况，并在此基础上进行分析、判断、改进和综合评价，并由此进一步获得更多的有价值的开拓新的准保户的办法与途径。

4.2.2 材料与工具的准备

在与准保户见面之前，保险销售人员必须做好一切工作上和心理上的准备，并对整个会见有一个预定计划，这样在与准保户洽谈时不至于无话可说，无事可做。

（1）将要拜访的准保户的资料准备好，并进行详细分析，以了解其投保需求所在，从而在接洽时能很快找到切入点。

（2）准备好相应的保单、相关资料文件，并进行保单解说预演，以便在与准保户洽谈时能回答任何有关保险的问题。

（3）准备好名片、公文包、笔记本、笔、小礼物、小道具等用来收拾用品和打开局面的东西。记得一定要放好顺序并记住，不要见面后找不到引起心理慌张与客户的轻视。

（4）再次整理一下仪容，确定准保户的类型与生活品位，以便与准保户产生心理上的共鸣感。

4.2.3 保险销售前的心理准备

1．皮格马利翁效应与心理暗示

皮格马利翁是古希腊神话中塞浦路斯的国王，他非常爱慕自己雕刻的一尊少女的雕像，他的热切期望竟然使雕像成为活人，两人终于幸福地生活在一起。

皮格马利翁效应又称“标签效应”，含义是：你给自己贴上了什么样的标签，你就成为什么样的人。用汽车大王亨利·福特的话来讲就是：“你认为自己行或不行，你总是对的。”这正是自我暗示造成的。

心理暗示能使人把面粉当药剂治好了病，也能使人被没有电流的高压线给电死。无论承认与否，自我暗示都会发生作用。一般认为悲伤才会流泪，事实上流泪也会使人变得悲伤。由此可见，自我暗示与我们的生活是紧密相连的，我们不能改变它，但我们可以巧妙地利用它，来促使自己更早成功。

2．精神电影放映法

销售代表可以用精神电影放映法做积极的心理暗示。

（1）进行三次深呼吸，每次都要憋气几秒钟。呼气的时候心里默念“放松”，这样可以使你安静下来，以便更容易地将积极的思想形象和情感输入大脑。

（2）想象自己置身于一个豪华而热烈的庆功宴中，拥有了自己梦寐以求的一切，正迎着众人的鲜花和掌声，让自己完全沉浸在积极的兴奋的理想之中，充分地享受其中的快乐；让你所有感觉，如视、听、嗅、触、味甚至连第六感觉都全部投入进来；让自己充分体验这一满意结果所带来的积极情绪，体验其中的自信、满足、充实和爱，以及这一满意结果带来的一切很好的东西。

（3）慢慢地从这一满意结果中走出来，放——松、完——成、输——入。这样你就能将希望的种子在自己的头脑中播种完成。这就是跟我们有时给自己输入消极的情绪后，就会使我们沮丧、懊悔、不安和痛苦是同一个道理。

每天早晨，我们出访时都要做一遍“精神电影放映”，通过这一热身运动，让自己充满自豪、喜悦和必胜的心情。同时也可结合“呐喊”术来再次激励自己，如大喊“今天我一定能够做到！今天我一定能够成功！我是最好的！我是最优秀的！”等，并且在每天早晨放一些激动人心的音乐给自己听，如“男儿当自强”、“我的未来不是梦”等。

威廉·詹姆士作为伟大的心理学家，已经向人们证实：“情绪不能立即降服于理智，但情绪总是能立即降服于行动。”所以千万不要小看这个热身运动，要明白一个人不是一个机器，一个人的成功或失败都与其心理能否受到激励有关。正如拿破仑·希尔所说：“只要头脑可想象的，只要自己相信的，就一定能实现。”

延伸阅读 4-2 如何做接触前的准备工作

在专业化销售中，接触前准备的目的只有一个，即为客户寻找到可以接纳或者信任我们的理由。如果我们能从以下几个方面做好充分的准备，给客户留下良好的印象，客户接纳我们的可能性会大大提高。

（1）物质准备。物质准备包括客户资料的准备和展业工具的准备。这些准备可以让我们在客户面前树立专业的形象，赢得客户的信任。

① 客户资料的准备。客户资料的准备包括两方面，即客户资料的收集与分析。

客户资料的收集应多角度、多途径地进行，尽可能全面地收集所有与其相关的资料。资料收集的越多，客户的形象越清晰，面谈的切入点就越明确。我们可借助亲戚、朋友来收集所需要的客户资料。

客户资料的收集应包括：自然状况（包括姓名、性别、年龄、职业、学历等）；健康状况；家庭状况；经济状况；个人嗜好；最近的活动，如看过的一场电影，读过的一本书，参加的某个聚会等。

为了详细把握客户的情况，我们必须对收集来的资料进行归类、分析，从大量的事实资料中寻找到可以显示客户某些共性的问题为突破口，并由此得出一个结论或一个判断。例如，他或他的家人怎么样？需求是什么？最感兴趣的话题是什么？我与他有哪些共同点？

例如，和我有共同点可从以下资料分析中得出判断：

- 从他工作状况中找到行业术语；
- 从他最近看过的电影或小说中找到热点话题；
- 从客户个人嗜好中找到交谈的切入点。

② 展业工具的准备。展业工具具有强化说明、促成签约的功能，是我们在展业过程中必不可少的武器。展业工具包括展示资料、签单工具和小礼品等。

展示资料是展业必备的工具，在接触过程中，客户会对公司、商品服务，甚至你个人存在许多疑问，必要的资料展示在解决这方面问题上会起到事半功倍的效用。因此，要求销售人员在展业活动中必须准备一个漂亮的展示夹，并将以下资料放入其中：公司简介；商品介绍；个人资料；理赔案例；宣传单；各种简报、数据；销售图片等。

由于促成时机可出现在从接触开始的销售流程中的各个环节，因此在每次拜访前必须准备好签单工具。

小礼品在销售过程当中是拉近与客户关系的不可缺少的行销利器。例如，我们所要拜访的客户家里正好有个小孩，这样便可以买个气球送给他。别小看这个小小的气球，它虽然不值几个钱，但却一下子拉近了你与客户之间的距离，而且不会给客户造成心理负担。这样一个令孩子高兴的气球，也是你彩色销售的开始。

（2）行动准备。行动准备是为实施有效接触而进行的行动规划与设计，它具有一定的程序。

① 拜访计划的拟定。拜访计划主要包括拜访时间的安排、拜访场所的选择、拜访礼仪的确定。

② 拜访时间和拜访场所。拜访时间和拜访场所的安排应依据客户的习惯、生活规律和职业等来确定，注意不要和客户的工作、生活、发生冲突，以免引起客户的反感。

③ 拜访礼仪。包括拜访时的着装、言谈举止等，主要依据客户的职业和拜访场所而定。不同的职业和地位有不同的着装要求。拜访大公司的领导、有地位的客户时着装一定要严肃，最好穿职业装，尊重他的时间、头衔和身份，要赞美他事业有成，切勿自吹自擂。如

果拜访的是中产阶级、知识分子，就应像对待上层人物一样对待他，并且行为举止要与他相同，使他对你产生信任感。如果拜访的是工厂里的员工，则穿着应随便一些，其原则是不要造成太大反差。

（3）心态准备。业务员在拜访客户之前，由于害怕被客户拒绝，都有不想面对客户的感觉。因此调整好心态是十分必要的。你可以用以下几点来鼓励自己，使自己充满必胜的信心。

① 保险是帮助人的，保险销售是帮助别人解决问题。

② 我的朋友和家人会保佑我成功。

③ 任何人我都要去帮忙。

④ 我既然从事这一行业，那么我就应终身投入、长期经营。

⑤ 我既然选择了保险这一行业，那么我就要有传教的精神。

⑥ 不论此次拜访能否成功，我都会以平常心来对待。

资料来源：节选自圈中人保险网站 2013 年 8 月 22 日的文章“如何做接触前的准备工作”，http://www.qzr.cn/vip/85591.shtml，节选时有删改。

4.3 接洽准保户

保险销售人员有了上述基础，下一步便是约见准保户。约见是指业务员事先征得客户同意接见的行动过程。一般来说，拜访客户最好先行约见，尤其是拜访准保户，这样做有以下好处：

（1）客户大多工作较忙，事先预约，以免打乱对方的工作日程安排，同时避免“扑空”。

（2）事先约见客户，征求他的意见，是表示对他的尊重，客户一般也能理解。如果突然登门拜访，容易被其拒绝，因为人们大多有一种讨厌不速之客的心理，尤其在工作繁忙的时候。

（3）通过约见，让客户事先对你的来意有所了解，思想上有所准备。在双方会谈时，客户就不会存有对陌生人的警戒心理，心情自然要轻松得多，容易创造出融洽的商谈氛围，有利于销售访问的顺利进行。

接洽，意味着销售正式开始，接洽客户要讲究技巧，因为那将直接影响成交能否成功。

4.3.1 电话约访

通过电话进行保险销售是欧美各国保险公司的主要方法。随着我国保险业的不断发展与人们保险意识的不断加强，电话约访将成为我国重要的保险销售方式。

1. 电话约访的特点

（1）针对性强。通过电话能马上与指定的人士交谈，了解对方的需求和空闲时间，以便进一步发展。

（2）迅速快捷。现代社会瞬息万变，及时交换有价值的信息或传递资讯，运用电话是最快捷和最方便以及最为经济实惠的方式。

（3）人情味浓。无论白天还是黑夜，电话两头可以随时就某事展开讨论和交流。

在进行电话约访时，一定要让对方对你的产品和你的个人产生兴趣，让对方觉得应该与你见面，这是电话约访的关键所在。例如：

“您好，我是某某人寿保险公司的张某某，本来打算去拜访您，可是事先没与您约好，又怕不太礼貌，因此给您打电话。请问您什么时候有时间？”

表面看来这个电话很有礼貌，但一点也没有吸引人的地方，大部分人在接到这样的电话时只会礼貌地说：“我很忙，以后再说。”不客气的人甚至会说：“什么保险公司，我没时间，也不会投保。”因此切记在进行电话约访时，一定要包括对方与你见面后的利益，这样才能吸引对方与你约见。

2．约见电话的基本要领

（1）预先准备。打电话前做好准备，如笔、记录本、有关准保户的资料、保险条款的有关信息资料等，都要放在电话机旁，一旦需要可随时取用。

（2）通过声音表现出你的人品。由于在电话交谈中，彼此都看不到对方的面容、服装与神态，因此保险销售人员只能通过声音来表现出自己的人品。你要尽可能使自己的声音温和、真诚，必须认真斟酌，要词句清晰、语调明朗，让客户听起来觉得你是一个可靠和积极的人，从而能够理解和接受。

（3）充分发挥销售技术。要把所讲的重点按先后顺序合理安排，如哪些话要先讲，哪些话要后讲，该如何讲等。尽量避免引起客户的反感，并在客户提出疑问之前就予以说明，使其理解，让客户觉得有必要见你一面。

（4）给客户留下好印象。不论客户是否答应约见，在放下电话之前，都应对客户表示感谢，并就占用了客户的时间表示歉意，这样，可使客户在放下话筒之后，在脑海中给你一个好印象、好感觉。

话术参考 4-1 电话约访

喂，你是张××先生吗？我是您的朋友林总介绍的，我叫××，在中国人寿保险公司工作，我想去拜访您。

出于礼貌，先给您打个电话，征得您的同意，不知您是不是有时间？（不是问他，不能让他打岔，如果回答肯定是没有时间。）不过您放心，我不会让您为难的，我只是给您做一个需求分析，买不买没有关系，您看我讲的有没有道理，您的朋友对我很信任，我不会让您埋怨他的。（让客户放心）

（我这周没有时间。）

是吗？您的朋友也说您很忙，这样吧，我下周再给您打电话，真不好意思，打扰您了？（谢谢，再见。）

3．电话约访注意事项

（1）拨电话之前仔细核对有关资料。特别是一次准备拨打几个电话时，一定要分别核对每次拨打的电话号码，对方姓名、职务、职业和相关的资讯是否正确。

（2）放松心情，语气平和，彬彬有礼。通话中要先自报家门恭称对方，多说“请”和“谢谢”。

（3）言简意赅，表达清晰。通话时要简明扼要，突出主题。

（4）选择时机，事半功倍。电话随时可打，但要考虑对方是否方便。如有些人星期一上午特别忙，这时候打电话效果会适得其反。所以要针对不同的对象和行业与职业的特点来安排电话约谈的时间。另外，为了防止通话中东拉西扯，挂一漏万，销售人员可以事先写下谈话步骤与纲要，提醒自己。

当然，准保户在回应销售人员电话接触时，出于正常条件下的反应，必然会提出各类不同的异议，所提出的拒绝问题的内容和表现方式可能不尽相同。如果能够在进行电话接触前，先规划好拒绝处理的解答方式，那么销售人员就可以更有效地回应这些拒绝问题，继而使客户点头同意约访。

4.3.2 信函与网络约访

信函是一种书面表达方式，它能准确地在字里行间将写信的意思表达出来，并且能通过字词的斟酌使用起到吸引收信者的作用。通过书面信函来约访保险准保户是一种非常实用的手段。

1．信函写作中应遵循的准则

（1）迅速切题。

（2）使用清楚而简洁的语言，这样准保户得到的信息就是写信要表达的意见，不会产生沟通误会。

（3）避免用那些使准保户的注意力不能集中在主要意旨上或使主要意旨模糊的材料。

（4）诚实。

也许你因为词汇量广博而爱用华丽的语句，但切记：写信的目的是为了交流而非哗众取宠。保险商业信函的准保户大多和你一样惜时如金，因此，你信中所表达的意思应很快被理解。如果准保户在前15秒钟内还不能把握你的意思，你的信很可能会被扔进垃圾桶。

保险销售信函不同于业务信函。一封营销信函事实上就是一份广告，它表示的含义是“注意、兴趣、愿意、行动”。一封营销信件必须符合这些准则：它应该引起准保户的注意、激发其兴趣、使之渴望得到你的产品（或更多的信息），并且导致收信人争取行动或者期望接到你的电话。

保险商业信函必须在开始几秒钟抓住准保户的注意力。一旦引起对方的注意，整封信将被通读，即使特别长也是这样。引人注意的标题往往能起到作用，不过标题必须很快进人有趣的内容，否则会引起别人的轻视。记住人们希望能从交易中获取好处，而你必须告诉他们你正是能够提供好处的人。

在保险信函中你不要指望仅靠信函便能销售出大额的保险产品，有些信函可能可以达成交易，有些可能没有任何效果，因此用信函来开拓市场可能成本有些高。为了评估效果，你可以在信函中夹上名片、写好地址与贴好邮票的回信封。

2．用信函约访的注意事项

（1）使用能清楚地表明你销售产品的信函。

（2）你的信应允诺会带来益处。

（3）在信中表明你将打电话与其联络，信的效果会得到增强。

（4）在所有的信件上写上公司的名称和个人的姓名地址，增强读者的信任感。

（5）在每封信件的信封上都注明收信人的姓名和地址，这样就是一封私人信件，手写效果最好，但如笔迹不佳也可使用电脑打印。

（6）写信的对象应是对你提供的保险产品感兴趣的人，这样可以节约成本。

（7）不要试图欺骗你的准保户，并称你除了提供保险产品之外还能提供任何别的东西。

（8）不要使用邮资计算器、三等邮递、粘贴上去的姓名地址签或开中式的信封，那样会使你看起来像邮寄宣传品。

（9）不要使你的邮件好像官方政府的信函来伪装自己，这样做是不道德的。

（10）不要使用不够大的信封，太小的信封会使信件折叠得很难看。

书写信函的目的只是在于引起准保户的关心，使他产生愿闻其详的念头。所以信函越短越好，只强调想得到面谈的机会即可。

话术参考4-2 信函约访

亲爱的张××：

我是×××保险公司的销售人员李×，您的好友王××先生经常提起您的大名，并建议我应该前来拜访您。

我们公司最近推出了一种寿险计划，许多与您背景相似的人认为极有价值，相信您会感兴趣。

然而，该寿险计划是否适合于您，只要您抽出十分钟的时间听我说明，即可亲自加以判断。

近日内，我打算登府拜访，届时请惠予接见。

顺祝万事如意！

李××敬上

2014年8月8日

这封信包含了接触所需要的三个要素：一是提供了销售人员自己的姓名，以便客户认识；二是提到了推荐的朋友；三是要求给予机会，以便前往说明。

对于网络约访，如电子邮件、语言聊天、视频沟通等也是一种新型的保险销售方式，保险销售人员可以通过 QQ、微信等工具接洽准保户。因此可以在网络约访中尽可能引起对方的兴趣，表明自己是专业人士，能为约访者提供细致周到的保险服务。相关内容我们将在后面章节重点阐述。

延伸阅读 4-3 电话约访习惯

一位成功的业务员提出 15 项电话约访工作习惯，持之以恒地保持这 15 项习惯，能获得足够的销售活动，从而在保险行业出人头地。

（1）准备足够的电话号码、纸张及铅笔。千万不能要求你的准保户“暂停一下”，而打断销售流程。

（2）确定在电话约访前已放松自己。

（3）准备一杯水或果汁，口渴时可以随时饮用。

（4）无论在你办公室或者在家里，打电话时应避免被打扰。

（5）记下准保户的职业、兴趣、配偶姓名等资料。

（6）交谈时要表现热诚。

（7）在你讲话时保持笑容，这种气氛会传染给对方。你应经常在镜子前练习。

（8）如果你认定为 A 级的准保户，拒绝你的约访，可要求他写推荐信函。

（9）当你寄出的资料收到回函，立刻和他联络。

（10）寻找一些与准保户的相同点，想想你认识哪些人，你知道他的工作时间吗，认识他的邻居吗，是否投入社区的活动等。

（11）在一星期的开始，安排这星期的行事日历。如果约会取消或延迟，你可以另行规划你的时间。

（12）当一位准保户似乎答应你的约访，但又拒绝了，你应将他的电话及姓名等资料保留下来，留待往后再和他联络。

（13）不要在每天固定的时间打电话，有些人可能是在晚上上班。

（14）不要让准保户感觉你用强迫的语气和他谈话。但是要让准保户知道你的时间是宝贵的。

（15）不要停止给准保户打电话，如果你计划打两个小时的电话，你必须做到。

资料来源：节选自世界大学城空间 2013 年 3 月 24 日的文章《15 项电话约访习惯》，http://www.worlduc.com/blog2012.aspx?bid=14978008，节选时有删改。

4.4 保险销售面谈

保险销售面谈是保险销售人员最重要的工作之一，也是实现保险交易的过程和手段，面谈的效果如何，最后能否实现交易，往往取决于保险销售人员在面谈中的表现，因此每个保险销售人员都必须研究和掌握保险销售面谈技巧。保险销售业务洽谈是保险销售人员与保险准保户面对面会谈的一种形式。面谈的目的是为了实现保险产品的销售，因此在此过程中，往往要做好三个方面的工作：一要有一个良好的面谈开端；二要能灵活运用面谈语言；三要巧妙运用一定的面谈策略。

4.4.1 吸引准保户注意

面谈的前 30 ~ 60 秒钟谈话常常会决定面谈的结果。准保户通常会在这段时间内决定是否继续听你说下去，他们总是依第一印象来判断你。如果对你印象不好，他们对你的计划也不会留下深刻印象。因此，在计划你的销售策略时，你得好好考虑如何吸引准保户的注意；你必须提出一些特定的利益，并注意谈话的内容与方式；你得思考如何以行动或资料吸引他们，如何引起客户的好奇心；每个人都喜欢听恭维的话，你还要想出准保户值得真心恭维的地方。

在面谈时，赢得准保户的信任是重点内容，而个人声望是引起并保持注意力的重要因素之一。例如，经由准保户喜爱或尊敬的人极力推荐，运用推荐函或客户名单或委婉地让准保户知道你的能力，这些都是赢得准保户信任的重要方式。另外，要让客户对你有兴趣，还必须展示给准保户你与众不同的一面，从而赢得准保户的注意与尊重。所有这些问题，可称为三 A。三 A 就是 Appearance（外貌）、Ability（能力）和 Attitude（态度），这些都是形成良好形象的关键。

1．让准保户放松

面谈时的紧张气氛只会造成准保户的不安，从而加强其抗拒心理，因此要首先让准保户放松下来，消除其心理障碍，建立一种融洽的面谈气氛。

（1）寒暄。要注意三个重点：一是礼貌的称呼对方，反复称呼对方的姓名或职务，既利于增加亲切感，又可记住对方；二是清楚的自我介绍；三是要恭维对方，恰如其分的恭维可以缩短与客户的距离，但恭维一定要富有创意。

（2）消除对方的戒心。可以采取两种方式：一是进行营销承诺，即一开始就向客户表明是来推荐有关的保险计划，是否决定购买完全取决于客户自己；二是时间承诺，即表明在设定时间内向其介绍，决不影响客户的正常工作。

（3）多听多笑多想。在面谈过程中一是要保持耐心、全神贯注，只有让客户说话才能获得对方的资料，因此一定要做一个好听众，同时客户也会感到他受到尊重；二是要脸带微笑，以诚待人；三是多思考，不要被准保户牵离主题，要保持清醒，思考对策。

2．寻找突破口

通过找到准保户的保险需求，从而找出其真正的购买点：

（1）要收集下列资料以深层次地了解客户的需求，包括客户家庭成员的有关资料、客户家庭经济状况的有关资料、子女教育需求、目前享有福利的状况、客户健康状况。

（2）要有技巧的提问。方式有开门见山提问、由简至繁的提问、多提开放型的问题、主动控制答案来避免对立等。

3．引起客户的不安

（1）引起客户不安的方式。可以采取故事引入法，通过向客户讲述日常一些灾难性的事故引起客户对未来的不安；直面人生法，开门见山地向客户谈起人生所必须面对的生、老、病、死、伤、残、失业等问题，引起客户的忧惧；挑战传统法，针对客户对未来的经济准备一一加以驳斥，指出只有保险才是最好的保障方法。

（2）令客户不安的技巧。有下列方式：多提问，通过发散型的提问来引导客户进行思考；处处留心，通过仔细观察客户的表情和动作，找出其弱点和忧虑所在；避免争论，不要就某一问题与客户长久地、尖锐地进行争论，这样会令客户感受到沮丧和弄僵双方之间的关系；举例要恰当，不要引起客户的反感；主动控制提问的答案，不能偏离话题太远，引导客户得出你想要的答案。

经过上述步骤，客户已经意识到他的保险需求，此时业务员就可以有针对性地提出针对客户需求的保险计划。吸引他人注意的说话内容如表 4-4 所示。

表 4-4　吸引他人注意的说话内容

自尊心	消　息	利　益	兴　趣
1. 给予对方讲述得意事的机会 2. 称赞对方扩大化的自我 3. 倾听对方的创业史和成功史 4. 尽量了解对方	1. 热门消息 2. 同等消息 3. 详尽的内幕 4. 向对方打听人人关心的事	1. 赚钱的办法 2. 节省开支的办法 3. 合理化建议 4. 治病良方 5. 股票、国债、利率调整等	1. 体育比赛 2. 运动 3. 流行时尚 4. 食物 5. 旅游 6. 游戏

4.4.2　客户需求点的把握与保险建议书的制作

在制作保险建议书时，一定要准确把握客户的需求点，将客户目前所面临的风险和通过保险所能获得的益处写明，这样才能打动客户的心，产生投保需求。

关于保险建议书的设计与制作将于第 6 章进行详细说明，此不赘述。

4.4.3　保险建议书的说明

将保险建议书递给准保户时，必须向准保户做出详细的说明，让准保户认识到建议书的可行与实用。

1．建议书说明的原则

（1）解说时要尽量简单，要一语中的。

（2）尽量用数字说话，这样有说服力。

（3）解说要生活化、通俗化，使客户容易理解，引起购买兴趣。

（4）职业化与专业化，解说时要能熟练地解答客户任何有关保险的专业问题，让客户了解你是一个有经验、有知识的专业人才。

（5）避免禁忌用语，尽量少用死、伤、残等语言，以免客户不快。

（6）保持微笑及足够的耐心。

（7）确保客户完全明白建议书的内容。

2．建议书说明的步骤

（1）再次确认客户的真正需要。在说明建议书之前，你可以将你写作建议书的思路与你认为客户的投保需要再次向客户进行询问与确认。如果客户改变了原来的需求或有了新的需求时，你可以及时进行修改并改变你的销售策略。

（2）让客户意识到他的保险需求。当向客户提出投保建议时，他们仍处于健康的工作或生活状态，所以即使他们知道有贷款、有负债，但一般仍对未来抱有积极的期望，因此通常不会想象预作准备。所以你不妨用形象生动、戏剧性的描述如果未来发生了什么意料之外的事，会让客户遇到什么样的危机，由此诱导客户提出保险的要求并产生积极的愿望。

（3）详细解说建议书。现在拿出保险建议书，开始逐页向准保户详细解下面这些问题。

① 准保户将会遇到哪些问题？

② 准保户有哪些保险需求？

③ 提供了哪些解决方案？

④ 方案能从哪些方面解决准保户的问题或忧虑？

⑤ 这方案能为他带来哪些利益？

⑥ 方案在财务上有哪些好处？

例如，张先生，我建议的这个15年期分红寿险，是说如果在15年内您有什么不测的话，至少可领50万元的现金，如果意外身故的话，还可以加倍给付即100万元，并且每年还有不低于5%的分红红利，比银行或自己投资要稳当并且赢利率要高得多。这样您的贷款、负债和家人的生活费用都能得到妥当的解决，您看如何？是否再将保险金额提高一些？

在解说时注意要设身处地地站在准保户的立场为准保户进行解说并强调准保户可以获得的利益，对所有问题均要坦诚、详细、如实地解答。

（4）促成交易。当详细解说完建议书的内容与原则重点后，可以立即用下面这些话来问客户，看看客户是否已经有了购买的愿望：您觉得这份保险建议书如何？这些保障是不是正是您想要的？您觉得这些保险给付够不够？当客户被你说服并产生了购买欲望后，通常会做出一些购买意愿的动作或在话语上表现出来，这时保险销售人员就要抓住机会，促成保险交易成功。

话术参考 4-3 销售面谈

很感谢您给我时间，您的朋友对我很信任。看得出来你们的关系也不错，所以我才有机会坐在这里。

我知道很多人对保险的印象不太好，我们调查过，很多客户是不喜欢保险业务员才不买保险的。确实过去我们做得不太好，有些人缠着客户不放，让客户很烦。

我今天来，就是想给您做个分析，买不买没有关系，您听我讲的有没有道理，也许能改变您过去对我们保险业务员的印象，我大约占用您20分钟的时间，帮您做一个家庭保障分析（边说边拿出需求分析表）。

我可不可以为您设计一份低保费高保额的计划呢？

4.4.4 销售面谈中应注意的事项

1. 充分准备面谈的内容

在保险销售人员拜访保险准保户之前，需要冷静认真地进行思考，把所有的销售要点认真检查一遍。下列几点是保险销售人员需重点检查的：是否清楚自己将要向客户销售的保险产品具有哪些优点和特性，该产品能为客户带来哪些好处，上一次销售时客户是对什么拿不准，拜访的对象性格特征如何，应采取何种方式来切入主题等，只有深思熟虑后运用适当的技巧方能打动人心。

保险销售面谈过程中，销售人员一定要充满信心，多想以前的成功经验，充分调动自身的一切积极因素和影响力，保持良好的精神状态，调整好情绪，采取客户易于认同的方式来敲开客户的心扉。

2. 面谈前的快速检查

当保险销售人员来到客户的办公室或者接待室时，要做好最后一次的快速检查：

（1）迅速回忆一下每条销售的要点。保险销售人员最好要把要点写在客户的目录卡上，在交谈前快速地浏览一遍。

（2）设想一下将要面临的询问和回答方式与语言。

（3）考虑客户将要提出什么反对或疑问，自己应如何消除。

（4）准备为客户解决哪些问题，最后的洽谈底线是什么。

（5）准备如何开头与如何结束。

通过对上述五点进行准备，将能使保险销售人员做到心中有数，临阵不慌，才能使拜访成功。

3. 正确地介绍自己

在事先没有联系就登门拜访（如陌生拜访）的情况下，保险销售人员应该清楚所找的谈话对象，并对所接触的人采取有礼有节的行为，如对门卫微笑示意、对秘书热情有礼，这样才能在一个融洽的环境来开始自己的销售之旅，使气氛向对自己有利的方向发展。

保险销售人员要经常使用名片，名片的外观要精致大方，以引起客户的注意与好评。如在名片上有空白的地方，应加上一些表明好处、吸引注意力的话语，从而引起客户的注意。

4. 掌握先机

当保险销售人员与客户坐在一起，即将开始面谈有关保险业务的时候，千万不能谦让，不要让客户掌握主动，要充分利用时间，别让客户抢先发言。如果客户抢先问“我能帮你什么忙”，则整个面谈主调会走偏，脱离保险销售人员的控制，使保险销售人员处于劣势地位。但当保险销售人员是被客户请来的，则又是一回事，可能此时客户需要你的指导或他有一些疑问需要了解。此时让他先开口可以了解其真实意图，从而进行开导或解说，并在面谈过程中将客户的注意力引致保险销售人员的立场上来，从而击败竞争对手，赢取主动。

5. 与决策者打交道

在保险销售过程中，与无权做出购买决定的人进行面谈是浪费时间，他们往往不愿意承认自己无权进行决策，但又要表现出欣赏保险销售人员销售的保险产品的态度，但实质上却不可能达成任何交易。因此当保险销售人员在销售过程中与该人多次进行了会面，并且在此过程中此人又未明确表示反对，但却被种种理由阻隔而无法成交时，就说明你拜访的是一个无权进行决策的人，与他打交道无法促成交易，因此应该马上找到有决策权的人进行面谈来达到目标。当然，保险销售人员在销售过程中一旦遇到此类人物，也不能掉以轻心，产生轻视的行为，因为他可能对你进行介绍和促成，从而使你的交易更加轻松，反之，一旦他感到你的轻视，很有可能采取手段对你的交易产生障碍。

延伸阅读4-4 给客户留下悬念

原一平是日本著名的保险销售人员，被称为“推销之神”。他要求自己的谈话要适可而止，就像要给病人动手术的外科医师一样，手术之前打个麻醉针，而他的谈话也是麻醉一下对方，给客户留下一个悬念就行了。

“哎呀！我忘了一件事，真抱歉，我改天再来。”面对原一平的突然离去，准保户会以一脸的诧异表示他的意犹未尽。而原一平呢？既然已经搔到准保户的痒处，已为下次的访问铺好路了，此时不走，更待何时。

为了要有效地利用时间，与准保户谈话的时候，尽量把时间控制在两三分钟内，最长不超过十分钟。原一平的个性讨厌烦琐，而且每天排满了预定要访问的准保户，所以非节省谈话的时间不可。

原一平经常“话”讲了一半，准保户正来劲时，就借故告辞了。“啊！真抱歉，有一件急事待办，告辞了。”虽然这是相当不礼貌的行为，但是故意卖个关子，给客户制造一个悬念，这样常会有意想不到的效果。

对于这种“说”了就走的“连打带跑”的战术，准保户的反应大都是：“哈！这个销售员时间宝贵得很，话讲一半就走了，真有意思。”等到下一次原一平再去访问时，准保户通常会说：“喂，你这个冒失鬼，今天可别又有什么急事吧！……”

他笑，原一平当然跟着他笑。于是他们的谈话就在两人齐声欢笑中顺利地展开了。其实，原一平哪有什么急事待办，原一平是在耍招、装忙、制造笑料以去除两人间的隔阂，并博得对方的好感。谈话时间太长的话，不仅耽误了其他准保户的访问，最糟的是怕引起被访者的反感。

虽然同样是离去，一个主动告辞，给对方留下“有意思”的好印象；另一个被人赶走，给对方留下不好印象。

这也许是原一平的一套独特的办法，因为原一平天生冒失，而且也纠正不过来，所以原一平就把冒失的缺点另加“厚脸皮”，化缺点为优点，独创了一套销售术。通常，原一平的第二次访问比第一次还规矩，把握“说了就走”的原则，找个有趣的话题或借故忘了什么事，讲个几分钟就走了。销售的关键就在第三次的访问。

“您好！我是原一平，前几天打扰了。”

“哈哈，瞧你精神蛮好的，今天可没又忘记什么事了吧！”

“不会的，不过M先生，今天请我吃顿饭吧！”

“哈哈，你真是太天真了，进来吧！”

“既然厚着脸皮来了，很抱歉，我就不客气啦！”

“哈哈！可别在吃饭时又想起忘了什么急事了。”

“谢谢您，真是一顿丰盛的晚餐。”

原一平向准保户道谢，告辞回家后，立刻写一封诚恳的致谢函。另外还买一份厚礼，连同信一起寄出去。

或许有人会批评原一平的做法：厚着脸皮硬要准保户请吃饭，这成何体统。可是太拘谨反而不好，“受人点滴，报以涌泉”，如果你吃了准保户1 000元，回报他2 000元的礼物，不就行了吗！第三次访问过后20天，原一平通常会在下午5点钟左右，做第四次访问。

“M先生，您好！”

“嘿！老原，你的礼物收到了，真不好意思，让你破费啦！对了，我刚卤好一锅牛肉，吃个便饭再走吧！”

“谢谢您的邀请，不巧今天另有要事在身，不方便再打扰您啦。”

“那么客气呀！嗯，喝杯茶的时间总有吧！”

总而言之，进退之间要把握得恰到好处，对准保户的好意要有分寸，不可随便。一旦太随便，其弊端一旦发生将很难挽回。

还有，原一平为何选在送礼后的20天前去访问呢？按常情判断，准保户在收到礼物之后，内心高兴之余会期待你的来临。可如果时间超过20天，对方期待的热情会大减。

选在下午5点钟，那是因为，这是一般家庭准备晚餐的时刻，也是原一平上次主动要求对方请吃饭的时刻，可重温前次温馨的气氛。不过，这一次原一平却婉言拒绝了准保户的邀请。人与人之间的感情，就是在这种一进一退、日积月累之中逐渐建立起来的。

请记住，在你与准保户初次面谈时不要急于提保险之事，你需要做的就是给对方留下一个悬念，进而有效调动他的好奇心，然后在一个恰当的时机，让他的好奇心得以满足，如此一来，你的业绩就水涨船高了。

资料来源：节选自好书读网站2014年7月2日的文章《给客户留下悬念》，http://www.haoshudu.com/modules/article/reader.php?aid=86338&cid=8572259，节选时有删改。

4.5 异议处理

在保险销售实践中，客户并非主动或轻易地就与保险销售人员达成交易。往往在此过程中，保险销售人员需要处理客户提出的种种异议，直到客户满意为此，才能促使客户下决心购买相关的保险产品。因此，异议处理是保险销售环节中非常重要的一环，它起着决定性的作用。

4.5.1 准保户异议类型与产生原因

1. 什么是异议

所谓异议，或客户购买异议，是指客户在保险销售过程中对相关保险产品、保险销售人员或保险公司所表现出来的怀疑、否定或反对意见的总称。

异议在保险销售过程中将会起到阻碍成交的不良作用，但我们同时要看到其积极作用，那就是无论何种形式的异议，实质上都是客户对所销售的保险产品感兴趣的一种行为表达，至少表明了客户已经对你所销售的保险产品有一定程度的了解。

2. 准保户异议的类型

保险客户提出异议的方式与类型多种多样，归纳起来大致有以下几种。

（1）因推迟拖延而产生的异议。这一类反对问题在保险销售中出现很多，如要再等一等，再看一看，再比较一下。这是因为保险这一产品与其他产品不同，其效应很难及时或直观地显现出来，仅凭业务员的解说常常不足以使客户形成明确的概念，从而决定是否予以购买。因此，他们希望看看身边的人是否有购买者或购买后的效果如何再作决定。常见的借口有：

① 我还要考虑考虑；

② 我还要和家人商量后再决定；

③ 过几天我会给你打电话的；

④ 等某某买了以后我再买；

⑤ 等过几年保费降低后再买；

⑥ 我还年轻，不急着买保险。

（2）因偏见误解而产生的反对问题。这一类问题往往包含双重的含义，第一，出于对目前保险销售方式的本能的否定态度；第二，出于对陌生事物的疑虑。就第一层含义而言，目前我国实行的直销式销售方式，大众的接受需要一个过程。就单个人或一个单位而言，如果不断地受到保险销售人员的销售，为了摆脱这种局面，他就会用一些偏激的反对问题作为拒绝销售的理由，这类问题大多不具有真实性，它们只是大众面对销售的自然反应，只是对陌生事物或反感事物的心存疑虑的一种表达方式。常见的借口有：

① 保险是骗人的；

② 物价上涨，钱会贬值，不要买保险；

③ 保险公司倒闭了怎么办；

④ 我不相信保险业务员；

⑤ 保险交费容易理赔难；

⑥ 买保险的钱都给保险公司赚去了；等等。

（3）因不了解而产生的反对问题。这类反对问题既可能是实质性的，也可能是非实质性的，如“我有社会保险，不必再买了”，“身体挺好，没必要保险”，“光棍一个，保什么险”等。如果认为它是一个真实的问题，它就具有这些字面上所表述的含义，我们可以做出富有说服力的回答。但反过来说，我们也可以看出，这些问题所表述的，常常是对保险没有兴趣，或对销售的婉转拒绝。实际上，就大众对保险的态度而言，都包含了这两个方面，不管他是否了解和熟知保险。由此可以知道，对于保险销售而言，理性的分析是基础，但要真正地使销售得以达成，感性的渲染才是重要的。因为富有感染力的解说，可以使客户把精力集中于一些实际需要解决的问题，使他感到解决这些问题的迫切性，而不是纠缠于一些与此无关的细节之中。常见的借口有：

① 我身体健康，不必保险；

② 老来靠子女，不需要保险；

③ 我已有了社保；

④ 我有足够的钱，无须再买保险；

⑤ 给孩子买一点，大人就算了；

⑥ 我死后钱给别人拿，不愿意；等等。

（4）因投保程序和保险产品本身而产生的反对问题。这类问题涉及的面相对较为狭窄，主要是一些实际操作中的技术问题，需要销售人员依照规定灵活处理，如体检、理赔等事项的操作。关于产品，单一产品的保险范围是有限的，需要销售人员针对客户的具体情况，做出有效、有利的组合，使保险计划对客户的效用达到最大化。细致周密的计划、为客户着想的心态，可以减少客户这方面的反对问题，或使他们在问题提出后，得到很充分的回答。常见的借口有：

① 买保险要体检太麻烦；

② 缴费期太长；

③ 据说理赔太麻烦；

④ 别家公司的产品比你们好；

⑤ 我要移民，买了保险没有用；

⑥ 每年都要缴费太麻烦；等等。

（5）因与其他投资活动比较而产生的反对问题。这类异议常常出现于一些投资型保险，提出异议的客户也多半是有投资经验的人。真正要圆满处理客户这方面的反对问题，保险销售人员还需要做出更大的努力，使自己更多地掌握金融、投资、法律、税制等方面的知识，使自己真正成为客户的金融保险顾问。当然，这类问题也具有真实和非真实的两面性。常见的借口有：

① 我宁可把钱存在银行；

② 我要去炒股，赚得多；

③ 买国债是不错的投资，比保险好；

④ 通货膨胀太厉害，不划算；

⑤ 我可以存钱养老；

⑥ 房地产是最稳当的投资；等等。

3．准保户异议产生的原因

客户在产生或提出异议时，可能有很多原因，这些原因相互影响、相互联系、相互转化，从而使保险销售人员一时可能无法了解到客户的真实意图。这时就需要保险销售人员进行仔细的调查研究、分析思考，了解客户的主要异议是什么，从而能够及时予以处理和消除。

（1）客户方面的原因。由于客户方面的原因产生的购买异议主要集中在客户的需求、支付能力、购买决策权以及心理障碍等方面的原因。

① 客户的需要。客户的真实需求是客户购买行为产生的根源，当客户认为自己不需要某种产品时，就会产生拒绝的表示。对于保险，实际上每个客户都有需求，只是需求的强烈程度不同而已，或者客户对保险的作用认识不够。因此，客户产生购买异议的根源主要是客户对保险销售人员所销售的保险产品不了解或客户的偏见心理。当客户对销售的保险产品有一定的需求和一定的支付能力时，客户产生购买异议则意味着客户还未被说服，客户的需求意识还未唤醒，保险销售人员的卖点诉求还未打动客户，仍无法使客户产生购买冲动。

② 客户的支付能力。在市场经济中，客户的需求与支付能力是形成购买能力的两个基本条件，支付能力也是鉴定准保户的标准之一。如果客户缺乏支付能力，就会以各种借口拒绝保险销售人员所销售的保险产品。客户缺乏支付能力的原因有多种。

- 客户的购买能力不佳，难以购买某类单位价值较高的保险产品，这时保险销售人员就应该及时对保险建议书进行调整，采取销售较低价格的保险产品的方式来获得签单，或当意识到客户的支付能力确实比较低下时，则必须果断放弃该客户，因为继续销售下去已无意义。
- 客户只是暂时存在财务问题。例如，资金一时周转困难而无法暂时购买该产品，此时保险销售人员不要泄气，要继续保持与客户的联系，待客户资金周转过来后即可发动促成的攻势。
- 客户已购买了或订购了其他保险销售人员所销售的保险产品，而未来的一段时间内又无继续购买的能力与意愿。此时保险销售人员或采取耐心说服的方式说动客户增加购买或取消原来的订购，或果断放弃，以免浪费时间。

需要注意的是，某些客户不会直接说资金方面有困难，而是采取各种其他借口来掩饰财务危机，这就要求保险销售人员能从种种异议中准确辨别出客户的真正原因，透过现象看本质。

③ 客户的购买决策权。客户是否具有购买决策权是决定交易能否成功的重要因素。如果客户无权决定是否购买保险销售人员所销售的保险产品，无权决定购买时的价格水平和数量，在此情况下，客户就会提出购买异议来拒绝保险销售人员。因此在这种情况下，就要求保险销售人员能即时通过市场调查，了解客户的决策结构尤其是团体购买客户，了解谁是真正的购买决策者。只有这样，才能减少产品销售的盲目性，提高保险销售活动的工作效率。

④ 客户的心理障碍。客户的心理障碍是造成购买异议的重要原因之一，主要表现在以下四个方面。

- 认知障碍。认知障碍主要表现为保险销售人员的购买建议与客户所持有的观点有明显的差距，从而使保险销售人员的洽谈说服失败。保险销售人员要说服客户购买保险产品，首先要了解客户对所销售保险产品的态度，消除自己的销售建议与客户观点之间的差距。客户在对销售产品进行判断时，总是依据自己的购买经验、购买习惯、兴趣偏好等综合形成的标准，距离该标准较近的保险产品信息容易被消费者接受，而远离该标准的保险产品信息将会被准保户所拒绝。
- 情绪障碍。客户的情绪是客观现实与主观需要之间关系的反映，这种需要如果得到满足，就会引起积极的情感，否则就会引起消极的情感。当客户对某一保险产品形成一定的态度以后，总会伴随着一定的情绪成分。当销售人员的购买建议与客户持有的态度之间差距较大时，必然会激起消费者的对抗情绪，对保险销售人员来说，应在面谈和拜访过程中尽量避免与客户形成这种情绪对抗。心理学的研究表明，任何人的心理活动在不同的时期都有情绪占上风和理智占上风的交替过程。情绪占上风时，就形成情绪障碍，所以保险销售人员的劝导说服工作，只有当客户处于理智占上风时才能奏效。

- 行为障碍。有些客户出于自尊或其他原因，而不愿改变其错误的表示，并拒绝保险销售人员的购买建议，于是客户的表示就成为保险销售人员洽谈说服工作的行为障碍。销售人员越介绍保险产品的优点和提出购买建议，客户就越觉得自己有必要提出一些不同的看法或观点，以显示自己的独特之处，证明自己的特点和才能。客户的这种行为不仅给保险销售工作带来较大的阻力，而且会给公共场所中的其他客户带来消极影响。针对这种情况，保险销售人员应在态度上要充分尊重客户，不与之直接进行争辩，在耐心倾听客户意见的同时从正面对其进行说服引导。
- 群体障碍。群体障碍源于客户的从众心理。任何人的行为都受到相关群体的影响，一个人的相关性群体就是能直接或间接影响他的态度或行为的所有群体。人们至少在三个方面受到相关群体相当大的影响：相关群体会影响一个人的态度和观念，因为人们通常都希望能够顺应潮流；相关群体能够产生某种令人遵从的压力，影响人们对商品和品牌的实际选择；相关群体向人们展示新的行为和生活方式。在保险销售的过程中，保险销售人员必须注意客户的相关群体的价值观念与保险品牌偏好，尽量利用相关群体的行为规范来说服客户接受自己的购买建议。

（2）保险产品方面的原因。只有当保险销售人员所销售的保险产品与客户自身的安全需求紧密相关时，它才能被客户所接受。由于保险产品是一个综合的概念，它涉及保险产品的功能、质量、品牌、类型、费率、服务等内容，因此，客户对保险产品的购买异议也极有可能源于保险产品本身。

① 保险产品的质量。保险产品的质量是指保险产品满足人们需要的效用程度，即保险产品的本身耐用性。保险产品的质量包括保险产品本身的内在质量特征，如保险产品的结构、性能、条款、费率等，也包括外部质量特征，如保险产品的保单式样、颜色、组成等。任何一种产品的质量特征可以概括为产品的性能、寿命、可靠性、安全性和经济性五个方面，保险产品也不例外。如果客户认为保险产品的质量方面存在问题就会提出异议。这些异议包括：

- 保险产品的上述质量方面确实存在着缺陷，难以满足保险客户的需求；
- 客户缺乏经验或从主观上考虑，以质量原因为由拒绝保险销售人员的购买建议；
- 客户由于担心购买不当，而以产品质量不佳为借口来拒绝购买；
- 客户由于没有购买决策权，而以质量原因为由来拒绝购买；
- 保险销售人员的语言或行为不当，使客户对产品质量产生怀疑；
- 客户为了压低费率，以产品质量不好为借口；等等。

为此购买异议形成的原因非常复杂，要想理清楚比较困难，但有一点必须坚持，即不能向客户销售质量确实有问题的保险产品。当客户提出产品质量异议时，要找出引起客户异议的真实原因，帮助客户正确认识产品的质量标准。

② 保险产品的价格。价格因素是影响客户购买的决定性因素之一，也是形成客户异议的主要原因之一。对保险商品而言，保险产品的价格是相对于保险单内容和条款而定的投

保费率。当客户认为保险销售人员所销售的保险产品在同类险种中或其他保险公司中的费率偏高时，就会与保险销售人员进行讨价还价，期望得到一定幅度的让价。当争取到费率偏低而保障相同或类似时，并达到客户的预期心理水平时，双方才能达成交易，否则客户会提出价格异议。

客户认为保险销售人员所销售的保险产品费率偏高的原因是多方面的：客户是基于对同类保险产品或替代商品的费率进行比较；客户的经济状况、支付能力；客户对该保险产品的费率的心理预期等。如果客户认为保险产品的费率过高，就会导致价格异议或财力异议的产生；如果客户认为保险产品的费率过低，就会导致保险产品质量异议或需求异议的产生。如过低的费率水平会使客户对保险产品的保障程度产生怀疑，因为“一分钱一分货”的观念在消费者心目中已经根深蒂固了，购买过低费率的保险产品，会使一部分客户消费的自尊心受到伤害。因此保险销售人员要认真研究和掌握保险客户的价格心理，以便采取相应的保险销售策略，消除客户的价格异议。

③ 保险产品的服务。服务是保险产品的重要外延部分，有着非比寻常的优势所在。保险销售服务有着丰富的内容，既有业务技术方面的服务，也有满足客户心理需要方面的服务。对保险销售服务的具体异议主要包括对质量保证服务的异议、对现场服务的异议、对相关配套措施提供服务的异议、对客户相关知识培训的异议、对申诉的服务异议、对售后服务承诺的异议，以及满足客户心理需要的服务的异议等。客户对保险销售服务提出异议，原因就是保险客户对保险销售服务提出了更高的要求。作为服务业或第三产业领域的保险业来说，售前、售中和售后服务水平直接决定着准保户的选择。在激烈的保险市场竞争中，如果保险销售人员不能提供比竞争对手更为周到、更为全面的服务，不能使消费者“买得放心，用得舒心”，就会使客户感到保险销售人员缺乏提供客户服务的诚意，客户就会提出服务异议。

④ 其他方面的原因。客户提出购买异议方面的原因，除了客户因素、保险产品因素外，还有一些其他因素。例如，保险销售人员自身的因素、保险销售环境的因素、保险销售信誉的因素等都是形成客户异议的直接原因。

（3）保险销售人员个人因素。由于保险销售人员个人因素而导致客户产生购买异议，主要是因为保险销售没有注意销售礼仪、讲究销售艺术，采用的销售方式不当。保险销售人员的销售行为令客户感到不快，有的甚至引起客户的反感和厌恶，自然要受到客户的冷遇和拒绝。另外，在保险销售面谈中，保险销售人员的面谈策略不正确，言词过于激烈或犀利，话题直奔“买与不买”的结论时，也易招致客户的反感。

① 保险销售信誉不佳。某些保险销售人员所在的保险公司有较高的知名度，但对所销售的客户而言，正好对该公司抱有成见或听说与经历过与该公司有关的不愉快的合作经历，导致在客户心目中该保险公司的美誉度不好。这种事件通常是保险公司发生过损害客户利益的事件，如售后服务不好、理赔态度不好等，并且没有妥善处理，给消费者留下了极坏的印象，严重地损害了销售信誉。有的客户对此类企业积怨较深，对该企业的销售员一概

予以拒绝。针对这种情况，销售人员除了耐心进行解释说服外，更重要的是，以实际行动取得客户的信任，重建良好的销售信誉，但这个过程将是漫长而艰苦的。

② 销售信息不足。在保险产品的销售过程中，保险销售人员要向客户提供大量的信息。但是由于客户的接受能力和理解能力方面的问题，或者向客户提供信息的方法欠妥，客户认为自己所掌握的信息仍不够足以进行购买决策时，或难以决定购买哪种类型的险种时，就会提出异议，希望保险销售人员提供更多的信息。当客户认为保险销售人员提供的信息不真实时，更容易引起异议，甚至会产生逆反心理。

③ 销售环境不佳。销售环境不佳是指客户所处的外部客观环境不利于保险产品销售。由于客户是社会人，他与外部环境有着密切的关系，当外部环境发生变化时，必然对客户的购买行为产生影响。例如，当国民经济处于低谷时，产生通货紧缩造成人人手头趋紧时，或银行利率上浮时，消费者会调整自己的购买行为，此时向客户销售保险产品，将事倍功半，难以成功。

总之，导致客户异议的原因很多，保险销售人员应通过销售调查，探索研究各种客户购买异议的真正原因，采取灵活多样的保险销售技术和策略，最终实现销售产品的目的。

4.5.2 处理准保户异议的程序

1. 事先对客户进行详细的调查了解

对客户状况的了解，包括他的经济状况、工作状况、家庭状况、教育程度、性格脾气、接受保险的最大理由等，尽可能估计他可能会提出的一些反对性意见。

2. 事先找出处理反对问题的方法

（1）记下所有的反对问题。把自己遇到的或听到的或保险销售书籍中所列举的反对问题都记下来。

（2）为每个反对理由做好答案。尽管客户拒绝的理由千变万化，但是，在这许多的反对理由中，出现频率很高的也就几种类型。对这些典型的反对问题，以及如何有效地处理这些问题，掌握娴熟后，就可以灵活机动地处理好客户的反对意见，给客户一个十分圆满的答案。

（3）进行演练。通过同事之间的演练，熟悉每个反对问题的答案，不断练习，直至表现自然为止。

3. 辨别异议的真伪

在销售过程中，客户会提出各种各样的异议，这些问题到底是借口、推诿还是真正的异议呢？所以要解决客户的问题，就必须辨别异议的真伪，再来针对问题进行处理。如何辨别客户异议的真伪呢？

（1）仔细聆听。客户提出的各种异议，其中有一些是借口。业务员在销售过程中要仔细聆听客户的每一句话，并同时注意观察客户说话的口气与表情，从而掌握要点与辨别此时客户的心态。

（2）确定该异议是真正的、唯一的异议。对客户反对问题进行确认，问客户他提出的这个问题是不是他不想购买保险的唯一理由，除了这个理由外，还有无其他理由。

（3）重复异议，再次确认异议。把客户的异议换个角度或方式重新问一遍，这样更加确认客户的异议的真实性。

（4）回答问题，处理好反对意见。辨明了客户异议的真伪，确定了客户的反对问题，就更需要针对真正的反对问题进行认真面对，通过合适的方式、最容易让客户接受的话语来对异议进行处理。

4．防止陷入异议处理的误区

异议处理的误区包括：

（1）有问必答；

（2）有问而不知如何作答；

（3）陷入与保险客户的争辩中；

（4）陷入烦琐的比较中；

（5）不知在处理异议中提出成交；

（6）轻信客户的借口或许诺。

4.5.3　准保户异议的化解方法

1．处理异议的态度

（1）出现异议是正常的。有经验的保险销售人员是不惧怕客户提出异议的，因为他们了解能提出异议的客户实际上表明了他们对产品有真正的兴趣。事实表明，当客户有异议时，销售成功率为 64%，然而当客户没有异议时，销售成功率反而降低 10 个百分点。由于保险产品的无形性，客户拒绝的比例比一般产品更高。根据美国寿险调查报告，通常拒绝的比例会高达 60%，真正一次促成的概率几乎不到 10%。

（2）沉着、冷静。当了解销售中客户提出反对问题是必然的、正常的时候，我们就没有理由惧怕客户的反对问题，就不会去讨厌这些反对问题，而是把这些反对问题当作一块块通往成功交易的基石。以平常心、沉着冷静地对待客户的反对问题，或滔滔不绝，或只言片语，或反问，或静听，显出一种大将风度。

（3）诚实、恳切。我们把拥有的保险知识如实地告诉给准保户，耐心细致地为客户分析保险的功用、保险的意义，经常站在客户的立场上为客户着想，体恤客户、关怀客户，以这种态度去对待客户，就会拉近和客户的距离，赢得客户的好感和关注。

（4）热情、自信。要说服和打动客户，首先要说服和打动自己，要认为自己所销售的保险产品是真正为客户着想、为客户订制的，自己有充足的能力和勇气来完成帮助客户决策购买保险的过程。因此只有当我们满怀热情不厌其烦地为客户解释保险、保单规划，尽我们所能让客户了解购买该险种的益处时，我们的热情就会感动客户，因为热情是一种可以相互传动的能量。

（5）避免争论。在回答客户的反对问题时，我们要避免陷入和客户的争论中，因为争论是对保险销售人员的一种不利境地，争赢了可能失去准保户，争输了又可能说服不了准保户。与客户交谈，是要其自然而然地认同购买保险的好处。因此要引起客户的兴趣，而非让其发火。当客户就某个问题提起争论时，我们可以采取迂回手段，适当后退，然后赢得进步。

（6）灵活处理。客户的反对问题总是千奇百怪，具有较大的随意性，我们不必事事当真，特别是一些与保险无关的问题。对于一些难以回答或无法回答的问题，可以避重就轻，搁置一边，引开话题，对于客户的无理要求，应义正词严地拒绝。

总之，当我们面对各种异议时，要坚守下列原则：

①“不”并不代表结束；

② 寻找合格的准保户；

③ 学会设身处地，为客户着想；

④ 坚持就是胜利；

⑤ 设定符合现实的目标；

⑥ 以销售业绩为重而非面子为重；

⑦ 对自己和产品永远保持充足的信心。

2. 处理异议的原则

（1）避免争论。产品销售过程本质上是一个人际交往的过程，销售人员应与客户保持良好的、融洽的关系，使客户觉得你是他们的助手和顾问，可以向他们提供许多帮助与建议，而争论只会让彼此不欢而散，什么协议也无法达成，且会给客户留下很坏的印象，使下一次的拜访愈显艰难。

（2）避开枝节问题。在销售洽谈过程中，切忌在一些与产品销售问题关联不大的事情上与客户产生矛盾，这样会使销售洽谈远离销售主题，并会引致不快，最终导致销售失败。

（3）既要消除异议，又要增进感情。在异议处理过程中，不要伤害彼此建立起来的友谊，不要责怪客户不通情理，可以运用一定的销售技巧来转移话题，找到共同点，从而形成一种融洽和睦的销售氛围，间接促成交易。

3. 处理异议的时机

选择适当的时机答复客户异议是处理客户异议的重要内容之一，它与答复内容、答复技巧具有同等的重要性。

（1）预先回答客户异议。在销售过程中，销售人员如果觉察到客户将要提出某方面的购买异议，就应抢先在客户提出之前回答这个问题。这是处理客户异议的最佳时机选择，可以避免纠正客户的看法或反驳客户的观点而引起的争论。

（2）延时回答客户的异议。销售人员通常在五种情况下推迟答复客户的疑虑与问题。

① 不能立即给客户一个满意的答复或没有足够的资料做说服性的回答，这时就应当暂时将客户的异议搁下，等时机成熟时再具体答复。

② 如果立即答复客户的异议，会对销售洽谈工作产生不利的影响，影响销售计划的有步骤实施。

③ 如果客户异议会随着销售洽谈的不断深入而逐渐转化、淡化或消除，则没有必要马上回答客户的异议。

④ 如果客户异议远离销售主题，或对这一异议的回答会涉及一些对客户来说没有任何意义的问题时，销售人员可以延时回答。

⑤ 如果销售人员预计推迟回答异议，可以降低客户的抵触情绪或客户会替销售人员回答时，可以不马上回答。

但是如果客户情绪过于激烈，强烈反对销售人员的观点时，则要适时给客户进行回答，以消除客户的顾虑，不使洽谈过早夭折。

（3）不答复客户异议。如果客户提出的异议不是真正的反对意见，而只是一种借口或情绪的发泄，则保险销售人员应不予理睬。当客户的异议只是一种自我表现，销售人员最好不予反驳。

（4）立即答复客户异议。在产品的销售过程中，对直接影响客户购买决策的异议，销售人员应立即予以答复，否则客户有可能认为销售人员无法或没有能力处理这些问题而产生对产品或对销售人员的怀疑，导致洽谈中断。

4．处理异议的方法

在产品的销售过程中，常见的处理客户的方法主要有以下几种。

（1）补偿客户异议法。补偿客户异议法是指销售人员利用客户异议以外的该产品的其他优点或长处来对客户异议涉及的短处进行补偿或抵消的一种方法。该法适用于客户的反对意见确有其道理的情况，这时销售人员采取否认的态度和反驳的策略是不明智的，销售人员应客观地分析该产品的优点和缺点来帮助客户重建购买决心。当客户意识到“瑕不掩辉”时，就有可能购买该产品。

（2）转化客户异议法。客户异议既是达成交易的信号，也是达成交易的障碍。转化法就是利用客户异议积极的一面来处理异议或克服异议消极的一面，将客户拒绝购买的理由转化为说服客户、使其购买产品欲望的理由，将客户的异议转化为达成交易的信号。

例如，客户提出异议：“你们的车险费率怎么比去年还高？”

保险销售人员说：“是的，是上涨了一点，根据保监委的精神，下个月还要调高费率，您最好赶快买，否则又会涨价了。”

（3）合并客户异议法。逐一回答客户的反对意见不仅要花费大量的时间和精力，延长洽谈时间，也有可能导致销售人员观点前后矛盾或难以自圆其说，将客户几种异议合并起来同时回答就可以避免陷入上述困境，也可以削弱这些异议对达成交易的影响。当客户情绪过激或自我表现时，当客户提出的真正异议无法当时就解决时，此时运用合并异议法将其合并处理，避重就轻或直指要害，可以化解困境。

（4）肢解客户异议法。肢解客户异议法就是将客户的反对意见细分为许多部分，然后再逐一答复或与客户逐项进行讨论，引导客户具体分析自己提出的购买异议，可以使客户认识到异议的某些不合理性，进而放弃异议，达成交易。如何进行肢解要根据客户和销售人员当时的情境来定，重点应放在肢解客户主要观点的论据，并通过客户认同的逻辑推理，在客户参与的讨论中将其结论性的论点推翻。

（5）重复与削弱客户异议法。重复与削弱客户异议法是指销售人员对某些不确切的、夸大了的反对意见，先用婉转的语调复述一遍，使其变得较为确切、温和，甚至改变了它的性质，然后再予以答复的一种处理方法。其核心思想，即通过重复来削弱客户异议的尖锐程度甚至改变其性质来缓和洽谈气氛。

例如，客户："又涨价了，怎么涨这么快？"

销售员："是啊，我也有同样的感觉，费率是涨得快了。"

销售人员的认同将使气氛缓和下来，大大削弱了客户问题的尖锐程度，经过"降温"后再慢慢解释，消除客户异议以达成交易。

（6）引申归谬法。引申归谬法是指在销售洽谈过程中，销售人员既不接受购买异议，也不削弱异议，而是将客户异议进行引申分析，详细说明客户异议的内在含义及其产生的可能后果，引导客户最终认识并且承认异议是错误的、荒谬的一种方法。其难点在于：一是引申要合情合理，使客户乐于接受，逻辑要正确；二是其目的是归谬，即全盘否定客户的意见，处理不好，容易引起客户的反感。

（7）有效比较法。有效比较法是指在销售洽谈过程中，销售人员不直接反驳客户的购买异议，而是通过与客户对可以考证的具有可比性的事件进行比较，使销售产品的优点突显出来，以此打动客户，最终消除客户异议的一种方法。例如，在销售新型分红险种时，可以和传统险种、其他新型险种（如投连险）等进行比较，得出让客户认可的结论。

（8）反问逼退法。反问逼退法是指销售人员在难以说服客户的情况下，通过对客户异议提出反问，迫使客户自省，进而放弃异议的一种处理方法。反问逼退法适用于洽谈气氛不融洽，或者客户比较固执难以说服的情形，或者客户的反对意见确实难以答复时，销售人员通过以进为退，提出反问，变被动为主动。反问逼退法是一种言词激烈的处理客户异议的方法，容易引起客户的抵触，要慎重使用。

（9）例证约束借鉴法。例证约束借鉴法是指在销售洽谈中，销售人员通过列举、举证让客户信服的有关实例来说服客户，从而迫使客户放弃购买异议的一种方法。使用时要注意：一是要先了解影响客户购买行为的主要因素，客户心目中的崇拜群体，例证是否合理等；二是例证要具体，并且可以考证，这样才可以说服客户；三是如果所举例涉及自己的老客户，要注意保密。

（10）岔开拖延法。岔开拖延法是指在销售洽谈过程中，客户情绪激动，连续不断地提出许多购买异议，回答时机不成熟或回答可能导致客户提出更多的购买异议而会导致洽谈时间无限延长时，销售人员通过谈论其他事情或有技巧地将客户异议往歧路上引开，把客户争论的问题转移使其谈论其他感兴趣的话题，从而使气氛融洽起来的方法，将异议拖延至适当时机再回答。

5. 处理异议的典型技巧

（1）处理价格方面异议的技巧。

① 价格异议产生的原因。一般情况下，客户提出价格异议的原因主要有以下几种：

- 客户是想试验一下保险销售人员对所销售的保险产品费率的态度，客户总是想方设法迫使保险销售人员报低价。
- 保险销售人员对销售产品的介绍或宣传不充分，没有使客户产生购买欲望或欲望不强烈。
- 类似的竞争产品的价格较低，客户在经过比较后，认为保险销售人员销售的产品价格太高。
- 客户对产品价格有“货比三家”的习惯，理性的购买者都希望以低价获得产品，这是买方市场的普遍现象。
- 客户认为保险销售人员在利用卖方市场或控制市场的有利条件下，迫使自己向其购买产品，因而在价格上提出异议。
- 客户是多次重复购买的老客户，他们对某品牌产品已有一定的忠诚度，因而想获得一定的优惠。
- 客户目前的经济状况不佳。
- 客户总体的经济状况不好。

以上八种情况是通常在保险产品销售过程中所遇到的，保险销售人员应认真对待，酌情处理。

② 处理价格异议的技巧与策略。在销售面谈过程中，处理价格异议的具体方法与技巧有以下几种：

- 多介绍保险产品的优点。产品的优点是指产品的质量、功能、品牌、包装、设计、声誉及服务等方面的超过竞争产品的优势，保险销售人员要让客户充分认识到自己所销售产品的优势，使其看到产品物有所值。
- 把销售的产品从同类产品中区分开来。通过证明自己的产品与众不同，才能证明自己的产品更好。
- 要了解客户究竟想要什么。一般来说，客户提出价格异议的目的是：能在保险销售人员那里获得额外优惠，使其在同事或家人前显得更加精明；有一种成就感，一些人在看到保险销售人员陷入困境时觉得心满意足；希望买到更有价值的产品。
- 向客户提出要求，搞清楚客户是真的在乎价格还是出于“便宜一点是一点”的世俗心理。最简单的方法就是向客户提出要求，对于那些不怎么在乎价格的客户，可以通过“踢皮球”的方式将问题返还给客户。如果真的是很在乎价格，则该客户很愿意洽谈下去。

（2）处理购买决策权异议的技巧与策略。

① 鉴别客户是否真的有购买决策权。通过以下几种方法，能够鉴别客户是否真的具有购买决策权。

- 请客户签合同。只有真正的决策者才有权签订产品购买合同，如果客户不签，一般会告诉应找谁。
- 询问客户其去年的购买计划是如何制定的，如果他说不清楚，则可能不是决策者。
- 询问客户或公司购买预算情况，如果以商业机密为由推托，则很有可能其不是决策者。
- 出示销售意向书后，询问客户还有谁应该看到这份意向书，以此了解决策情况。
- 向这家公司的其他人询问谁是真正的决策者。一般来说，公司秘书是最好的询问对象，他们常常与公司的决策层打交道，知道谁是决策者。

② 请客户向他的老板引荐。当客户想购买销售的产品，但不拥有决策权时，销售人员可以请客户向自己引荐其老板，当他不觉得这样会对他产生不利时，往往会乐于引荐。

③ 把求购意向书写成书面形式。当所销售的对象无权决策，但又能对公司的决策做出影响时，保险销售人员所要做的就是写成精美的保险建议书，拜托客户转交给真正的决策者。

（3）处理客户财力异议的技巧。

① 确定“兜里没钱”的客户的类型。在销售洽谈过程中，以下几个问题可以帮助销售人员确定提出财力异议的客户的类型。

问题1：询问客户：“最近您有没有打算向其他保险公司投保？”如果回答肯定，则就与“兜里没钱”无关，你必须发挥你的销售技巧以打动客户来购买你所销售的产品。

问题2：询问客户：“您认为我应该如何做，您才能给我一个机会？”如果客户动了恻隐之心说：“好吧，你报个价吧。”则客户只是想和销售人员进行讨价还价。

问题3：问客户：“在未来一段时间内，您还打算购买本产品吗？”或“今后您会购买保险吗？”如果客户断然回答没有，则表示他没有兴趣，与“兜里没钱”无关。

② 突出销售的保险产品费率低廉的特点。如果所销售的保险费率确是最有竞争力的，则保险销售人员应帮助客户进行客观分析，用数字来说话；如果不是最便宜的，则保险销售人员要就该产品的其他优点和特色来打动客户。

③ 确定新的预算资金何时到位。如果客户“兜里没钱”是因为资金暂时不足或下一年度的预算资金尚未到位，则保险销售人员可以询问客户资金何时到位，从而早做准备，因为资金一旦到位，则客户的选择余地就很大，销售人员必须先发制人，以免被别的竞争对手抢走。

④ 请客户预签合同或先购买一部分。如果客户资金未全部到位，保险销售人员可以先预先签好保险合同并在合同中进行约定资金到账时间，或者劝客户用手头的资金先购买一部分保险，等全部资金到位后再全部购买。

⑤ 帮助客户发掘潜在资金。如果保险销售人员已和客户建立了长期的合作关系，彼此可以完全取得对方信任，并且对彼此都非常熟悉，则保险销售人员可以以朋友的形式与客户心平气和地进行交谈。例如，询问客户：“能否从其他项目上进行节余来购买我的产品？”“以分期付款或延期付款的方式购买好不好？”如果两者关系熟络，客户一般会给予积极回应。

（4）处理“抱怨一切”异议的技巧。

① 用玩笑的方式回敬客户。如果确定客户“抱怨一切”是性格所成，不一定代表公司或个人的真正决策动向，则可以以玩笑的方式来回敬客户，使其有所收敛，赢得其尊敬。

② 改变和客户之间的关系。如果保险销售人员在洽谈过程中一直处于被动地位，有时碰到一些“抱怨一切”的客户，他会越加觉得你软弱可欺。这时就应从根本上改变销售策略，适时反击，并从其他方面来了解客户的真实意向，进行认真倾听，改善彼此之间的关系。

③ 将不同性质的抱怨区别开来。面对“抱怨一切”的客户，有经验的保险销售人员会将客户的诚恳意见与故意刁难的行为区分开来。如果不能，就要先了解客户的真实情况。大多数“抱怨一切”的客户是追求完美的客户，这时，保险销售人员就应保证整个过程、细节与产品都是精心打造、量身定做的，所有的细节问题都是亲自动手、足够重视的。另一种情况是客户自身有一定的心理障碍，如在公司不如意、家庭状况不好、人际关系不佳等，由于压力太大，造成心理失常，无法以平常心来对待日常事务，从而将情绪发泄在保险销售人员身上，则这类客户通常不具备购买决策权，可以放弃。如果销售人员无法将诚恳意见与故意刁难区分，可以采取下列方式。

- 直接询问：“您真是思维敏捷，很高兴您能提出这些意见，但您提出这些意见，究竟是因为您确实认为这对你非常重要，还是只不过说给我听听？”
- 请客户把意见写下来，以信件的方式寄给业务主管。当下次再拜访时如果客户仍提出这些问题，销售员就可以直接问他：“你将意见寄给我们业务主管了吗？”这样就将问题的责任推给了客户自己，从而客户也就不会再纠缠这些问题了。
- 试问客户，如果妥善解决了这些问题，是否会立即购买本产品。如果回答是肯定的，则需认真对待这些抱怨，如果是含糊的，则是客户的故意刁难。

④ 与客户交朋友。实践证明，当保险销售人员与那些爱抱怨的客户成为朋友后，他们就会停止抱怨。

⑤ 其他技巧。如果销售人员已经用尽方法，但客户仍抱怨不止时，可以试试下列方法：

- 销售人员脸皮厚一些，对抱怨听而不闻。
- 承认客户的抱怨事出有因，并告诉他自己左右为难，无法满足。
- 请客户不要再谈论这方面的问题，自己无能为力并已厌倦，但语气要委婉。
- 当客户一再就某一问题纠缠不休时，销售人员可以复述一遍其抱怨，然后以开玩笑的口气告诉客户：“这一问题你已说过多次了，我耳朵都听出茧子了。”

延伸阅读4-5 拒绝处理的方法

1. 间接否定法

“是的……但是”

例如：“当然啦，这是一项长期的契约，考虑也是非常重要的。不过，事故不会等你考虑好才发生。早一天投保，早一天受益。要是等到事故发生再投保就晚了。既然你已经认识到保险的意义，早晚都要办的，那你还等什么呢？”

2. 询问法

使用询问法是为了打探出客户拒绝的真正理由。

例如：“请问您是对我介绍的商品不满意、不相信我本人，还是因为别的原因？”

3. 举例法

以实例打动客户，去除疑惑点。

例如：“我加入保险行业后，第一个想起来的是我高中时的同学，近十年的好友。但他说不着急，将我送的资料收起来，照样与我谈天说地，我也不好意思再提。谁知没过一个月，半夜接到他太太的电话，哭着说我同学出了车祸，现正躺在医院里。性命算是保住了，但可能会成为植物人。她说看到家里的保险资料，想起来问我保险公司的医疗费是不是可以快点领到。我无言以对，怎么忍心跟她说‘对不起，你先生根本没有买保险。’所以，王先生，我还是劝你吸取他的教训，现在就下决心吧！”

4. 转移法

转移注意力，以商品利益吸引客户。

例如，客户说：“太太不同意，所以先不买了。”

此时，你可以这样回答：“你太太真是了不起，她一定是考虑家计问题，想减轻您的负担才这么说的。既然她这么勤俭持家，您身为一家之主，更应该切身为她谋幸福才对啊！根据统计，女性的平均寿命是72岁，平均结婚年龄比男性小4岁，也就是说，中国女性好像命中注定，平均要过9年的独居生活。所以，为了您太太着想，就算她反对，也应该下决心投保才对。”

5. 直接否定法

以“那可能是……”来否定客户的观点。

例如，客户说：“那可能是一传十，十传百，传走了样吧？保险公司骗人可不容易。因为条款白纸黑字写着，该赔就赔。若不赔，则肯定客户购买的保险不全，比如购买意外险而生病要求赔款，才会有这样的现象，或者是关键的手续不全，要不保险公司怎么会因小失大？小小一笔赔款使保险公司形象受损失，实在是不合算的。再说，也从来没有听说，一样东西可以骗人骗了200多年的呢。反倒是客户骗保险公司还容易些。”

资料来源：节选自中华文本库网站2014年3月7日的文章《如何面对客户拒绝》，http://www.chinadmd.com/file/ocuuazxpi6ee3z36erxcveis_2.html，节选时有删改。

4.6 促成保险签单

保险销售经过不懈努力，终于获得保户的认同，建议书也获得了保户的肯定，此时就进入了保险销售的最后阶段——促成保险签单（促签），只要客户与保险销售人员签下了保险合同，就意味着保险销售人员又取得了成功，又获得了一笔业务。因此促签是保险销售的关键环节，保险销售人员一定要掌握好促签的时机，顺利完成交易。

4.6.1 促签时机的把握

成交是保险销售人员最向往的时刻，它意味着保险销售人员的努力终于有回报了。那么，促成的时机在哪些时候呢？一般来说，保险销售人员可以在以下信息或时刻出现时提出签单。

（1）提出解决方案后。当准保户发生异议，而保险销售人员合情合理地解决了并使其满意时，就是提出签单的最好时机。

（2）解释保险建议书后。当为保户量身定做的保险建议书向客户讲解清楚后，保户也认同，就是促签的良好时机。如果客户提出异议，则尽快予以更改和解决，并随即再次提出签单。

（3）购买信号出现时。与客户进行洽谈，不一定非要等到所有程序走完才考虑签单。当在洽谈过程中保户出现下列购买讯号时，保险销售人员应抓住机会，促成签单，不要白白错过良好的机会。

① 客户好像已经拥有了这份保险，在商讨其如何细化与保全时。

② 客户要求你就某一细节问题讲解清楚并再次确认公司的相关情况时。

③ 当保户有下列动作时，往往表示他已接受你的观点，这是促签的良好时机：全身放松，身体向你倾斜，认真倾听，表情愉快，频频点头，称赞产品，就投保建议书提出某个修改意见并与你讨论细节，重新拿起投保单并思索相关内容。

④ 注意保户的眼神变化。一个人的内心活动会在眼神中表现出来：当两人谈得投机时，保户的眼神会发亮；当保户觉得谈话索然无味时，眼神会呆滞暗淡；当保户三心二意时，眼神会飘忽不定；当保户不耐烦时，会心不在焉，四处张望；当保户沉思时，眼神会凝视不动；当保户做出某项决定时，眼神会显得坚决不移。

⑤ 一般来说，当保户的行为明显与以前不同时，表示其心理已经发生变化，保险销售人员就应抓住时机进行促签。如果保户出现这些改变行为——保户忽然非常专心地听你讲解，而以前都是不冷不热时；当保户在洽谈过程中伸手去拿你所提供的资料而之前一直视而不见时；当保户的表情开始认真起来，面色凝重时；当保户开始附和你的建议，表示明显的赞同时；当保户一直抱怨不已、喋喋不休而忽然沉默下来认真听讲时；当保户招待你吃东西而以前没有时；当保户关掉电视机与你进行商讨时；当保户情绪高涨、兴高采烈时；当保户向家里或公司里的其他人征求意见时，均是促签的好机会，它表示保户已经开始认

同你的观点和建议了。

⑥ 当保户在洽谈过程中出现购买点时，如保户就这些方面一直提问并非常殷切地想了解清楚——关于保险金额、缴费的方法、支付保费的方式等；保障范围有哪些以及理赔的手续与过程等；有关手续回扣问题；体检的方式与范围；今后的售后服务等，表明他已在心理上接受了这份保险，保险销售人员千万不能失去这样的好机会。

4.6.2 促签的方式与技巧

1．促签的方式

（1）提供选择。给予准保户一定的选择，以满足其成功欲望。如给予准保户缴纳保费的方式、受益人所获保额的分配方式等。

（2）损失引导。告诉准保户如果延迟购买可能会发生费率上调等情况而导致其发生损失，以及早购买的好处等。

（3）责任提醒。提醒客户其肩负的职责所在，既晓之以理，也动之以情，作为一家之主，为家人提供一份保障是其责任。

（4）以事服人。以周围的真实事例来说服投保者，使其看到保险的好处。

（5）最后争取。当多次努力仍无法达到成交时，不如告诉保户你准备放弃了，并请他说出真实原因，这时准保户因为防范心理除去，很有可能告诉你真正的原因。了解真正原因后，保险销售人员可以进行最后尝试，看能否成交。

2．促签的技巧

（1）假设成交法。假设成交法是根据保户的反应判断其购买意向。销售人员在此基础上向上推进一步，即从保户决定购买的角度上讨论问题，带动保户的思维朝交易的方面思考。使用该法时不必探询保户的决定，只需等待成交。此时保户心理已经认为保险可以购买，只等着你开口要他签合同了。可使用下列语气：

①“吴先生，这份保单的保障能为你提供必需而全面的保障。如果没有问题，请您在这里签下字。”

②“王小姐，请您签名，让我来安排一下体检的时间。”

③“您准备用转账支票还是用现金支付保费？”

④“您看是用趸缴方式还是分期方式支付保费？”

⑤“您看是购买一份主险、两份附加险，还是购买一份主险、三份附加险？”

一般来说，假设成交法通常采用一些反问语句，其技巧性需要保险销售人员仔细推敲和学习。

（2）激将法。请将不如激将。当销售人员采取种种方法解决了保户的异议，可保户仍然无法做出决策、迟疑不定时，可以试试激将法。可采用以下语气：

①“您的亲戚朋友都买了保险，就您没买，我相信以你的能力，应该可以买上一份保险。”

②“像您这么顾家的人，我相信您一定会为您的家庭购买一份保险，以尽自己的责任。”

③“对面的张先生购买了保额100万元的这种保险，您呢，是50万元、100万元还是150万元？”

（3）二择一法。人们往往会对拿不定主意的事情一口回绝。二择一法就是针对这一点巧妙地运用人类微妙心理进行促成的方法。当别人问你要选择A还是B时，表面上你有选择自由和尊重你的选择，实际上却缩小了你的选择范围，促使你做出二中择一的回答。因为人们往往在回答中不自觉地认为除了二者之外没有其他选择。例如：

①“张太太，刚才我们谈到的几种方案，您看您是投保50万元还是80万元？”

②“受益人您看是您的妻子还是您的女儿？”

③“您是买一份附加险还是两份？”

二择一法能使保户回到保险销售人员事先预设的轨道。

（4）利益诱导法。利益诱导法是抓住了保户的趋利心理，以一些小利益引诱来促成保户签约。有时为了促销，通过举办一些有奖活动，在活动上进行促成，还可以在与保户洽谈与异议处理时采取这种方式。每个人都怕吃亏，每个人都希望得到优惠，因此不妨使用如下语气：

①“电视上说银行又要降息了，您得赶紧购买，能得到高息优惠，不然过几天一降息保费就会上涨，您要得到同样的保障要花更多的钱。”

②“过几天你要过生日了，保费会根据年龄的增长而增长，您趁这几天把保险买了吧，免得生日后要花更多的钱。”

（5）行为促成法。利用一些可以达成共识的动作来达到促成效果的方法，它表现为有利于促成结果的尽快推进。这些动作包括：

① 选择合适的座位。位置的选择相当重要，原则是，一般客随主便，由主人安排，但要选择便于书写和解释的地方，而且空间距离不要太大太远，要缩小距离，减少距离感。

② 展示建议书。展示时要适时及时，同时注意动作顺序，给人一种专业人士的印象。

③ 适时拿出投保单。估计对方已基本认同，比较信任你时，而且不会有太大的异议了，这时便应当拿出投保单。

④ 探询对方的年龄。探询时要方法巧妙，尽量做到不露声色，尤其是对于女性客户。

⑤ 请求保户出示身份证。表明销售人员期盼和欢迎客户的加入，并愿意提供服务。

⑥ 确定受益人。进一步可以用暗示法完成，或者用反客为主法完成。当询问谁是受益人时，应视保户情况不同而含蓄地征求意见。

⑦ 向保户传递手中的笔。进一步的目的带有半强迫性，目的在于引导保户在“投保人”一栏中签字。

⑧ 征询对方以何种方法缴纳保费。通常是直截了当地发问。

⑨ 准确填写暂收保费收据。进一步表明你的专业形象，同时说明你做事严谨，严格遵章办事。

以上动作通过在洽谈中适时表现，可以起到促成的作用。

（6）举例法。举例法，又称例证法或旁证法，是指用保户所熟悉的人或事物做比较，刺激一下保户的自尊心，以促使其做出决定。例如：

①“你的同事张××昨日在我这购买了两份这样的保险，您呢？”

②“××公司的林总经理也投了这种保险，听他说您和他是老同学啊。”

（7）一次促成技巧。一次促成即一次接触便成就交易，其技巧表现为各类技巧的浓缩运用，但其要求很高，操作应当更加合理和规范。保险销售人员在领会一次促成的技巧前，必须做好准备。准备内容包括：

① 突破自己的思维局限性，要敢于大胆地设想，并有强烈的自信；

② 发掘一种属于自己的说服术；

③ 良好的产品说明。

这些都是一次促成的一般要求。

一次促成的技巧包括：

① 突出产品的特征。任何一家保险公司都不会开发与另一家保险公司完全一样的保险产品，因此每一家保险公司的产品都有自己的独特特征，应当在促成时突出它的特征所在，强调其与众不同的魅力。

② 迅速把握保户的最大弱点。就单一保户而言，其中必有一个弱点是其突破口，因此保险销售人员要准确找到这个弱点。一次促成的关键在于将准保户的弱点同保险计划结合起来，然后下足火力猛攻。

③ 找出准保户绝对应当拥有保单的理由。有时，准保户没有意识到自己的需要，原因在于他们在这之前并没有在保险方面有过认真的考虑。一次促成就需要找到这种理由，让保户意识到自身的需要。这种理由越充分越好，它应当是保户必须正视而无法回避的某个问题。例如，应当领取多少养老金才够；以准备为下一代创业基金的额度为保额；万一意外时应给家人留有多少生活费作为保额；万一遇灾重新创业需要多少的启动资金等。以上理由通常是最常用的。

④ 降低保额与分割保单。可以通过将高额保单分割出售，每次销售一部分。当准保户用尽千方百计也无法让其购买时，那么可以使出最后一招：降低保额。如这样说：“张先生，您可能还在考虑我的服务精神究竟怎么样，没有关系，您的考虑是完全应该的。完全合理的，请您先购买一张最小保额的保单，来考验一下我的服务精神吧！”使用降低保额这一招的理由是：

① 至少保证你是劳而有获的，而不是徒费口舌，浪费时间。

② 让这个准保户成交，以后便有更大的潜力可挖。

③ 集腋成裘，积沙成塔，几张小保单累积起来便成了大保单。

总之，关于一次促成的技巧还要强调一点。一次性促成是比较难以达到的效果，并不经常成功。这些技巧只能说在某种程度上有助于一次性促成的成功，而且在一次促成时，销售人员还必须对它们进行综合把握，这是与其他技巧的不同之处，也是其重点。

（8）多次促成的技巧。保险销售不同于其他商品的销售在于其受主观因素影响很大。有时，即使保户的情况完全符合购买时机，也有可能因为保户心情一时不好而拒绝，因此一次促成并不多，往往是多次才能促成。在进行多次促成时，应当注意下列问题。

① 灵活多变。在多次促成的过程中，要针对保户不同情境下的不同心理状态，使用不同的成交技巧，提出不同的问题来说服保户签单。

② 要善于表演。销售人员要善于发挥自身特长，将保险的功用绘声绘色地表演出来，使保户如同身临其境，提升感性与理性认识，使其对购买保险坚定信心。

③ 谨慎而行。多次促成要求保险销售人员保持一贯作风，不能自己给自己添麻烦，因此要注意以下问题：不要盲目行事，自乱阵脚；不要急躁冒进，急于求成；不要与对方争执，指责对方；不要冷嘲热讽，耻笑保户；不要面露不悦，而要始终和颜悦色；不要匆忙上阵，毫无准备而动；不要给保户施加压力；不要没事找事，故意制造问题；不要轻率承诺，言而无信；不要想当然而行动，置时间、地点、环境而不顾。

（9）其他促成方法。

① 反客为主法。针对那些犹豫的保户，可以这样说："投保人填你的名字吧。""你妻子做受益人吧。"这样做是假定对方已经认可了这份保险，站在对方的立场上来替他做出决策。

② 理由比较法。操作如下：在一张干净的白纸上画一道线，一边写上购买的理由，另一边写上不购买的理由，然后由保户逐一填写。当其填写完毕后，再拿两边的文字做对比，保户一下子无法再拒绝。

③ 权利保障法。针对那些内心对公司不信任的保户，可以告诉他拿到保单后如有不满意的地方，十天内可以退保并领回所交的所有保费，给其以不满意包退的感觉。

④ 提示风险法。告诉保户你很忙，不能时时过来。当决定签单时，打电话通知，所以请他注意风险的随机性，早下决心以获得保障。如以闲聊的方式告诉他："你看前两天你这条路发生了一起车祸，真惨啊，听说那人没买保险，一家人连医药费都支付不起，正在那里发动捐款呢。"

以上几种促成方法，不要单纯地去针对某个情境来使用，而应该"运用之妙，存乎一心"。只要有可能，就要综合使用，以尽快促成交易。

话术参考4-4　销售促成

您是一家之主，在您的呵护下，您的太太和孩子生活得无忧无虑，但世界上有许多意想不到的事情会发生，您的家庭也有可能遇到意想不到的后果。如果您发生什么事情，那时您的太太和孩子失去的不仅仅是丈夫和父亲，还失去了家庭稳定的收入来源。

每个人都有积累财富的目标，可我们存钱会买房买车，总也达不到储蓄的目标，只有人寿保险才能使您积累起一笔资产，您有了这笔资产养老就不用愁啊！

中国实行计划生育政策，4:2:1的家庭结构是不可避免的，现在的孩子活得真累，一个人要承担6位老人的养老和医疗责任，而西方社会就不是这样，那时的老人早已经解决了自己的养老和医疗问题，不但没有给孩子带来生活负担，反而给孩子留下一大笔免税的遗产。

4.6.3 促签的注意事项

由于文化教育背景的不同，不同的保户在成交与洽谈的过程中，存在一些忌讳与不共通之点，因此作为一名优秀的保险销售人员必须考虑到保户的感受，并设身处地地为保户着想。

（1）要尽量使用中性与积极性的词语，避免过多使用死、伤、残、病等人人忌讳的字词，尤其是使用直接与第二人称相连的比例，如“假如您死了”等最易引发反感的句子。

（2）要选择合适的位置进行洽谈。与保户的面谈过程中，位置的选择非常重要。一般而言是依据有利于面谈与签约的原则进行选择的，表现为：

① 尽可能在僻静的地方进行促成签约。人多吵闹时，一不利沟通，二易引发反感与排斥。

② 与保户同坐一侧。以避免目光对视的不悦，有助于建立“正在购买”的感觉，有效消除对方的压迫感。

③ 坐在保户的右边。设法坐在保户的右边，好让所计算出来的各项数值进入保户的视野之内。

（3）要事先准备好投保书与收据。一开始就依序放好一切资料，给保户一种专业有序的印象，而不要等到保户决定签单了，才开始手忙脚乱地乱翻随身所带的提包，给保户一种不严谨的印象。

（4）要让保户有参与感。向保户提出建议，让保户自己决定往往比“指导”保户更为有效。由于付钱后买回的是关系到他未来生活的保障，所以保户总希望能够更多地参与进来。除非保户自己征求我们的意见，给出一些简单的计算方法，让保户在我们的指点下通过查表、测算，自己决定投保多少，以满足其参与感。

（5）要制造一对一的促成环境。当有外人参与与保户的谈判时，对保险销售人员非常不利。因为他会出于表现的欲望不断给保户提出建议，而这些建议往往带有主观色彩，带有片面性。对于保户而言，一般很容易接受其建议。因此要制造一对一的促成环境，以排除外来的干扰。如果发生了外人说三道四，不妨直言：“或许你说得有道理，但是你提出的问题，我们早已讨论过了。我现在与他谈的是他将来十几年的生活保障问题，涉及他全家人的幸福。你现在可以阻止他，也许能帮他省下一点钱，但当他需要的时候，你能拿出多少钱来帮助他？可我却能通过保险来帮他满足一切需要。”

（6）促成失败时，要努力创造复访机会。第二次复访时，不要先约时间，决不能问“你考虑好了吗”这样会给保户提供拒绝你的机会。

（7）要请对方介绍新的客户。一般而言，无论促成与否，最后都要请对方为你介绍新保户。所以当签约后，大胆拿出早已准备好的保户资料卡，请客户填上好朋友的姓名、单位、电话与职务等详细信息，由此获得第一手资料。有机会的话，请他帮你打个电话并强调你是很好的、服务态度不错的一个保险销售人员。保险销售人员要善于运用这样的好机会，它实际上是主动开拓的一个重要途径。

（8）要祝贺对方。这是促成成功时要做的重要一点。祝贺对方会让对方对你产生信任感，不会把你当成一个拿到钱就万事大吉的势利小人，而且能够在某种程度上巩固他对你的信心。祝贺时，握着对方的手，诚挚地热情地对他说“恭喜您做出如此明智的选择，恭喜您今后生活在保险的庇护之下，相信我们公司的服务会让您满意的”，然后在道谢与再见后从容离开。

（9）要在促成的过程中避免下列行为：一是绝对不可慌张，否则会引起保户的不信任；二是不讲多余的话，言多必失，避免给自己制造麻烦；三是不要过于表露喜悦的神色，让保户产生被出卖的感觉；四是不可争辩也不可过于退让，争辩让你失去保户，过于退让让人觉得你软弱可欺；五是要及时告退，不要过多逗留，以免意外生枝。

以上要点保险销售人员要谨记在心，不要违反，以免功亏一篑。

延伸阅读 4-6　四种妙法促成签单

众所周知，营销的目的就是能够成功售卖产品，因此，促成签单在整个寿险销售流程中显得十分重要。适时运用恰当的促成的方法和准客户沟通，对提升成交概率有积极作用。

（1）推定承诺法。假定准客户已经同意购买，主动帮助准客户完成购买的动作。这种动作通常会让准客户做一些次要重点的选择，而不是要求他马上签字或拿出现金。例如：“您是先保健康险还是养老险？”“您看受益人是填妻子还是小孩？”“您的身份证号码是……”“您的身体状况怎样，最近一年内有没有住过院？”这种方法只要会谈氛围较好，随时都可应用。“二择一”的技巧通常是此种方法的常用提问方式。

（2）风险分析法。此方法旨在通过举例或提示，运用一个可能发生的改变作为手段，让准客户感受到购买保险的必要性和急迫性。例如，当准客户说“我现在没有足够的钱买保险”时，就可以这样来进行沟通：“现在您都觉得手头紧张，那将来要是遇到意外或有病发生，该怎么办呢？保险就是生活的稳定器，帮助我们规避未来的风险，平时存小钱，遇事拿大钱，这种安排不正是您所需要的吗？”这种方法非常适合那些拖延型性格的人，通过唤起其危机意识，加速其做出购买的决定。

（3）利益驱动法。它以准客户利益为说明点，打破当前准客户心理的平衡，让准客户产生购买的意识和行动。这种利益可以是金钱上的节约或者回报，也可以是购买保险产品之后所获得的无形利益。对于前者如节约保费、资产保全，对于后者如购买产品后如何有助于达成个人、家庭或事业的目标等。话术范例，例如：“如果我们现在申请，您便能以较低的费率拥有保险的好处，但若下个月，您会因为年龄的增长而使费率提高。”“当您拥有了这样一份高额保障之后，不仅能够很好地体现出您的身价，而且让您免去了后顾之忧，使您全力以赴在事业上冲刺。”这种方法既可适用于一般准客户，也可适用于高端准客户，而利益的谈及在某种程度上可以纳入理财的范畴。

（4）以退为进法。此类方法非常适合那些不断争辩且又迟迟不签保单的准客户。当面对准客户使尽浑身解数还不能奏效时，你可以转而求教：“先生，虽然我知道我们的产品绝对适合您，但我的能力太差了，说服不了您。不过，在我告辞之前，请您指点出我的不足，给我一个改进的机会好吗？”谦卑的话语往往能够缓和气氛，也可能带来意外的保单。

促成的方法还有很多，如激将法、水落石出法等，不一而足，但万变不离其宗——促成其实就是沟通，它本身不是销售流程的结束，而是过程。所以面对准客户进行促成时，既要把握好促成的时机，又要有良好的心态准备，既能放得出，又要收得回，做到知己知彼，百战不殆。

资料来源：节选自圈中人保险网 2014 年 3 月 28 日的文章《四种妙法促成签单》，http://www.qzr.cn/vip/32469.shtml，节选时有删改。

4.7 售后服务

传统的售后服务内涵比较狭小，仅仅是指销售完成以后对客户的服务工作。然而，随着服务层次的提升，售后服务的外延在不断扩大，包括售前服务、售中服务和售后服务三个部分。保单销售之后，并不意味着销售工作的结束，而是进入了另一个循环，即售后服务流程。在这个阶段，业务员必须为客户处理一系列保全方面的问题，也是与客户保持长远关系的开始。

4.7.1 保单说明

在签单之后，业务员收取保费并出立临时收据，随后回公司进行正本保单出立与开具正式发票，随后将出立的正本保单与发票递送给客户并请其签名。在递送的过程中，向保险客户解释保单条款的重点，使客户更进一步了解保险的功用，同时还可以请客户介绍亲属朋友等投保。这些有助于销售人员成功约见准保户和销售更多的保单。

1. 递送保单的重要性

（1）制造拜访机会；

（2）建立个人信誉；

（3）维洽感情；

（4）提高续保率；

（5）获得客户转介绍。

2．递送前的准备

（1）再次确认保单，以免有误；

（2）确保该单已经在你的客户管理系统之中；

（3）准备保单与封套；

（4）预约时间；

（5）对保单条款进一步进行详细分析与了解；

（6）填写“递送保单备忘录”；

（7）出发并再次对整个资料进行检查。

3．保单说明

（1）祝贺客户。例如，张先生，祝贺您成为我公司的重要客户，也恭喜您获得了一份未来的坚实保障。

（2）强调本保单能充分地满足客户的需求。

（3）对保单的一些重点内容进行解说与确认。包括保单号、保单签发日期、保险期限、投保年龄、性别、受益人、投保人、被保险人、基本保额、保费、缴费方式、缴费年限、应尽义务等。

（4）重点解释保单条款。包括本条款的内容、宽限期、犹豫期、免供款方式、减额交清、现金价值、展期保险、保险责任与责任免除、保险金申请方式与手续、保单贷款、红利领取、自杀条款、年龄误告条款等。

（5）确认客户对保单的了解程度。例如，张先生，对现金价值您了解了吗？能否讲给我听一下？

（6）让客户对你的服务进行评估。例如，张先生，为了进一步提升我的服务质量，您能否对我展业过程中的缺点与错误指出来，让我能在下次为您服务进行改善？

（7）征求介绍新的客户。

话术参考4-5　转介绍

保险是我的工作，我很热爱这份工作，也需要很多朋友的支持和帮助，您看我有没有让您为难啊？

如果没有，那您就帮我介绍几个朋友吧，我帮他们做个分析，您放心，我不会让他们为难，更不会给您丢面子的！（边说边拿出客户资料卡）

4.7.2　保单保全

一般来说，财险保单因为保险期限比较短，因此售后服务相对要简单。对于财险保单签单后，一般的售后服务主要包括风险的预防与控制、损失的预防与减少。因此要求保险销售人员经常到客户处进行检查和感情联络，确保保险标的危险情况没有发生变动，并且能与客户保持长久关系，以保证续保率。

但对于寿险业务，由于保险期限一般非常长，如终身寿险可能长达数十年，因此在如此长久的时间内如何保证保单的有效性就是非常值得研究的一件事情，由此我们引入了保单保全的概念。合同保全服务是指为了维护已生效的人身保险合同，保险公司根据合同约定与客户需求所提供的一系列服务举措。保险公司在合同成立后的不同阶段可提供相应的保全服务内容。表 4-5 是某寿险公司人身保险产品的保全服务内容。

表 4-5　保全服务的内容

序　号	保全服务项目	保险公司提供服务的时间		
		保险期限内		年金给付期内
		交费期限内	非交费期限内	
1	通信地址、住所变更	√	√	√
2	姓名文字变更	√	√	√
3	证件类别及号码变更	√	√	√
4	性别错误更正	√	√	√
5	出生日期错误更正	√	√	√
6	更换投保人	√	√	
7	受益人变更	√	√	√
8	增加附加险	√	√	√
9	附加险续保	√	√	√
10	投保要约的确认	√	√	√
11	保险合同补、换发	√	√	√
12	解除合同	√	√	√
13	保险关系转移	√	√	√
14	保单借款	√	√	
15	续期保费交费通知	√		
16	保费抵交	√		
17	保费自动垫交	√		
18	交费方式变更	√		
19	授权账号变更或撤销	√	√	√
20	减保	√	√	
21	保额增加权益	√	√	
22	减额交清	√		
23	可转换权益	√	√	

续表

序　号	保全服务项目	保险公司提供服务的时间		
		保险期限内		年金给付期内
		交费期限内	非交费期限内	
24	合同效力恢复	√	√	
25	利差返还	√	√	√
26	红利给付	√	√	√
27	生存金额领取通知	√	√	√
28	年金领取方式变更	√	√	
29	年金领取年龄变更	√	√	
30	犹豫期撤单	投保人签收合同的十天内（寿险合同）		

合同保全是对保险合同效力的维护，保险公司一般经过客户申请、受理初审、经办、复核、单证缮制与清分和日结归档六个处理阶段。

4.7.3　理赔服务

售后服务有一个中心，即理赔。理赔对于保险销售人员来说，意义非常重大，它是留住客户、拓展销售渠道和准保户的重要手段。然而，现在很多保险销售人员不注重理赔服务，让保户觉得要钱时就天天缠在身边，理赔时人影不见，从而使客户产生严重的抵触感和不信任感。因此，保险销售人员在得知客户发生保险事故时，应第一时间内到达事故现场或到客户家中进行慰问，并及时说明公司的政策，帮助客户准备和填写相关的证明与材料，并带领客户到保险公司申请理赔，让客户感到你的服务是无微不至的，从而产生信任感，提高忠诚度，并为你介绍客户和宣传保险知识或你的声誉，让你在保险销售的事业上越来越成功。

4.7.4　其他售后服务

另外，为了进一步留住客户、提高保单续保率，保险销售人员要在售后进一步加深与客户的感情。如可做下列一些事情：

（1）纪念日祝贺。如客户的生日、结婚纪念日等有意义、有纪念性的日子里，打个电话或寄张贺卡，来表达你的心声。

（2）新年伊始，送一本年度记事本或工作日记，写上祝福的语句。

（3）年节问候。

（4）定期将最新的保险资讯或金融信息寄给客户。

（5）年末送上一本台历或挂历。

（6）定时在网上送上一张电子贺卡。

（7）开展活动。如开展产品说明会，组织客户俱乐部活动等。

（8）其他一切能加强与客户之间感情的活动。

延伸阅读4-7 索取转介绍的方法

索取转介绍是准客户开拓的重要方法之一，对增加优质准客户，提高保险行销效率有积极的意义。转介绍就像借东西，一定首先获得对方的同意，否则就难以达到自己的目的，谁愿意随随便便把自己知道的“人事信息”告诉给别人呢？所以在索取转介绍之前，一定要先与客户建立心理的和谐，去征求客户的意见，去取得客户对自己的认同和肯定。

例如，我们可以去询问客户对自己的印象：“王总，我想现在您已了解我的工作性质及服务方式，您对我的表现还满意吗？您能否提供一些宝贵意见，以作为改进我服务品质的准绳？”

谦和的话语，很容易为建立心理和谐奠定基础。在这个基础上，可以顺依客户的回答，自然地提出索取转介绍的要求：“您也知道，从事我们保险工作，需要有更多的人认识。虽然您暂时不考虑投保，但是我想您应该不会介意让您身边有需要的朋友拥有保险，不知您可不可以告诉我三个名字，让我去跟他们谈一下，比如您的同事或同学？”

这里值得说明的是，一旦进入转介绍环节，要及时给客户提供一个范围或名字，毕竟泛泛的思考常常是混乱而又没有秩序的，也不容易找出我们想要的答案，所以圈定范围是索取转介绍成功的一个重要因素。像下面这句话，就更有针对性，就更容易获得资料：“在我们的谈话当中，您曾提到您的朋友张总，您能够多告诉我一些有关他的事吗？”

当然，在索取转介绍过程中，一个重要的因素在很大程度上影响着我们与客户之间心理和谐的建设，那就是客户产生的顾虑。人际关系本身是一件简单却又复杂的事情，客户介绍名单给我们，他必然会考虑我们和他介绍的这些人接触后对他会产生什么样的影响，所以及时打消客户的顾虑是很重要的，我们可以把自己对被介绍人的处理方式告诉给介绍者：

“王总，我向您报告，我会先寄一封信给张总，并介绍我自己，然后我会打电话给他，看看能否见个面。我尊重您的朋友就如尊重您一样，如果他不想谈保险，我会转移话题，不会死缠烂打的，您大可放心。”

此外，在获得转介绍名单后，一定要记得向客户致以诚恳的谢意，并表明会将与被介绍者的接触活动及时反馈给他，以示尊重：“王总，非常感谢您的信任与推荐，你真是一位富有爱心和乐于助人的人，我会将和您的朋友接触的情况及时报告给您，祝您生活愉快！”

我们把每一个动作都建立在心理和谐共建的基础上进行，既体现了对客户的尊重，也体现着对工作原理的理解和把握。做到这一点，索取转介绍应该不是什么难事。

资料来源：节选自圈中人保险网2012年2月7日的文章《保险营销技巧：转介绍》，http://www.qzr.cn/vip/57868.shtml，节选时有删改。

4.8 保险销售谈判

保险销售谈判是保险销售过程中最重要的阶段，是达成交易的最终手段。谈判成功与否是能否签单的关键，否则将会前功尽弃。

4.8.1 保险销售谈判概述

保险销售谈判是保险销售人员与准保户为实现保险交易而进行的沟通与说服过程。保险销售人员要想取得销售谈判的成功，需要销售人员理解谈判的目的，善于把握谈判的时机，在适当的时间、地点，选择适当的谈判对象，运用适当的策略方法来进行谈判。

1. 保险销售谈判的特点

一般来说，销售谈判是不同于其他商业谈判的，它具有下列特点。

（1）以双方的经济利益为中心。谈判双方站在自己的立场上，以自己的经济利益为考虑原则与谈判底牌，双方都在尽力维护自身的经济利益。

（2）以产品的价值与价格问题为谈判重点。通过价格与价值问题的谈判来为自己争取到最大的利益。在保险销售中，保户是以如何用最少的钱来获得最大的保障为自身目的，而保险销售人员是如何尽量让客户购买更多的保险、获得更多的佣金为自身谈判的目的。

（3）具有很强的事先计划性。保险销售谈判开始之前，双方都在自己的心中对谈判有一个基本的预期，并在谈判中尽力让自己得到预期以上的效果。因此无论是保险销售人员还是客户都会在谈判策略、谈判技巧与谈判氛围、地点等方面费尽心机，以期获得最大的效果。

（4）影响因素多种多样。许多因素都会影响到谈判的过程和结果，如意外的小事件出现、某个其他人员的介入等。

（5）只求最佳效果而无最优方案。谈判实质上是一种双方的妥协，一方的让步就是另一方的获益，因此只有双方都有让步才有“双赢”。谈判结果只能是双方都能接受而不可能是向一方完全倾倒，因此结果必然是最佳的，而非最优的。

2. 保险销售谈判的内容与原则

（1）保险销售谈判的内容。一般来说，保险销售谈判涉及下列内容：① 保险产品的种类；② 保险产品的购买数量；③ 保险产品的费率高低；④ 保险条款内容；⑤ 保险费的支付方式；⑥ 理赔方式与保险金额大小；⑦ 售后服务；⑧ 除外责任等。

（2）保险销售谈判的原则。在进行保险销售谈判过程中，要遵循下列一般原则：① 平等互利，谋求一致；② 有的放矢，不打无准备之仗；③ 多听少讲，不要只顾自身利益，要为对方着想；④ 一诺千金，无法做到的不轻言；⑤ 善始善终，坚持到最后；⑥ 为自己和他人预留余地。

3. 保险销售谈判的步骤

（1）准备阶段。在准备阶段，保险销售人员要准备好充分的资料与工具，考虑好所用的谈判技巧，仔细分析客户的心理与现实状态，进行预演，以期在未来的谈判中取得优势地位，达成最好的效果。

（2）磋商谈判阶段。双方正面接触，各展神通，提出自己的意见和方案，为自己谋求最大的利益。可能一次谈判就可成功，但一般都要通过多次谈判才能达到双方满意。

（3）结束阶段。对谈判中的一些细节进行补充和修订，检查谈判过程看是否有所遗漏，起草合约，支付对价。

4.8.2 保险销售谈判策略

所谓保险销售谈判策略，是指保险销售人员在保险销售谈判过程中为了应付各种可能出现的问题的基本对策。由于客户的多元性，对不同的客户、不同的产品要运用不同的策略来争取谈判成功。

1. 揣摩客户心理

在保险销售谈判开始前，保险销售人员设身处地地将自己当作客户，思考自己的真正需要和将会谋求的利益，从而想出应对之策。其实重点在于，要能根据自己所收集的客户资料得出客户的真正想法，重在揣摩。

2. 寻找共同点策略

通过共同点拉近双方的距离，让客户能为自己着想，同时让客户知道自己正在为他着想。

3. 兵不厌诈

不妨虚虚实实，让对手摸不清自身的实力。

4. 以退为进

当谈判进入僵局时，不妨以退为进，重新思考，修整以后再来；也可另出奇兵，以求柳暗花明又一村。

5. 绵里藏针

虚中有实，软中有硬，让对手既看到你为他着想，也要让其看到你的实力与决心，从而使对手做出让步。

6. 最后通牒

当退无可退时，向对方发出最后通牒，以期改变对方的立场，寻求妥协。

4.8.3 保险销售谈判技巧

保险销售谈判的过程，实际上就是提问、答复、倾听、叙述、说服的过程。问、答、听、说构成了保险销售谈判的基本部分。在此过程中，必要的技巧与手段是必不可少，它能使得交易更快达成。

1．提问的技巧

通过提问来发现对手的真实目的是获得交易成功的基础，因此提问时要有针对性，提问要有有效性，要明确。

（1）要尊重对方。要心平气和地提问，要创造一种和谐积极的氛围，避免谈判陷入僵局。

（2）适时提问，不要打断对方。提问时最好得到对方的同意，并给予对方一定的考虑时间，不要锋芒毕露。

（3）有的放矢，有针对性。先简单后复杂，逐层深入。

（4）简单明了，针对随时出现的疑问提出自己的看法。要明确，让对方一听即知你要了解什么。

（5）选择合适的提问方式。如求教式的提问、启发式的提问、协商式的提问、澄清式的提问等方式来诱导对方说出他的目的。

2．答复的技巧

答复的过程是表明自己态度和看法的过程。回答时要有诚意，让对方觉得你是如实回答了他的问题，从而产生信任感。

（1）答复要有诚意。这样才能赢得对方的信任。

（2）答复要有条理。让对方知道你是一个有专业素养的人，值得交往。

（3）答复要有分寸。不能把自己的底牌都露给对方。

（4）答复要有信心。让对方认为你的答复不但解决了他的问题，而且你能办到。

（5）答复要有灵活性。既要在对问题的答案上有灵活性，又要选择灵活的答复方式。要有技巧地回答对方。对于无法回答的问题，以灵活的方式、灵活的语气来作答，为自己预留后路。

3．倾听的技巧

通过仔细倾听来了解对手的底牌是保险销售人员谈判过程中必须掌握的技巧。一边倾听，一边揣摩，直到彻底掌握对手的最后防线，就意味着谈判优势的取得和交易的成功。

（1）要有耐心。倾听时要仔细，要有耐心，要保持微笑，对对方的话语做出一定的回应，如不时点点头。

（2）主动倾听。不时在本子上将对方的要点记下来，既表示你的谈判态度，又能及时获得想要的资料。

（3）综合判断，不被迷惑。通过其他资料对对手的话进行综合分析，不要被假象所迷惑。

4．叙述的技巧

叙述是保险销售人员在销售谈判过程中陈述自己观点和建议的过程，它对谈判能否成功起决定性的作用。

（1）要围绕主题进行。要直接将自己的意见或建议以最简单明了的话语告诉客户，让他明白你的建议非常中肯，是最合适他的一个选择。

（2）通俗易懂。要避免在叙述过程中过多地使用专业术语，那样会让客户听不明白，同时也会引起疑心。

（3）措辞得体。叙述时要用符合双方身份与地位的话语来进行，不能使用过于夸张、带有贬义、暧昧的语句和刺激的语言等进行叙述，以免引起不必要的误会或氛围。

（4）有理有据。叙述时要使用肯定的语气，叙述已知的事情，不对无把握、无法预测的事情进行绝对的肯定或否定，以免引发不必要的麻烦，使客户产生不可靠或无法信任的感觉。

（5）运用适当的语言技巧。要抑扬顿挫，随叙述的事情改变说话的语气与语调，如叙述悲伤的风险事故时宜用缓慢、沉重的语气，讲到因保险而获得不错的收益与保障时要用积极、肯定、高兴的语气，以调动客户的参与性和参与心情。

5. 说服的技巧

通过陈述与其他手段来向对方展示事物发展的各种可能性，说明利害得失，促使对方接受你的建议的过程就是说服。保险销售谈判过程实质上就是一个说服客户购买保险以及如何购买和购买多少的过程，因此掌握一定的说服技巧是非常重要的技术。

（1）要明确说服的各层次目标，由易而难，循序渐进。首先在进行谈判前为自己设立多个难易程度不同的目标，再在谈判过程中视发展情况而定，将谈判对手引致自己预先设置的目标，由易而难，尽力取得最高目标的最好效果。

（2）尊重、理解对方，建立良好的人际关系和和谐的谈判氛围。说服的目的是让对方心悦诚服而非在压力下不情愿地接受你的建议。因此，在谈判过程中，保险销售人员应有理有节、摆事实、讲道理来说服对方，要尊重对方和站在对方的立场上为其着想。

（3）旁敲侧击，迂回作战。当谈判的发展不利于己方的建议时，不妨拐个弯，采取迂回战略，从侧面进攻，诱使对方回到自己的立场上来。

（4）投其所好，适当让步。谈判是“双赢”，只有“双赢”的谈判才是成功的谈判。因此妥协是不可避免的，在适当的时间、适当的过程与步骤、适当的问题上要懂得让步。当然，不能一下子就做出所有你能做出的让步。将自己置于无余地的立场，而是要采取渐进式的、缓慢的让步，让对方觉得你确实是做出了很大的牺牲。

（5）善于运用语言艺术。将语言人性化、人情化，不正面交锋，不直接回击，而是含蓄、幽默、委婉地进行纠正。

延伸阅读4-8 保险销售谈判的策略

在保险销售谈判中，适当地运用谋略，对赢得谈判主动权是十分重要的。

1. 知己知彼，有备无患

从事谈判的人员首先力争未谈先知，不仅了解自己还要了解对手，这是谈判取得成功的关键。知彼就是要了解对方的真实意图，以此来预定己方的谈判方针。如果能掌握对方的底牌，如谈判对手与其他保险公司在保险条款、费率适用方面曾达成协议或初步意向；谈判对手惯用的谈判策略、风格及弱点等情况，即可采取有效的对策。知己主要是对自身的情况有真实全面的了解，从而精心设计谈判方案，预想可能出现的问题和补救方法。在此基础上，参加谈判人员要做好周密的安排和准备。一方面要进行可行性分析，通过对双方的目的分析和能否达成协议的可行性分析，决定是否举行、何时举行谈判；另一方面对谈判对手进行分析，包括对手的实力、薄弱环节和谈判的能力等，以决定己方兵对兵、将对将地安排谈判人选，并做好应付对手的各种准备。在此基础上，修改完善谈判方案，确定一个具体方案。

2. 寻求共同点，促成签约

保险销售谈判双方从各自利益出发，谈判中出现意见分歧在所难免。所以进行谈判，正是要通过谈判人员的沟通，找出分歧并寻求解决，即使有些分歧一时难以消除，亦应本着求同存异的原则，实现双方的合作。为此，谈判人员要以真诚、积极合作的姿态，强调保险合同的签订对双方的好处，并充分考虑对方的利益。因为保险合同与其他交易一样，必须是交易双方都有利可图，才有合作的基础，才有合作的机会。

3. 因人而异，以变应变

在保险销售谈判中，面对不同的谈判对象及时调整策略，对取得谈判主动权是十分重要的。特别是在开展国际保险业务中，面对外资企业、合资企业中不同国家和地区的代表，就要一把钥匙开一把锁。例如，美国人自信，喜欢单刀直入，主张一个问题一个问题地谈，以便最终解决全盘问题，并精于使用策略去取得利益，也希望对手具有这种才能；英国人的特点是往往对谈判不充分准备，但较为和善、好交际，对建设性意见反映积极；德国人交易谈判的特点是准备工作充分，讨价还价的可能性小；日本人谈判善于漫天要价，又有耐性，旷日持久，不肯做出让步，有时只出于策略而让步；印度人喜欢讨价还价，且采取如同市场上那种你争我吵的还价方式，否则就认为不称其为一次谈判，等等。而对我国的国有大中型企业、私有企业、个人企业和家庭、个人，则要根据其运行机制和参与保险谈判人员的性格特征，采取相应的对策。

4. 以诚相待，谨慎沟通

在保险销售谈判中，诚恳的态度、以诚待人是与保险的诚信原则一致的。以诚恳的态度参加谈判，对手在诚恳的态度面前，其心理防卫就会或多或少地有所放松。因此，诚恳的态度既是一种心理战的武器，也是道义上的需要。从事保险销售谈判的人员，谈判之初不要急于说出自己的观点和要求，最好让对方先说出，以免开门见山而导致谈判一开始就陷入僵局；更不能流露出急于达成协议的情绪，因为这样不仅会使对方在策略上占了上风，而且往往欲速则不达。在谈判出现障碍后，谈判人员可以根据谈判之前制定的对策或临场决定做出必要的让步，但一定要记住商界要则“喊价要高，让步要慢”，这一原则运用得当，会收到意想不到的效果。不过，“喊价要高”并不是漫天要价，相反，报价务必合理，不能失之轻率，而毁了整个谈判。

5. 善始善终，善抓机会

保险销售谈判有时要通过几次，甚至几十次的接触才能达成协议，因此谈判人员应有一种韧劲，善于耐心等待。因为对方接受自己的意见也要有一个思考、比较、决断的过程。实践说明，有时不能怕老调重弹，甚至疲劳战术也是有效的，等对方感到厌倦的时候，就有可能出现有利于己方的转机。就一般的商业谈判而言，谈判双方都会有一个最后期限，谈判者往往在最后期限表明自己的真实立场，也才肯做出让步或妥协。所以谈判人员要保持冷静，等待时机的成熟，多次试探、反复争取，有时胜利就在再坚持一下的努力中。当然保险销售在等待、争取过程中，是积极的而不应该是被动的，要寻找一切机会，促成保险合同的尽早签订，不可坐失良机。

保险销售谈判既是推销保单，也是把保险形象展示给社会的机会。人们常说买卖不成仁义在，这是古之商训，保险推销人员当牢记之，并认真加以实践。因为保险销售谈判结果只有两个，即签约和不签约。保险合同签订了，是保险公司最为理想的结果，应该更好地为客户搞好服务；没能通过谈判签订保险合同，双方增进了了解，今后合作的机会还会有，保险谈判人员此时以超脱的风范处理与谈判方的关系，并力求保持和逐步发展业已存在的关系，相信终有千里姻缘一线牵的时候。

资料来源：节选自常识网站 2013 年 11 月 19 日的文章《保险营销谈判的策略、技巧与礼节礼仪》，http://www.csai.cn/study/161943.html，节选时有删改。

同步练习

1. 准保户的开拓方法有哪些？哪些人才能成为合格的准保户？
2. 拜访准保户前要做哪些准备？
3. 电话约访要注意的事项有哪些？
4. 如何在保险面谈时吸引准保户的注意力？
5. 保险建议书说明时要注意遵循哪些原则？
6. 常见的异议类型有哪些？如何进行处理和化解？
7. 如何把握促成时机？
8. 促成的技巧有哪些？
9. 保单说明时的内容包括哪些？
10. 保险销售谈判要遵循哪些原则？谈判内容包括哪些？
11. 保险销售谈判的策略有哪些？试自己总结一下。

典型案例分析

保险销售面谈中的拒绝处理

销售人员：赵先生，您为什么这样反感保险呢？

赵先生：你们销售人员为了销售保险，在我面前总谈倒霉的事发生以后怎么样，很不吉利嘛！尤其是今年春节期间，他又来了，又谈这些不吉利的话题。

销售人员：是不是对方用词不大注意呀？

赵先生：这倒不是，不过即便再拐弯抹角我也感觉不舒服，因此，说破大天我也不买保险。

销售人员：可保险大多就是解决这种特殊情况下的难题，专业的东西要想解释清楚还需要正面阐述。赵先生，依您阅历和经验，不会真的认为保险与不吉利有什么必然联系吧？

赵先生：不好说。我的好多哥儿们都认为，这个世界很奇怪，有的时候，倒霉的事情，想什么它来什么，你越想防越防不胜防，不买保险倒想不起风险，一买了保险没准风险就找上门了。

销售人员：这真有意思。我倒觉得这好像是人的心理作用。赵先生，这个世界是有顺序可讲的，我们都知道，生病放在任何人身上都是倒霉的事情。我想问您一个问题，世界上是先有人生病，后有了医院，还是先有医院，才有人开始生病呢？

赵先生：当然是先有病人才有医院的。

销售人员：那我再请问一个问题，世界上是先有风险，再有保险呢，还是先有保险，然后才出现风险？

赵先生：这……

销售人员：赵先生，世界上最吉利的事情不是听最动听的词汇，而是生活安定、经济富足、事业有成。而保险正好可以帮助我们实现这个愿望。您说保险怎么会不吉利呢？

资料来源：节选自上学吧网站2014年4月1日发表的《如何应对“我再不会考虑买保险的事情了”》，http://www.shangxueba.com/jingyan/1303983.html，节选时有删改。

仔细阅读上述案例并组织学生分组讨论下列问题。讨论完毕后要求每组派出一名代表对本组讨论结果进行评述，时间不超过5分钟。各组评述后由教师进行总结点评。

1. 案例中的客户赵先生是否是合格的准保户？准保户的开拓方法有哪些？
2. 拜访准保户前要准备些什么？给出一种约访准保户的方法及话术？
3. 如何与准保户面谈，给出保险建议书说明的方法及话术？
4. 给出三种促成过程中可能出现的异议及处理话术。
5. 如果促成成功，如何要求保户进行转介绍，请给出转介绍话术。

销售工具

1. 保险计划书

××人寿保险公司××少儿保险计划书

所有的父母都希望孩子接受良好的高等教育，成家立业，过上幸福舒适的生活。在如今教育费用和生活成本越来越高的社会，如何为孩子铺就一条宽阔平坦的道路？

一、保险计划概要

被保险人姓名：　　被保险人年龄：　岁　　被保险人性别：

基本保险金额：　　交费方式：　年交　　交费期限：　年

二、基本计划　交费期限　保险期间　保险金额　每期保险费

英才少儿（　份）　年　　至　周岁

三、保险利益

- 成才保险金

您的孩子在18岁成人时即可获得等于保险金额30%（　　元）的成才保险金。

- 立业保险金

您的孩子在22岁时可获得等于保险金额30%（　　元）的立业保险金。

- 安家保险金

您的孩子在25岁时可获得等于保险金额40%（　　元）的安家保险金。

- 身故保险金

如果被保险人于18周岁前不幸身故，可无息返还所交保险费的1.5倍（　　元）；于18周岁之后身故，将一次性付清其尚未领取的所有生存保险金。

- 保险费豁免

一旦投保人遭受不幸，××人寿保险公司将豁免所有未交保费，合同仍然有效，被保险人可以继续得到保护和资助。

四、投保范围

只要您的孩子出生满60天至14周岁，身体健康，而您年满20～50周岁，身体健康，就能为您的孩子购买××少儿保险。

五、保险期间

本合同的保险期间为本合同生效之日起至被保险人生存至25周岁的生效对应日止。

××保险股份有限公司代理人（工号：　　）祝您幸福美满！

××少儿保险热线：××××××

注：目前各公司一般都有本公司的电子版保险自动计划书可供使用。

2. 准客户拜访顺序表

准客户拜访顺序表

基本情况		评分标准（分）	客户姓名											
年龄（岁）	25以下	1												
	26～34	3												
	35～44	3												
	45以上	2												
婚姻	单身	1												
	已婚（无子女）	2												
	已婚（有子女）	3												
年收入（元）	2万以下	1												
	2万～5万	4												
	5万～10万	5												
	10万～30万	5												
	30万以上	5												
职业	销售业务人员	3												
	一般行政人员	3												
	专业人士	3												
	工人	3												
职业	负责人或管理人员	3												
	家庭主妇	2												
	军人、公职人员	2												
	学生	1												
	退休人员	1												
	其他	1												
认识时间	5年以上	3												
	2～5年	2												
	2年以内	1												
接近难易	相当容易	3												
	容易	2												
	困难	1												

续表

基本情况		评分标准（分）	客户姓名											
推荐他人的能力	很好	3												
	好	2												
	一般	1												
总分														
等级														

注：A级16分及以上；　　B级12～15分；　　C级8～11分；　　D级7分以下。

3. 获得转介绍表

获得转介绍表

介绍人	转介绍人	转介绍人年龄	职业	婚姻状况	子女人数	子女年龄	收入	地址	电话

本章实训

1. 情境模拟与角色扮演：

（1）参考营销工具中的“少儿保险计划书”，设计“中国人寿康宁终身险（2012版）计划书”，由一个同学扮演保险销售人员，另一男同学与一女同学扮演一个夫妻两口之家，模拟陌生拜访销售中国人寿的康宁险。

（2）由一个同学扮演保险销售人员，一个同学扮演投保者，就某一寿险险种条款和费率、保额等提出异议，由另一同学进行异议处理与化解。

（3）话术演练：两人一组，就电话约访、保险销售面谈、促成签单等保险销售进行演练。

2. 由学生两人一组，持本系或本学院或某公司的介绍信，实地进行陌拜，填写营销工具中的“准客户拜访顺序表”，向准保户销售家财险与意外险各一份，并借助营销工具中的“获得转介绍表”，要求客户介绍三个准保户。

第5章 保险产品分析

学习要点

- 了解各类保险产品的概念、构成要素、产品特征和产品分类；
- 熟悉各类保险产品的保险利益；
- 掌握各类典型保险产品的保费计算方法；
- 掌握确定各类保险产品的目标客户群、营销渠道的方法。

案例导读

中秋赏月险 月亮不陪我赔你

“中秋赏月险”是安联财险通过深入分析国内多个城市20多年的气象数据，建立风险模型后，所推出的国内首款既与节日相关，又与天气相关的保险产品。

依据“中秋赏月险”产品的设置，其分成两档。其中一档投保价格为20元，若被保险人在赏月城市（上海、广州或深圳）由于天气原因看不到月亮，可获保险理赔50元；第二档投保价格为99元，赏月城市从3个增加到41个。如果被保险人所在赏月城市由于天气原因看不到月亮，即可获保险理赔188元。相应赔付金额会汇至被保险人的支付宝账户内。

此外，无论哪个档次被保险人能否看到月亮，在赏月险中都能获得10万元的人身意外保障，第二档的被保险人还能获得一盒华美常温冰皮月饼。

那么，如何界定看不到月亮？这或许是当下网民最为关心的问题。安联财险介绍，赏月理赔将以2013年9月19日中秋节当天中国天气网在北京时间18时发布的20时至次日2时整的天气信息为准。如果18时的天气播报显示这一时段内，赏月城市为阴、雨等天气，则界定为看不到月亮，可获得理赔。

资料来源：节选自新浪健康网于2013年8月27日转载自人民网的《中秋赏月险，月亮不陪我赔你（图）》文章，http://sh.sina.com.cn/citylink/jk/t_sjbj/2013-08-27/1349301079_3.html#page_pic，节选时有删改。

辩证性思考：

1. 请你谈谈对中秋赏月险的理解，它的保障范围是怎样的。
2. 中秋赏月险是属于人身保险、健康保险还是意外伤害保险？

3. 这款保险和我们平时接触的保险有哪些不同的地方？它有哪些特点和优势？

5.1 保险产品概述

5.1.1 保险产品的概念

保险产品是由保险人提供给保险市场的，能够引起人们注意、购买，从而满足人们减少风险和转移风险，必要时能得到一定的经济补偿需要的承诺性组合。从营销学的角度来看，保险产品包括保险合同和相关服务的全过程。

这个定义有四层意思：它能引起人们注意和购买；它能转移风险；它能提供一定的经济补偿；它是一种承诺性服务组合。因此，保险产品的真正含义是满足消费者的保障与补偿的需要。它保障被保险人在发生事故时仍能拥有生活下去的基本条件，并能使人们以最小的代价获得最大的经济补偿。

一种产品要能够在市场上顺利流通，必须既有一般产品的共性，又有其特殊性。理想的保险产品，既要满足保险服务提供者的需要，又要满足保险服务需求者的需要。因此，优良的保险产品还应具有以下条件：是被保险人真正需要的；能保证被保险人的利益不受侵害；费率合理公正，能令双方接受。

5.1.2 保险产品的构成要素

保险产品的构成要素一般包括保险责任、保险费率、保费交付方式、保险期限、保险赔款或保险金给付方式。

1. 保险责任（和除外责任）

保险责任是保险人所承担责任的风险范围，即保险产品中约定的风险发生后，保险人承担赔偿或者给付保险金的责任。除外责任是保险人不负赔偿或者给付保险金责任的范围。

2. 保险费率

保险费是保险人向投保人收取的费用，以作为保险人承担保险责任的报酬。保险费率是指单位保险金额中保险人应收取的保险费。在保险实务中，保险费率通常是以千分数来表示的。保险费率的确定是依据保险标的的风险程度、损失概率、保险责任范围、保险期限和保险人的经营管理费用等因素来综合加以考虑的。

3. 保费交付方式

保费的交付一般有两种方式：一种是合同成立时投保人一次缴纳，即趸缴；另一种是投保人分期缴纳保费。

4. 保险期限

保险期限是指保险人对保险标的承担保险责任的时间范围，或者说是保险责任开始到终止的有效期间。保险期限是保险产品的重要内容，也是确定保险事故的重要依据。财产保险产品的保险期限较短，通常为一年；人寿保险产品的保险期限较长。在实践中，保险人一般允许续保，即投保人可在旧保单满期后继续缴纳保险费，并规定续保期限。

5．保险赔款或保险金给付方式

在保险有效期内发生保险责任范围内的损失或事件时，保险人要按照合同的约定向被保险人或受益人支付保险赔款或保险金。被保险人或受益人领取保险赔款或保险金的方式在财产保险与人寿保险中存在一定的区别。在财产保险中，一旦保险事故发生，被保险人可以一次性领取保险赔款。在人寿保险中，被保险人或受益人领取保险金可以采取三种方式中的一种：一次性领取保险金；以年金形式分期领取保险金；将上述两种方式混合使用，即保险金的一部分一次性领取，剩余部分以年金形式领取。

5.1.3　保险产品的特征

保险产品是一种特殊产品，与其他产品相比有明显的不同之处，具体表现在以下五个方面。

1．保险产品是一种非渴求性产品

消费品一般按人们的购买习惯分为四类。

（1）便利品。它们是人们生活中必不可少的、购买频繁而且无须刻意比较就能立即做出购买决定的产品，如食盐、糖等。

（2）选购品。消费者在购买过程中会刻意去比较其适用性、价格、质量和风格式样的产品，如家具、家用电器等。

（3）特殊品。那些有独特性或高度的品牌知名度的产品，消费者为了取得这些产品往往愿意付出更高的代价和更大的努力，如残疾人专用设施、专卖店中的专卖品等。

（4）非渴求品。那些消费者不知道或即便知道也不会主动考虑购买的产品。保险产品在很大程度上就是属于这类产品，是很多人不主动考虑或不愿意考虑的产品。因为，保险产品在很大程度上与死亡、伤残等“不吉利”的字眼相联系。

2．保险产品是一种服务性产品

保险产品不同于有形的、实物性的产品。它是一种产品和服务，是一种建立在契约基础上的相互信任。保险人在接受投保人的投保后，便开始了对投保人承担的一切责任和服务。

保险产品的服务主要包括三层含义，如图5-1所示。

（1）基础性服务。包括开发满足消费者个性化、多样化需求的产品，设置合理的组织机构和网点布局，提供完善、高效的技术服务系统。其核心是提供给客户效用最大化的保险产品保障与服务功能。

（2）管理性服务。为客户提供适应市场的营销系统与高效的营销管理体制，方便客户、体现客户与公司双方利益、完善健全的业务管理（核保、承保、理赔等）制度体系，以及为实现上述服务功能所必需的高效的员工队伍。

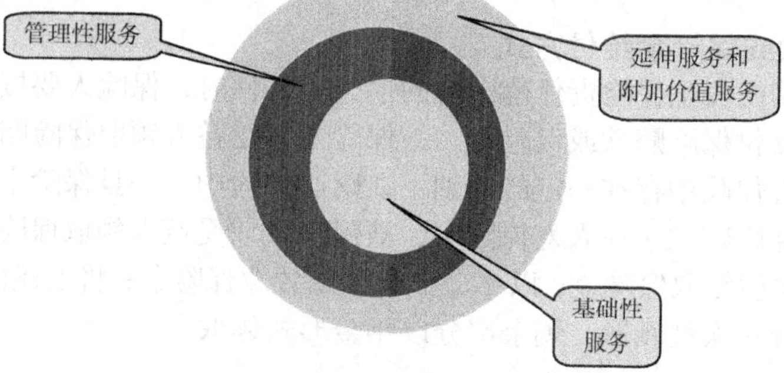

图5-1　保险产品的服务

（3）延伸服务和附加价值服务。延伸服务包括保险公司利用自己的资源技术优势，为保户提供保险责任以外的服务。例如，欧美某些保险公司利用自己所拥有的医院或康复中心，为保户提供免费或低价的护理、康复服务。我国的保险公司可以结合我国实际情况，开展一些符合现实要求、具有自己特色的延伸服务，如寿险公司可以提供定期免费体检、附加康复护理及健康咨询等，保险公司还可以为保户提供与教育、再就业、家庭理财等方面相关的边缘服务。

3．保险产品有明显的期限性

投保人所购买的保险产品，一般都有明确的期限。大多数保险产品的期限都在一年以下，但也有的（如寿险）可能是几年甚至几十年。在这方面，保险产品与储蓄有所不同。虽然储蓄也有明显的期限性，但储蓄在原则上可以由存款人自由地、随时地、无条件地提取，而为了购买保险产品所支付的保险费原则上不可以由个人自由提取。

4．保险产品有互助互济性

保险产品是一种“一人为众、众人为一”的互助互济的产品，它通过聚集社会上的闲散资金，达到一方有难、八方支援。但它与救济又有所不同。救济通常是政府部门、社会团体或个人单方面的行为，作为无偿的赠与，其补偿一般只能维持在低水平上，而且救济对象和数额的多少由救济方单方面确定。而保险产品则由众多的人共同参加，通过缴付保险费建立保险基金，帮助解决少数人因遭受灾害和意外事故后产生的困难。

5．保险产品有损失补偿性

从性质上看，保险产品与其他产品的不同在于：保险产品是一种避害性产品，其他产品则多为趋利性产品。正是这种避害性，使得保险产品尤其是财产保险产品能够在被保险人发生合同范围内的损失时，按合同规定得到一定的经济补偿，以保证被保险人在遭受保险事故后，得以迅速恢复正常生活。

5.1.4 保险产品的分类

保险产品可以按其标的不同，分为财产险与人身险；按投保主体可分为个人保险和团体保险；按保险实施的形式分为强制保险和自愿保险；按保险的需求效用分为保障型保险、储蓄型保险和投资型保险；按经营目的分为商业保险和社会保险；按承保方式分为原保险和再保险等。

1. 财产险与人身险

按保险标的的不同，保险产品可以分为财产险与人身险。

财产险是以物品或其他财产及其有关的利益为保险标的的保险产品。它分为有形的财产险与无形的财产险。有形的财产险主要是指以各种物品或其他财产为标的的保险产品，如海上保险、火险、盗窃险、车险、运输险、工程险、农作物险、牲畜险等。无形的财产险主要是指以与财产有关的利益和责任为标的的保险产品，如责任保险、保证与信用保险。

人身险是以人的生命、身体或健康等作为标的物所构成的保险产品，如寿险、健康险、平安险、重大疾病险、意外伤害险等。

二者的主要区别：第一，性质不同。财产保险所保的风险是与财产损坏相关的各种自然灾害和意外事故，而人身保险所保的风险则主要是与死亡、生存或残废相关的风险。第二，技术操作不同。由于财产保险的标的是各种财物，其价值一般可以用货币加以衡量和估算，因此其保险金额的确定和损失赔偿可以财产的实际价值和实际损失为依据。但人身价值通常无法用货币加以衡量和估算，因此，其保险金额只能由投保人根据自己的保障需要和缴付能力与保险人协商确定。此外，财产保险费率的计算通常是以过去有关保险财产损失的统计资料为依据计算的，而人身保险的保险费率的计算主要是以人的死亡率或生存率、利率等为依据计算的。第三，期限不同。财产保险的期限多属于短期保险，期限一般为一年。而人身保险的期限多属长期保险，可以是 5 年、10 年或 10 年以上等。

2. 个人保险与团体保险

按投保主体的不同，保险产品可以分为个人保险与团体保险。

个人保险产品是指以个人或家庭等自然人为单位购买的保险产品，如家庭财产保险、人寿险、健康险等。团体保险产品是指以企业、商店等法人为单位购买的保险产品，如海上保险、火险、运输险等。

二者的主要区别：涉及的风险种类不同。个人保险关注的更多的是与个人或家庭利益联系紧密的险种，而团体保险关注的更多的是与企业或商店本身以及与其相连的整体利益的险种。

3. 强制保险与自愿保险

按保险产品实施形式的不同，保险产品可以分为强制保险和自愿保险。

强制保险，又称法定保险，是根据法律而自动生效的，不管被保险人是否愿意投保，或保险人是否愿意承保，都必须依法成立的保险买卖关系，如各种社会保险、旅客意外伤害保险、汽车第三者责任险等。

自愿保险是投保人和保险人在公平互利、自愿协商的基础上，通过订立保险合同而建立起来的保险买卖关系。

二者的主要区别：第一，建立的依据不同。自愿保险是通过自愿签订合同建立起来的保险买卖关系；强制保险则主要是根据法律而建立起来的买卖关系。第二，保障的程度不同。自愿保险的保障程度根据个人或团体投保标的的实际价值与缴付保险费的能力来确定，保障水平较为充分；强制保险保障程度则主要依国家经济实力与国家政策来确定，保障水平较低。第三，实施的目的不同。实施自愿保险的目的是为了满足个人或单位减少风险，转移风险，以及损失补偿的需要；实施强制保险的目的则更多的是从稳定社会、安定民心、承担社会责任等社会目标出发而实施的。

4．保障型保险、储蓄型保险和投资型保险

按保险产品的需求效用，保险产品可以分为保障型保险、储蓄型保险和投资型保险。

保障型保险是以风险保障为目的的保险产品，它是在万一发生不幸事故时，能够有一定数额的赔偿保障。大多数保险产品都属于保障型保险，因此，它是保险产品的基本类型。

储蓄型保险是具有明显储蓄特征的保险产品，它提供了保障与保值相并举的功能。这是为了满足人们既希望得到保障又能得到一定意义上的保值愿望而开发的新型保险产品。

投资型保险是具有明显投资特征的保险产品，它提供了保障与收益相并举的功能。这是为了满足一些人希望将购买保险产品，既当作一种保障，也当作一种投资手段，为被保险人带来更多收益的愿望而开发的另一种新型的保险产品。

5．商业保险与社会保险

按经营保险产品是否获利，保险产品可以分为商业保险和社会保险。

商业保险是以营利为目的，投保人自愿购买的保险产品，如各种财产险、人身险等。

社会保险是不以营利为目的，投保人被强制购买的保险产品，如社会养老保险、失业保险等。

社会保险的实施主体一般为国家，通过法律和法规强制实行，其主要目的是为了实现社会政策目标，稳定社会，安定民心。商业保险的实施主体一般为各种经营单位，它通过为社会成员提供一种安全保障和经济补偿来实现自己的利润目标。

6．原保险与再保险

按保险业务承保方式的不同，保险产品可以分为原保险与再保险。

原保险是指保险人对被保险人因保险事故所致的损失承担的直接的、原始的赔偿责任的保险，也叫第一次保险。

再保险是指保险人以其所承保的风险，再向其他保险人进行投保，与之共担风险的保险。再保险以原保险为基础，因此，也称第二次保险。其主要目的是为了更好地分散风险，稳定保险业经营，扩大保险人的承保能力。

5.2 人身保险产品分析

人身保险是以人的生命和身体机能作为标的的一种保险，旨在解决生、老、病、死人生的四大问题，因此人身保险有着无穷的开拓题材，可不断随人类社会的发展，而推出更全面、更高保障的各个具体险种，实现从“生命保险”向更高级的“生活保险”过渡，以提高全社会的生活质量保障条件，解决社会老龄化的保障问题。

人身保险具体分为人寿保险、意外伤害保险和健康保险，而在实践中也出现许多综合性的保险，将其中的两种甚至三种结合为一体的险种也越来越多。

5.2.1 人寿保险产品

人寿保险是以人的生命为保险标的、以人的生死为保险事故的保险。

1. 传统型人寿保险

（1）定期寿险。定期寿险，又称定期死亡保险，提供特定期间的死亡保障，如 1 年、5 年、10 年、20 年，或到被保险人的某个年龄为止。被保险人在特定期间内死亡时，由保险人向受益人给付保险金；如特定期间届满，被保险人仍然生存，则保险人不承担保险责任。除长期险种外，定期寿险通常没有现金价值，为非储蓄性产品。

（2）终身寿险。终身寿险，又称终身死亡保险，提供被保险人终身的死亡保障，一般到生命表的终端年龄 100 岁为止。只要保险合同效力维持，不论被保险人在 100 岁以前的何时死亡，保险人都向受益人给付保险金。如果被保险人生存到 100 岁，保险人向其本人给付保险金。

依缴纳保险费的方式，终身寿险分为三种形式。

① 普通终身寿险。投保人在被保险人生存期间，每年都要缴费。它是人寿保险公司提供的最普通的保险。由于采用均衡保费方式，年均保费较低，适宜中等收入者购买。

② 限期缴费终身寿险。投保人的缴费期间并非终身，而是限定在某一特定期间。特定期间有两种表示方法：一种以特定的年数表示，如 10 年限缴终身寿险；另一种以特定的年龄表示，如 60 岁缴清终身寿险。

③ 趸缴终身寿险。投保人一次缴清保费。由于一次缴纳高昂的保费，一般人对它兴趣不大，对于偏重于储蓄或逃避遗产税的人比较有吸引力。

上述三种形态的终身寿险，就储蓄成分而言，趸缴终身寿险最高，普通终身寿险最低，而保障成分恰恰相反。

（3）养老寿险。养老寿险，又称生死合险或储蓄保险，是生存保险与死亡保险的结合。被保险人在保险期内死亡或生存到保险期满时保险人均给付保险金。由于同时考虑生存与死亡这两种生命的状态，既提供强大的储蓄功能，又能防止储蓄期间的死亡危险，因此它既可以保障被保险人退休后生活的需要，又可以解除由于被保险人死亡而给家庭生活困难所带来的后顾之忧。它是人寿保险中最受欢迎的一个险种。

（4）年金保险。年金保险是指保险人在约定的期限内或指定人的生存期内，按照一定的周期给付年金领取者一定保险金的保险。这种周期可以是年、半年、季或月，但以月为主。年金保险是生存保险的特殊形态，目的是为了保障晚年的经济收入。在年金保险中，保费可以采用一次缴清方式，也可以采取按月或年的分期缴费方式。但不论采取何种方式，在开始领取年金以前，投保人必须缴清所有的保费，因此年金领取日也就是缴费截止日。

年金保险的种类很复杂，按照分类标准的不同而有不同的年金保险。

① 按照缴费方法的不同，分为趸缴年金与分期缴费年金。趸缴年金的投保人一次缴清全部保费，分期缴费年金的投保人分期缴纳保费。

② 按照年金给付开始的时间不同，分为即期年金与延期年金。即期年金是指投保人支付所有的保费后，保险人立即按期支付年金。

③ 按照被保险人的不同，分为个人年金、联合及生存者年金、联合年金。个人年金又称为单生年金，被保险人仅为一人，并以其生存作为给付条件。

④ 按照给付期限的不同，分为定期年金、终身年金与最低保证年金。定期年金是指保险人在约定的期限内给付年金，并以约定期满与被保险人死亡两者之间的先发生者作为终止给付年金的时间。终身年金是指保险人以被保险人的死亡作为给付年金的终止时间。

⑤ 按照给付额是否变动，分为定额年金与变额年金。定额年金的给付额是固定的，而变额年金的给付额随着货币购买力的变动而不断调整，因此变额年金克服了定额年金在通货膨胀条件下保障水平低的缺点。个人购买变额年金可以主要看作一项投资，而购买定额年金主要看作一种储蓄。

2．创新型寿险产品

由于保额通常为一个固定的数额，没有考虑通货膨胀因素，保险的保障功能因通货膨胀会明显减弱，同时人寿保险公司的大部分投资是固定收益率的长期投资，即使有分红保单，传统的人寿保险对通货膨胀的反应也是很弱的。高利率与高通货膨胀率诱发了大量的退保与大幅度增加保单质押贷款，严重威胁人寿保险公司的财务安全；与其他金融产品相比，传统寿险产品的竞争力削弱，人寿保险公司在金融机构之间的竞争中处于不利地位。上述因素引发了人寿保险业的创新。人寿保险公司开发出了一系列对付通货膨胀和更灵活满足顾客需求的产品，如变额人寿保险、变额可调整人寿保险、万能人寿保险、变额万能人寿保险等。

（1）变额人寿保险。变额人寿保险，按美国保险监督官协会制定的《变额人寿保险示范法规》的观点，基本上是一种普通终身寿险，提供可变的死亡保险金给付，而在法律上是一种证券。它具有以下特点：

① 它的保费固定，但死亡给付金额是变动的，只有一个最低限额。

② 保险公司对它实行单独账户管理，同其他寿险品种分开投资，资金主要用于投资，保单所有人拥有投资选择权。因此，变额人寿保单又称与股权相联系的保单。最初，变额人寿保险只提供一种普通股账户，后来提供多种投资账户，如股票和债券组合账户、低风险普通股账户、高风险普通股账户、货币市场基金账户等。保单所有人可以在其中做出选择。显然，保单所有人承担投资风险，而保险公司只承担死亡率和费用变动的风险。

③ 现金价值随保险公司的投资组合和投资实绩的变动而变动。

④ 人们购买变额人寿保险的目的是希望受益人能得到金额较大的死亡保险金给付。其给付金额按被保险人死亡时投资组合的市场价值提供。

（2）变额可调整人寿保险。变额可调整人寿保险改变了变额人寿保险缴费固定的特点，死亡给付金额、保费、保险期限在一定的限制条件内都可以变动，产品的灵活性因而大大增加。保险公司推出该产品，是为了增强公司经营综合人寿保险的竞争力。

（3）万能人寿保险。万能人寿保险又称综合人寿保险。它具有灵活性与投资特征，能满足客户的需要，能与银行、投资基金和其他金融机构进行业务竞争。万能人寿保险适合需要长期保障又相对注重投资安全的人购买。万能人寿保险的特点表现在以下几方面：

① 灵活性是它最显著的特点。在保险期间，它的保费可以随保单所有人的需求与经济状况而改变，投保人甚至可以暂时停止支付保费。

② 保险公司为每个保单所有人设立了单独账户。

③ 保险公司至少每年向保单所有人寄送一份报告书，向他显示所缴保费如何在提供死亡给付保障、费用和现金价值间的分配。而传统型具有现金价值的保单并不区分死亡率、投资与费用的构成。

④ 现金价值与实际投资收益率相联系。万能人寿保险一般以投资于中、短期金融工具为主，而传统型人寿保险以长期投资为主。

⑤ 保单所有人不仅可以进行保单质押贷款，而且还可以提取出部分现金价值，合同却继续有效。

（4）变额万能人寿保险。变额万能人寿保险又称第二代万能人寿保险。它融合了万能人寿保险的保险费和死亡给付金额的灵活性与变额人寿保险的投资灵活性特征。该产品允许投保人改变缴费的数额，并允许投保人使用投资账户中的现金价值支付保费。

延伸阅读 5-1　平安长青终身养老年金保险

1. 保单利益

（1）养老年金保险金。被保险人自缴费期满后的首个保单生效对应日开始，每年到达保单生效对应日仍生存，保险人按表 5-1 给付比例乘以保险金额每年给付一次“养老年金保险”，直至被保险人身故。

表5-1 给付次数和给付比例

给付次数	给付比例
1～10次	10%/次
11～20次	15%/次
21～30次	20%/次
……	每给付10次按保险金额的5%递增，以此类推

（2）身故保险金。被保险人于缴费期间内身故，保险人返还所缴保险费并按10%年增长率单利增值，保险责任终止。

被保险人于缴费期满后身故，保险人无息返还其所缴保险费，保险责任终止。

（3）生命尊严提前给付保险金。最高按疾病身故保险金的50%给付，且同一被保险人不超过10万元。

（4）附加意外残疾保险金。按条款附表所列比例乘以保险金额给付。

2. 产品特色

（1）确保安逸的晚年生活；

（2）递增的养老年金，每10次增加保额的5%；

（3）领取期内身故，返还保费；活得越长，领得越多；

（4）可办理“生命尊严提前给付”，舒缓人生困境，提前享受保障；

（5）0～65岁人士均可投保。

3. 投保示例

30岁男性，10万元保额，缴费至60岁，年缴保费14 100元，所获保险利益如图5-2所示。

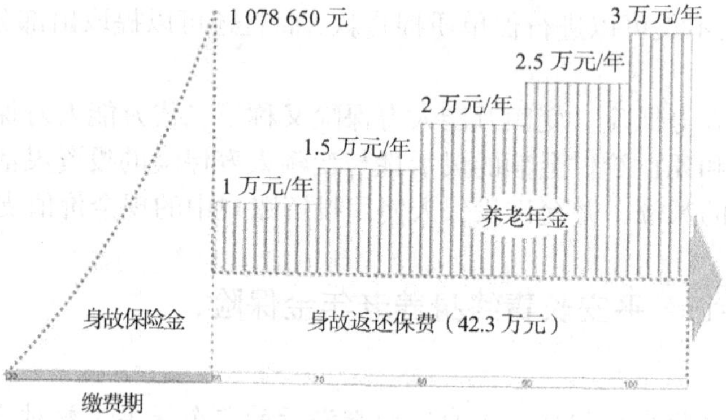

图5-2 保险利益

资料来源：节选自平安官网关于平安长青终身保险年金的产品介绍，http://shop.pingan.com/，节选时有修改。

延伸阅读 5-2 太平盛世长安定期寿险

1. 保单利益

（1）被保险人在合同生效或复效（以后发生者为准）180 日内因疾病身故或全残，保险人将给付保险金，数额等于投保人已缴保险费之和，不计利息，合同终止。

（2）被保险人因意外伤害所致身故或全残，或在合同生效或复效（以后发生者为准）180 日后因疾病所致身故或全残，保险人给付合同约定保险金额全数，合同终止。

2. 产品特色

（1）保费低，保障高，是目前太平洋保费最低的主险之一。

（2）投保年龄跨度大，18～60 岁均可投保。每个年龄段可根据自身需求与各种产品搭配。

（3）风险保障期限灵活，投保人可为被保险人任意选择一种保险期间。

（4）缴费方式灵活，可按不同需求选择缴费期限；人性化的设计，保险权益转换，实现一代投保两代受益；平准型缴费，递增型保额，可满足特定生命周期保障需求，充分体现人生价值。

3. 目标客户群

各类谨慎、不喜好风险和生活波动之人士；家中有需要抚养或赡养对象之人士。

4. 适合营销渠道

个人营销型，即通过保险个人代理人；直复型营销渠道，即通过网络、电话等营销；专业经代型，即通过专业经纪公司、代理公司等渠道开展业务。

5. 投保示例

A 款：30 岁男性，选择保险期间至 60 岁，缴费期 30 年，保额 10 万元；每月只需交 44.2 元，年缴 530 元/年（或趸交保费 9 190 元）。

保障：

（1）疾病身故：180 天内给付 530 元，一年后至保险期满给付 10 万元。

（2）意外身故：保险期间给付 10 万元。

B 款：30 岁男性，选择保险期间至 60 岁，缴费期 30 年，保额 10 万元；年缴保费 1 040 元，每月只需 86.7 元（或趸交保费 17 950 元）。

保障：

（1）疾病身故或全残：180 天内给付 1 040 元，180 天后至保险期满前因疾病身故或全残给付当年度保险金额。

首年为 10 万元，以后每年递增 5 000 元保额，最高可获 24.5 万元保障。

（2）意外身故全残：保险期间因意外身故或全残给付当年度保险金额。

首年为 10 万元，以后每年递增 5 000 元保额，最高可获 24.5 万元保障。

当年度保险金额=10 万×［1+0.05×（保单年度数−1）］

资料来源：向日葵保险网于 2011 年 12 月 2 日刊载的文章《太平盛世长安定期寿险介绍》，http://www.xiangrikui.com/shouxian/liangquan/20111202/167083.html，节选时有修改。

5.2.2 人身意外伤害保险产品

1．意外伤害保险的概念

意外伤害保险是以被保险人的身体或劳动能力作为保险标的的保险。当被保险人因意外伤害造成死亡、残废时，由保险人给付保险金。

意外伤害保险中，被保险人的死亡或伤残必须是由意外伤害而引起的。如果是由于疾病、生育或自然死亡引起的，保险人不负任何责任。

由于某些疾病患者比完全健康的人遭受意外伤害的可能性大，因此意外伤害保险一般都规定，凡全部丧失劳动能力或精神病、癫痫病患者不能投保。

2．意外伤害的认定

意外伤害保险的支付条件必须是死亡或伤残是由意外伤害引起的。首先，所谓意外伤害，是非本意的，即事故的发生不是本人意志的结果，事故发生的结果是本人不能预见的，或即使能预见也是无法避免的，如行人被飞来之物砸伤，工人在操作中不慎触电致死，警察与歹徒搏斗时受伤等。

其次，是外来的，即伤害是由被保险人自身以外的原因造成的，而不是由被保险人自身原因造成的。例如，被保险人因疾病而死亡或伤残，就不属于意外伤害。

最后，是突然的，即意外伤害的原因是突然出现的，而不是长年累月形成的。例如，长期接触汞的人发生汞中毒，长期接触粉尘的人导致矽肺，虽然都是外来有害物对人体的侵害，但由于伤害是在较长时间内缓慢发生的，被保险人应该已经预见到，所以不同于意外伤害。

3．意外伤害保险的特点

（1）保险金额。意外伤害保险的保险金额确定与人寿保险相同。由于人的生命和身体是无法用货币衡量价值的，所以，投保人应根据保障的需要和保费的支付能力来确定保险金额。

（2）保险期限。意外伤害保险的保险期限一般为 1 年，最长为 5 年，也可以为几个月。

（3）保险责任。意外伤害保险的保险责任与人寿保险中的定期死亡保险责任有交叉。对于因意外伤害引起的死亡事故，两者都负责；但对于非意外伤害引起的死亡事故，意外伤害保险不负责，定期死亡保险负责；因意外伤害引起的伤残，意外伤害保险负责，定期死亡保险不负责。

（4）赔偿方式。意外伤害保险中，采用定额给付方式，按保险合同中约定的金额给付保险金，而不管被保险人的实际损失是多少。一般在意外伤害保险合同中分别列明死亡保险金额和伤残保险金额。当被保险人因意外伤害而死亡时，支付死亡保险金的全部，保单同时终止。当被保险人因意外伤害致残时，根据伤残程度按比例赔付伤残保险金，但赔付总数不超过伤残保险金额。被保险人在保险期限内多次遭受意外伤害时，保险人对每次意外伤害造成的残废或死亡均按合同规定给付保险金，但给付总额累计不超过保险金额。

例如，某被保险人由于一次意外伤害造成一肢永久完全残废（残废程度百分率为 50%），并丧失一拇指（残废程度百分率为 25%）；保险金额为 1 万元。该被保险人各部位残废程度百分率之和为 75%，小于 100%，保险人应给付残废保险金 7 500 元，即：10 000 元×（50%+25%）= 10 000 元 × 75% = 7 500 元。

如果该被保险人由于一次意外伤害造成双目永久完全失明（残废程度百分率分别为 50%，即双目为 100%），并一肢永久完全残废（残废程度百分率为 50%），由于身体各部位残废程度百分率之和为 150%，已超过 100%，保险人只按保险金额给付残废保险金 1 万元，保单同时终止。

如果被保险人的保险金额为 1 万元，在保险期限内，该被保险人第一次遭受意外伤害造成一肢完全永久残废，给付残废保险金 5 000 元，第二次遭受意外伤害造成一拇指全部丧失，可以再给付残废保险金 2 500 元，第三次遭受意外伤害造成两目完全永久失明，这时保险人只能给付残废保险金 2 500 元，以使保险金给付总额不超过保险金额，同时保单终止。

延伸阅读 5-3 常见人身意外伤害保险条款

1. 保险对象

凡身体健康能正常工作或正常劳动，年龄在 16 周岁至 65 周岁的公民都可以作为被保险人投保。

2. 保险期限

保险期限一般为 1 年时止。

3. 保险费率

保险费率根据被保险人所从事的行业、工种或工作性质分别确定，具体如下：

（1）机关团体、事业单位、一般工商企业岗位的人员，费率 2‰。

（2）从事建筑、冶炼、伐木、搬运、装卸、筑路、地面采矿、汽车驾驶、警务、高空作业等行业的人员及退休、无业人员，费率为 4‰。

（3）从事井下采矿、海上钻探、海上打捞、海上捕鱼、航空执勤、野外勘探等行业（工种）的人员，费率为 7‰。

（4）出国人员，费率为 10‰。

4. 保险责任

（1）被保险人在保险有效期内，因遭受意外伤害以致死亡（含自遭受意外伤害之日起 180 天内死亡的），保险人给付保险金全数。

（2）被保险人在保险有效期内，因遭受意外伤害部分致残时，保险人根据伤残程度给付全部或部分保险金（见表 5-2）。

（3）被保险人在保险有效期内，不论一次或多次发生意外伤害事故，保险人均按规定给付保险金，但累计给付金额达到保险金额全数时，保险责任终止。

表 5-2　意外伤害致残给付比例表

残疾程度	给付比例
1. 双目失明	100%
2. 言语或咀嚼机能完全永久丧失	
3. 中枢神经或胸腹部脏器极度损害，终身不能从事任何工作，为维持生命，必要的日常生活活动全须他人扶助	
4. 两手腕关节丧失或两足踝关节丧失	
5. 一手腕关节及一足踝关节丧失	
6. 一目失明及一手腕关节丧失或一目失明及一足踝关节丧失	100%
7. 四肢机能完全永久丧失	
8. 两上肢或两下肢或一上肢及一下肢，各有三大关节中之两关节以上机能永久完全丧失	75%
9. 十手指丧失	
10. 上肢腕关节以上丧失或一上肢三大关节全部机能永久完全丧失	50%
11. 一下肢踝关节以上丧失或一下肢三大关节全部机能永久完全丧失	
12. 十手指机能完全永久丧失	
13. 十足趾丧失	
14. 两耳听力永久完全丧失	30%
15. 一目视力永久完全丧失	
16. 脊柱永久遗留显著运动障碍	
17. 一上肢三大关节之一关节或二关节之机能永久完全丧失	
18. 一上肢三大关节之一关节或二关节之机能永久完全丧失	
19. 一下肢永久缩短五厘米以上	
20. 一手含拇指及食指有四手指以上之丧失	
21. 十足趾机能永久完全丧失	
22. 一足五趾丧失	
23. 一手拇指及食指丧失，或含拇指或食指有三手指以上丧失	15%
24. 一手含拇指及食指有三手指以上之机能永久完全丧失	
25. 一足五趾机能永久完全丧失	
26. 鼻丧失，且机能永久遗留显著障碍	
27. 一手拇指或食指丧失，或中指、无名指、小指中有两手指以上丧失	10%
28. 一手拇指及食指机能永久完全丧失	

5. 责任免除

由于下列原因所致被保险人身故或伤残，保险人不负给付保险金的责任：

（1）投保人或受益人的故意行为。

（2）被保险人自杀或故意自伤身体。

（3）故意犯罪、吸毒、殴斗、酒醉。

（4）战争、军事行动或动乱。

（5）核爆炸、核辐射或核污染。

（6）无照驾驶、酒后驾驶。

资料来源：节选自向日葵保险网于2011年3月11日刊载的文章《常见的意外伤害》，http://www.xiangrikui.com/yiwaixian/20110311/97643.html#this，节选时有修改。

延伸阅读5-4 平安团体意外伤害保险

1. 保单利益

意外身故：保险公司按保额给付，为家人提供一份经济保障。

意外伤残：保险公司按伤残程度给付，为本人日后生活提供经济保障。

保险金额限制如表5-3所示。

表5-3 保险金额限制

被保险人职业类别	一类	二类	三类	四类	五类	六类
保额限制（万元）	500	300	200	100	50	20

2. 产品特色

（1）保费低，保障高，转移企业由于员工遭受意外而引起的财务压力的风险；

（2）根据被保险人的职业类别确定费率，公平合理；

（3）团体投保，手续简便；

（4）残疾比例由保监会统一规定，理赔确定。

3. 目标客户群

机关、团体企事业单位可作为投保人为在职人员投保。

16～65周岁的身体健康、正常工作，由其所属团体为其向本公司投保，获取意外保障。

4. 适合营销渠道

直销型，即通过公司在编外勤人员开展业务；兼代型，即通过与行业部门签订兼业代理协议，通过兼业代理网点开展保险业务。

5. 投保示例

某咨询公司有员工50人。该公司为其全体员工投保平安团体意外伤害保险，该企业员工的职业类别为一类，每人保额200 000元，共计保费14 000元（50×200 000×0.14%）。

在保险期限内，两员工公出，发生交通意外，导致一人死亡，一人左腿截肢。根据保险公司规定，其残疾程度为50%，则保险公司给付死亡员工家属死亡保险金200 000元和给付伤残员工伤残保险金100 000元（200 000×50%）。对死亡人员的保险责任终止，对伤残人员的保险责任继续有效，保险金额降为100 000元。

资料来源：节选自百度文库于2012年5月13日上传的文档“平安团体意外伤害保险”，http://wenku.baidu.com/link?url=EKzZtPBt5_YdXxM7mpMmBr334oNnwBi001mDp83qKz6OO4Tvg6bCIQiIqz9XIqi2ft-XXc8qE_jfc41wSG6TmUSKr_oXbUz8PZ9CSJVMARC，节选时有删改。

延伸阅读5-5 中国人寿意外险与意外医疗险（主险）主要险种

表5-4 中国人寿意外险与意外医疗险（主险）主要险种

险种名称	保险期限	投保条件	保障范围	赔付额度及方式	险种特点
机动车驾乘人员意外伤害	一年	驾驶员 乘客	意外伤害事故 意外下落不明 意外伤害残疾 意外伤害医疗	死亡保险金 残疾保险金=保额×残疾程度 医疗保险金（保额的20%为限）=（费用–100元）×80%	意外伤害、意外医疗双重责任保障
乘客人身意外伤害	极短期	凡持有效车（船）票乘坐商业营运交通工具乘客	意外伤害事故 意外下落不明 意外伤害残疾 意外伤害医疗	死亡保险金 残疾保险金=保额×残疾程度 医疗保险金（保额的20%为限）=（费用–100元）×80%（门诊15日，住院90日为限）	意外伤害、意外医疗双重责任保障
人身意外伤害综合	一年	6～65周岁	意外伤害事故 意外下落不明 意外伤害残疾 意外伤害医疗	死亡保险金 残疾保险金=保额×残疾程度 医疗保险金（保额的20%为限）=（费用–100元）×80%	意外伤害、意外医疗双重责任保障
观光景点、娱乐场所人身意外伤害	极短期	在观光景点或娱乐场所内参观游览，休闲娱乐的人员	意外伤害事故 意外下落不明 意外伤害残疾 意外伤害医疗	死亡保险金 残疾保险金=保额×残疾程度 医疗保险金（保额的20%为限）=（费用–100元）×80%（门诊15日，住院90日为限）	意外伤害、意外医疗双重责任保障
住宿旅客平安	极短期（住宿期间）	16～65周岁在持有营业执照的旅店登记住宿旅客	意外伤害事故 意外下落不明 意外伤害残疾 意外伤害医疗	死亡保险金 残疾保险金=保额×残疾程度 医疗保险金（保额的20%为限）=（费用–100元）×80%（门诊15日，住院90日为限） 丧葬保险金	意外伤害、意外医疗双重则责任保障

续表

险种名称	保险期限	投保条件	保障范围	赔付额度及方式	险种特点
旅游意外	入境旅游 国内旅游 出境旅游	境内旅游团全体成员、包括旅游者、导游、领队人员	急症身故 意外伤害事故 意外下落不明 意外伤害残疾 医疗费用 死亡处理及遗体遗返费用	急症、意外伤害死亡保险金 残疾保险金=保额×残疾程度 医疗保险金（保额的20%为限）=（费用−100元）×80%（门诊15日，住院90日为限） 丧葬保险金	急症、意外伤害、医疗、丧葬多重责任保障

资料来源：节选自中民保险网于2012年6月27日刊载的文章“中国人寿保险公司意外险种类”，http://www.zhongmin.cn/News/newsinfor3824.html，节选时有删改。

5.2.3 健康保险产品

1. 健康保险的概念与类型

（1）健康保险的概念。健康保险是为人类健康提供保障的保险。这是以人的身体作为保险标的，在被保险人因疾病或意外事故所致医疗费用支出或收入损失时，保险人承担赔偿责任的一种人身保险。对该定义须知：

① 健康保险是人身保险的一大分类，它所提供的保障事故包括意外伤害和疾病两种。意外伤害和疾病两者发生的原因和性质是不同的。意外伤害是指突发的、非预期的、身体外部原因造成的；疾病的发生是由身体内在原因间接引起的。虽然疾病可起因于外来原因，但必须于身体内部经一定时间的酝酿，才形成疾病。健康保险将这两者作为其保险事故。

② 健康保险的责任是意外事故或疾病所致的医疗费用或收入损失。在保险给付处理上，意外事故所致的给付与疾病所致的给付有所不同，前者较后者宽大。这是由于伤害事故的发生较为确定，如四肢残缺、失明、死亡等，甚为明显。疾病则不然，可能存在一部分或全部的心理因素，疾病的发生、持续或其严重性，道德风险因素存在的可能性较大。在疾病发生中，小疾大医、一人保险、全家受益的情况也时有发生，因此疾病的给付必须审慎。

③ 健康保险和意外伤害保险同属于短期性保险。在其基本情况上具有共同的特征。在国外两者归类为非寿险，在保险期限、保险事故、保费计算及要素、责任准备金性质等方面，两者共同区别于人寿保险。这里仅就健康保险和意外伤害保险进行比较，以进一步认识健康保险。

- 保险责任不同。健康保险和意外伤害保险都将意外伤害作为保险事故，但两者的责任范围不同。意外伤害保险的责任限于被保险人因意外事故所致的死亡或残废，而健康保险则承担因意外事故所致的医疗费用或收入损失的赔偿责任。
- 合同性质不同。意外伤害保险大多是定额给付，属给付性合同，保险事故发生后，保险人按合同约定的金额进行给付。健康保险合同大多属于补偿性合同。

因此，在健康保险中，存在着重复保险和代位赔偿的问题。如果保险事故是由第三方责任引起的，保险人既可以在给付保险金后，要求被保险人将向第三方追偿的权力转交于保险人，也可在第三方进行赔偿后，又予给付或补足差额（限于补偿性的健康保险合同）。如果存在重复保险，也应按重复保险下的赔偿方式进行给付。意外伤害保险则一般不存在上述问题。

（2）健康保险的类型。按承保对象，健康保险分为个人健康保险和团体健康保险。

① 个人健康保险是以单个自然人为投保对象的健康保险。个人健康保险按合同的形态划分又可分为普通健康保险、简易健康保险、不可撤销的健康保险、保证更新的健康保险、不可更新的健康保险、有条件更新的健康保险、特种健康保险。

- 普通健康保险指保险人可任意更新和任意撤销的健康保险。
- 简易健康保险与普通健康保险一样，保险人在合同到期时既可以更新合同，也可以撤销合同。这种健康保险类似于简易人寿保险。
- 不可撤销的健康保险又叫不可解除的健康保险，被保险人在相当长的时期内或达到退休年限以前有权更新保单。
- 保证更新的健康保险指被保险人拥有与不可解除的健康保险合同相似的更新保单的权利，但保险人有权每年对某类别的被保险人调整费率。
- 不可更新的健康保险指保单到期时终止，不能更新，如旅程、学年结束。
- 有条件更新的健康保险指保险人有权在合同到期时，按合同规定的条件拒绝更新保险单。
- 特种健康保险包括三种：特种疾病保险、特别风险保险、旅行风险保险。

② 团体健康保险是以团体作为投保人的健康保险。团体健康保险可分为下列几种：

- 普通团体健康保险。这是一般所说的团体健康保险，以团体成员作为被保险人。
- 集团健康保险。这种保险通常以小团体作为投保人，团体的成员以个人的方式予以承保，保单由被保险人领取，保障范围限于雇主-员工关系的团体。
- 协会健康保险。此险种的承保对象为公会或专业协会的会员，与集团健康保险类似。
- 综合健康保险。其承保对象为从事同一行为的团体成员，如球队队员、自愿消防队队员等，与其他团体健康保险最大的区别在于被保险人不必被个别予以认定。

按实施的形式，健康保险分为自愿性健康保险和强制性健康保险。

① 自愿性健康保险是根据自愿原则实施的健康保险。这类保险由专门健康保险的公司、意外伤害保险公司、人寿保险公司和服务性的组织（如美国的蓝十字和蓝盾协会等）经营，绝大多数健康保险属于自愿性健康保险。

② 强制性健康保险是根据一定的法规或政策强制开办实施的健康保险。例如，我国目前开办的公费医疗保险、企业职工疾病医疗保险等。这类健康保险一般由商业保险公司以外的保险机构办理，也可由商业保险公司代办。

按损失形态，健康保险划分为医疗费用保险和收入损失保险。下面对前者进行介绍。

2. 医疗费用保险

医疗费用保险，简称医疗保险，是健康保险的一大险种。医疗费用保险是指被保险人因意外事故或疾病所需的医疗费用由保险人进行补偿的健康保险。医疗费用保险既可以单独承保，也可以附加于人寿保险和意外伤害保险。例如，我国中小学生平安险中附加有医疗费用保险。

医疗费用保险中，一般有如下规定。

（1）观察期，又称试保期间。为了防止已有疾病（带病投保）的存在，在医疗费用保险中一般都有观察期的规定。观察期是指从保险合同生效日开始后的一定时期内（一般为半年），被保险人因疾病所致的医疗费用，保险人不承担责任，观察期过后，保险人才承担责任。但观察期内因意外事故所致的医疗费用仍在保险人的责任范围内，保险人应承担给付保险金的责任。观察期的规定同样适用于收入损失保险。

（2）免赔额。为了避免小额的经常性的医疗费用赔款的支出，节省费用，医疗保险一般都有免赔额的规定，即只有被保险人的实际医疗费用超过一定的额度时，保险人才开始给付。医疗费用保险一般采取绝对免赔额的赔款方式。例如，中国人民保险公司开办的团身险、团意险附加意外伤害医疗保险条款规定："对于每次事故只负责 5 元以上部分。在保险期内医疗费给付累计总数以不超过保险金额为限。"

（3）保险限额。医疗保险的赔偿总限额是合同上约定的保险金额。除此之外，医疗保险对单项医疗费用也规定了限额。其内容主要是：

① 规定住院费用的给付限额，包括每天的给付限额和住院天数的限制。例如，某人投保医疗保险，保单上规定甲型肝炎的住院天数限额为 10 天，每天住院费限额为 150 元，此人因此手术实际住院 15 天，总住院费用为 2 500 元，保险人只能给付 1 500 元（每日限额 150×住院天数限额 10 天）。

② 规定外科手术费用的给付限额。对于外科手术费用，在医疗保单中常列表规定各项手术的给付限额，此表称为外科费用表。

③ 规定每次门诊费用的给付限额。医疗费用保险对每次门诊的医疗费用规定给付限额，并要规定给付门诊的次数。大额的医疗费用保险还对一定时期内的总的医疗费用给付实行限额控制，如每年的医疗费 1 000 元，超过 1 000 元部分自负。

④ 规定各种疾病的给付限额。对每种疾病的医疗费用（包括门诊、住院、手术等费用）规定一个给付限额。例如，成都市人民保险公司开办的健康保险规定，在保险期内，发生肺结核、肺炎、小儿麻痹症等，在有效保额内最高给付 10 000 元。

（4）共保条款。大多数大额医疗费用保险都有共保条款。共保条款的内容是，被保险人要按一定的比例自负一定的医疗费用，如共保比例为 80%，意指被保险人自负 20%的医疗费用，其余 80%由保险人赔偿。如果同一张保单既有免赔额又有共保比例，一般是超过免赔额部分的医疗费用按共保比例给付。例如，某医疗费用保单规定每次门诊的免赔额为

10元，共保比例为80%，某被保人实际支出医疗费用100元，即保险人给付的医疗费用为72元，被保险人自负18元。

（5）除外责任。医疗费用保险都有除外责任的规定，不同的保险具体的除外责任有所差异，但总的来说，医疗费用保险的除外责任包括：

① 投保前被保险人的健康状况。规定被保险人在投保前患有的疾病不属于保险责任。投保前患有的疾病可解释为已经接受治疗或应该去治疗的疾病。

② 战争或战争行为。

③ 除了作为定期航班上乘客以外的空难。

④ 自我伤害，不论被保险人精神正常与否。

⑤ 各种整容外科手术、牙科治疗、视研检查及眼镜、助听器、怀孕及产科费用。

⑥ 其他社会保险支付的医疗费用。

医疗费用保险又常分为普通医疗保险、住院保险、总括医疗费用保险、手术保险、特种疾病保险。

- 普通医疗保险是指保险人对被保险人因意外事故或疾病所致的一般性医疗费用（外科除外），承担给付责任的医疗保险。普通医疗保险人的给付以在医院的医疗费为主，同时也可以包括因疾病在家疗养或在私人诊所治疗等费用。这些费用主要包括门诊费用、医药费用、检查费用等。由于医药费用和检查费用的支出难以控制，因此此险都规定有免赔额和共保比例。
- 住院保险，又称住院费用保险。保险人承担被保险人因住院而发生的各项费用的疾病保险。住院费用主要包括每天医疗房间的费用、住院期间医生费用、利用医院设备费用、手术费用、医药费用等。由于住院时间的长短直接影响费用的高低，一般此险种都对每次住院的时间做了限制，并且有每日给付限额以及共保比例的规定。
- 总括医疗费用保险。保险人对于被保险人因疾病或意外事故所致的医药费、住院费、手术费、检查费、化验费等，不分项目，规定一个总的给付限额，在限额内给付。由于保险责任包括一切医疗费用，因此此险种的保险费率较高。一般都要确定一个免赔额和共保比例。
- 手术保险。保险人承担的责任是被保险人因病或意外事故需做必要的手术而发生的所有的手术费用。一般都规定了给付限额和给付期间。
- 特种疾病保险。保险人仅以保险合同中订明的疾病为依据给付医疗保险费用。特种疾病一般是指较为严重的、难以治愈的疾病。通常这种保险的金额较高，以满足特种疾病对各种医疗费用支出的需求。特种疾病保险的给付方式一般是在确诊为特种疾病后，立即一次性支付保险金。

延伸阅读5-6 国寿康宁终身重大疾病保险（2012版）

1．产品概述

产品类型：主险

投保年龄：28天～60岁

缴费期限：趸交，10年

保险期间：终身

等待期：180天

2．产品特色

传统保障型重疾险，中国人寿拳头产品，销售超过10年。

保障范围广：40种重大疾病保障+10种特定疾病保障+高残保障+身故保障。

特定疾病提前给付20%保额，不影响高残和身故保额。

3．保障利益（见表5-5）

表5-5 国寿康宁终身重大疾病保险（2012版）保险利益

重大疾病保险金	保额	投保180天后，被保险人确诊患合同指定重大疾病，保险公司按合同保额给付重大疾病保险金，合同终止。若已赔付特定保险金，重疾保额=保额–已给付的特定保险金
身体高度残疾保险金	保额	投保180天后，被保险人因疾病导致高度残疾，保险公司按本合同保额给付高度残疾保险金
身故保险金	保额	被保险人年满18岁，因意外身故或投保180天后因疾病身故，保险按保额给付身故保险金
	所交保费	被保险人在年满18周岁的保单周年日前身故，保险公司按所交保费给付身故保险金
特定疾病保险金	保额×20%	投保180天后，被保险人确诊患合同指定特定疾病，保险公司按合同保额×20%给付特定疾病保险金，最高给付10万元，给付后，合同继续有效

资料来源：节选自中国人寿官网产品中心关于“国寿康宁终身重大疾病保险”的产品简介，Http://www.e-chinalife.com/product/gerenbaoxian/jiankangbaoxian/kangningzs2012.html，节选时有删减。

延伸阅读 5-7 中国人寿健康保险主要险种一览表

1. 按个人承保的主险（见表 5-6）

表 5-6 按个人承保的主险

险种类别	险种名称	保险期限	投保条件	保障范围	赔付额度及方式	险种特点
重大疾病	康宁终身	终身	0～70 周岁	10 大疾病和手术	疾病 2 倍保额 高残、死亡 3 倍保额	终身保障，重大疾病
	康宁定期	10 年、20 年	0～65 周岁			定期保障，重大疾病
特种疾病手术	生命绿荫疾病保险	终身	3～60 周岁	581 种急重性疾病和手术	按每个病种手术对应额度定额赔付	定额给付，操作简便，确诊预付，补偿适度，终身有效
	视力康复	接受手术时至期满（180 日或 90 日）	指定医院认可进行视力康复治疗的患者	因实行眼部四种特定手术引起的意外伤害	按每个手术治疗效果对应的给付比例赔付	固定比例给付，以术后康复程度为赔付标准，针对手术造成的意外伤害
急救	医疗急救	一年	60 周岁以下	意外伤害和突发性疾病、意外和医疗急救	代币责任、伤害按比例、突发疾病给付首 15 日	补偿意外伤害和突发疾病及急救押金预支
	意外伤害急救	一年	3～70 周岁	意外伤害、意外急救	意外伤害按定额给付、急救在定额内预付	补偿意外伤害及施救费用预支
	境外意外伤害及紧急救援	按合同约定（最长一年）	3～70 周岁（有中国国籍）	A 意外伤害 B 紧急救援 C 紧急门诊、牙科门诊	A 按保额 B、C 按定额支付	对境外旅游者提供意外伤害及紧急救援保障
特殊人群	母婴安康	分娩住院期间	待娩孕妇	母婴分娩期意外伤害身故、残疾	定额给付	补偿分娩期母亲意外伤害、残疾及母婴死亡损失
	病员安康	住院及住院等待期	指定医院就诊病员	住院（最高 30 天）及住院等待期（最高 3 天）意外伤害身故、医疗、麻醉意外	定额给付	补偿因意外伤害或医疗意外身故、伤残损失

续表

险种类别	险种名称	保险期限	投保条件	保障范围	赔付额度及方式	险种特点
	整形外科手术	一年	接受整形手术者	因整形外科手术造成的医疗事故	按不同事故等级的固定比例给付	针对特定人群，对医疗事故带来的伤害或损失进行保障
	出境人员传染病	按合同约定	正式办理出境手续的出境人员	在中国境外感染12种急性传染病以及造成的死亡	给付疾病医疗保险金和死亡保险金	为出境人员提供特定疾病医疗保障和死亡保障
特殊人群	关爱生命女性疾病A	至70岁	16～60周岁	A 身故、高残 B 女性特定疾病和手术	A 死亡、高残保险金 B 保额40%的癌症给付 C 保额20%的系统性红斑狼疮给付 D 保额5%的手术给付 E 保额5%髋部骨折给付	A 专为女性设计 B 保障全面 C 保障程度高 D 保障期限长 E 寿险与医疗保障的有机组合 F B款更加适合育龄女性 G 还包括对新生婴儿的保障
	关爱生命女性疾病B	至70岁	16～40周岁	除A款责任外还包括A怀孕期疾病B婴儿先天性重大疾病和死亡	除A款责任外： 1. 一定比例的怀孕期疾病给付 2. 保额15%的婴儿的先天性重大疾病给付和保额10%死亡给付	
	住院生活津贴	一年	同主险	住院期间600余种病	按病种确定每一疾病最高补贴额度	补偿因疾病住院期间生活、工资等费用损失
附加住院	住院医疗	一年	同主险	住院期间实际支出的医疗费用	按实际支出医疗费用的诊疗项目的最高报销限额按比例报销	既补偿被保险人的医疗费用，又不诱导过度医疗费用的支出
	补偿金	同主险	同主险	住院期间的伙食补偿、误工补偿、护理补偿	最高补偿额度均为180天	分项目补偿、保险金额为三者之和乘180，可自由选择
	残疾	一年	同主险	因意外或疾病所致残疾	按国家规定的各类残疾的赔付比例补偿	专保残疾，按比例定额补偿

续表

险种类别	险种名称	保险期限	投保条件	保障范围	赔付额度及方式	险种特点
附加住院	住院医疗补贴金	同主险	同主险	因意外伤害或疾病住院治疗给予补贴金	免赔为3日，累计给付日数以180日为限，金额为人民币30元/日	对因意外伤害或疾病住院的补偿其生活或工资损失
附加重大疾病	三大特定疾病	同主险	同主险	A 恶性肿瘤 B 突发心肌梗死死亡 C 脑出血死亡以及突发心肌梗死和脑出血病造成的后遗症	按不同疾病定额给付	定额给付，提供三种重疾保障

2. 按团体承保的险种（见表5-7）

表5-7 按团体承保的险种

险种类别	险种名称	保险期限	投保条件	保障范围	赔付额度及方式	险种特点
特种疾病手术	生命绿荫团体疾病	三年	16～65周岁	571种急重性疾病、手术	按每个病种手术对应额度定额赔付	定额给付，操作简便，确诊预付，补偿适度，三年有效
	国寿计划生育手术	计划生育手术后24小时内	计划生育手术育龄夫妇	保障计划生育四种手术所致身故、感染	死亡全额给付、感染或并发症80%报销	配合计划生育国策设计，充分保障育龄夫妇利益
	重大疾病	三年	16～65周岁 30人以上团体	10种重大疾病	1. 60日内初次发生重大疾病，给付保额的20% 2. 60日后初次发生重大疾病，按保额给付	可团体购买比同业公司类似产品保障的疾病更全面，价格更便宜
综合医疗	职工团体补充医疗	一年	16～65周岁	基本医疗保障范围以上的高额医疗费用，最高15万元保额	按1万～4万元 4万～8万元 8万元以上分别确定从85%～95%的报销额度	充分保障高额医疗费用支出的负担，与国家或行业现行基本医疗制度的政策相配套

续表

险种类别	险种名称	保险期限	投保条件	保障范围	赔付额度及方式	险种特点
综合医疗	国寿团体医疗	一年	16～60周岁	主要保障住院医疗费用，可附加门诊特约	住院费按项目：床位、诊疗、手术、意外伤害等分别确定报销比例及最高限额	分项目保障
	国寿大额疾病	一年	16～60周岁	社会医疗保险保障的范围	免赔额500元（个人投保为1 000元）、90日免责期、床位费10元/日，40日为限、检查费300元为限	分级累进，比例给付，可与社会医疗相补充
	团体补充医疗A	一年	参加基本医疗的城镇职工	当地社保规定的基本医疗保险范围内应由被保险人分担的医疗费用	1. 门急诊：免配额以上部分按约定比例给付 2. 住院、急诊室：免配额以上部分按约定比例给付 3. 交通事故扣除100元免配额按90%给付	基本医疗最全面、最灵活的补充方式 保障交通意外事故可根据不同情况设定费率和报销比例被保险人享有公共保额保障
特殊人群	中小学生幼儿园儿童住院医疗补充	一年	中小学在册学生、幼儿园入园儿童	因疾病或意外伤害住院诊疗支出	15%赔付比例	针对中小学生和幼儿园儿童的主险、可单独投保
	团体女性安康	一年	16～60周岁	主要保障原发性乳腺癌、卵巢癌、子宫内膜癌、宫颈癌	定额赔付，最低保额10 000元	专门保障女性多发性癌症
综合医疗（附加险）	团体综合医疗	一年	65岁以下团体及家属	意外、疾病门诊、住院医疗费用	门诊按50%～100%确定报销比例 住院按15%～100%分项目确定报销比例及最高赔付额度	赔付比例和额度、费率可以专门为所保单位灵活确定，保障范围广
疾病（附加险）	疾病住院	同主险	同主险	疾病住院的医疗费用	100免赔额，分5级累进、按50%～90%比例给付	与主合同配套，保障全面
特殊人群（附加险）	学平险附加住院医疗	一年	学校和幼儿园、大中小学生	意外伤害、疾病住院的医疗费用	100免赔额，分5级累进、按50%～100%比例给付	与主险配套，提供充分保障

续表

险种类别	险种名称	保险期限	投保条件	保障范围	赔付额度及方式	险种特点
特殊人群（附加险）	学平险附加意外伤害医疗	一年	同上	因意外伤害发生的医疗费用	50元免赔额 85%赔付比例 门诊给付以15日为限、住院给付以90日为限	与主险配套，提供充分保障

资料来源：节选自慧择网于2011年11月22日刊载的文章“中国人寿保险险种介绍”，http://www.hzins.com/study/detal-25781.html，节选时有删改。

5.3 财产保险产品分析

财产保险是保险人对被保险人的财产及其有关利益在发生保险责任范围内的灾害事故而遭受经济损失时给予补偿的保险。《保险法》第九十五条规定：“财产保险业务，包括财产损失保险、责任保险、信用保险、保证保险等保险业务。”

5.3.1 财产损失保险

财产损失保险包括企业财产保险、家庭财产保险、运输工具保险、货物运输保险、工程保险等多个种类。

1. 企业财产保险

传统的企业财产保险一般分为财产保险基本险和财产保险综合险。

（1）财产保险基本险是专为企事业单位提供保障的一个险种。任何属于被保险人所有或与他人共有而由被保险人负责的财产、由被保险人经营管理或替他人保管的财产、其他具有法律上承认的与被保险人有经济利害关系的财产都可在保险标的范围内。

（2）财产保险综合险则对火灾、爆炸、雷击、暴雨等原因造成保险财产的损失承担赔偿责任，但对由于地震、被保险人故意行为等原因造成保险财产的损失不承担赔偿责任。保险责任得到大大扩展。在投保了财产保险综合险的基础上，还可与财险公司协商加批若干附加条款。

延伸阅读 5-8 平安财产保险综合险

1. 保单利益

承保之危险事故，因下列情况所致损失负赔偿责任：

（1）火灾、爆炸、雷击、洪水、暴雨、雪灾、突发性滑坡等（以条款为准）；

（2）飞行物体或其他空中运行物体坠落；

（3）因自用的供电、供水、供气设备发生保险事故，引起停电、停水、停气以致保险标的的直接损失；

（4）为减少损失采取合理措施造成保险标的损失。

额外费用之补偿，指为减少损失而支出的合理的施救、抢救、保护费用。

影响费率因素包括建筑等级，使用性质及周围环境，被保险人风险管理水平、防灾安全措施、以往损失记录，被保险人自负额等。

常见附加险有以下两种。

（1）附加盗窃险。承保对象及标的物：投保了财产综合险的保险财物；一般不包括条款列明的特约保险财产及不保财产。

保险责任范围：抢劫、偷窃；盗贼暴力侵入的偷窃或损坏财物。

投保规定：投保财产综合险才可附加本险种。

（2）附加财产利润损失险。承保由于主险责任范围内的原因使被保险人在一个时期内，停产、停业或营业受到影响所造成的间接济损失。这一经济损失是指毛利润损失和受灾后为了维持和恢复生产而支付的合理的增加费用。

2. 产品特点

主要针对非住宅用的建筑物、货物等有形财产，承保因火灾、暴雨、雪灾等自然灾害和意外事故引起保险标的的直接损失；多以承保企业财产为主，也适用于国家机关、事业单位、人民团体的投保。

资料来源：节选自平安官网关于平安财产保险综合险的产品介绍整理。http://property.pingan.com/index.shtml，节选时有删改。

2. 家庭财产保险

家庭财产保险是以城乡居民室内的有形财产为保险标的的保险。家庭财产保险为居民或家庭遭受的财产损失提供及时的经济补偿。我国目前开办的家庭财产保险主要有普通家庭财产险和家庭财产两全险。

（1）普通家庭财产险。根据保险责任的不同，普通家庭财产险又分为灾害损失险和盗窃险两种。

① 灾害损失险。灾害损失险的保险标的包括被保险人的自有财产、由被保险人代管的财产或被保险人与他人共有的财产。通常包括：日用品、床上用品；家具、用具、室内装修物；家用电器，文化、娱乐用品；农村家庭的农具、工具、已收获入库的农副产品等。

保险人通常对以下家庭财产不予承保：损失发生后无法确定具体价值的财产，如货币、票证、有价证券、邮票、文件、账册、图表、技术资料等；日常生活所需的日用消费品，如食品、粮食、烟酒、药品、化妆品等；法律规定不容许个人收藏、保管或拥有的财产，如枪支、弹药、爆炸物品、毒品等；处于危险状态下的财产；保险人从风险管理的需要出发，声明不予承保的财产。

灾害损失险规定的保险责任包括火灾、爆炸、雷击、冰雹、洪水、海啸、地震、泥石流、暴风雨、空中运行物体坠落等一系列自然灾害和意外事故。对于被保险人为预防灾害事故而事先支出的预防费用，保险人原则上不予赔偿；但对于在灾害事故发生后，为防止灾害损失扩大，积极抢救、施救、保护保险标的而支出的费用，保险人将按约定负责提供补偿。

灾害损失险的保险期限为一年，即从保单签发次日零时算起，到保险期满日24时为止。

② 盗窃险。盗窃险的保险责任指在正常安全状态下，留有明显现场痕迹的盗窃行为，致使保险财产产生损失。除自行车、助动车以外，盗窃险规定的保险标的的范围与家庭财产、灾害损失险完全一样。

（2）家庭财产两全险。家庭财产两全险是一种具有经济补偿和到期还本性质的险种。它与普通家庭财产保险不同之处仅在于保险金额的确定方式上。家庭财产两全险采用按份数确定保险金额的方式：城镇居民每份1 000元，农村居民每份2 000元，至少投保1份，具体份数多少根据投保财产的实际价值而定。

目前，随着财产保险的发展，家庭财产保险已不再仅为家庭财产提供保障，保险客户的个人责任已纳入保障的范围。

延伸阅读5-9 平安新世纪系列家庭财产保险

平安新世纪系列家庭财产保险主要有安居型、无忧型、祥和型三种类型，扩展条款有信用卡盗窃损失险，现金、金银珠宝盗窃损失险，水暖管爆裂险三个附加险种。安居型和无忧型险种承保对象及标的物为房屋、房屋附属物、房屋装修、服装、家具、家用电器、文化娱乐用品、保险责任范围内的相关租房费用、保险事故范围内的第三者责任及相关费用。祥和型家财险承保对象及标的物：出租的房屋、房屋附属物及房屋装修；出租屋内的家具、家用电器；保险责任范围内的原因使房屋不能居住，合理的租金损失。

1. 保单利益

（1）安居型家财险。承保之危险事故，因下列情况所致损失负赔偿责任：火灾、爆炸、雷击、洪水、暴雨等；空中运行物体坠落、外界物体倒塌；被保险房屋内因发生意外事故致使第三者人身伤亡和财产损失。

额外费用之补偿，包括合理施救费用，临时租房费用，经认可的诉偿费及其他费用。

（2）无忧型家财险（安居型+盗窃）。承保之危险事故，相当于安居型家财险附加盗窃险。

（3）祥和型家财险。承保之危险事故，因下列情况所致损失负赔偿责任：火灾、爆炸、雷击、洪水、暴雨等；空中运行物体坠落、外界物体倒塌；被保险房屋内的财产被盗窃、抢劫。

额外费用之补偿，包括合理施救费用和临时租房费用。

2. 产品特点

（1）形式多样，选择灵活。“定额”和“不定额”两种投保形式；三个大类七种组合，保险费从几十元到几百元不等。

（2）多层需求，多重保障。

（3）适用于家居房或出租屋的不同需求。

（4）增加了传统家财险不予承保的信用卡、现金、珠宝盗窃、个人责任保障等其他附加保障。

资料来源：节选自向日葵保险网于2013年1月11日刊载的文章“平安新世纪系列家庭财产保险简析”，http://www.xiangrikui.com/licai/zhuanjia/20130111/289627.html，节选时有删改。

3. 运输工具保险

运输工具保险承保因遭受自然灾害和意外事故造成的运输工具的损失及第三者损害赔偿责任。常用险种有船舶保险、飞机保险、机动车辆保险等。

（1）船舶保险。船舶保险是指以各种船舶、水上装置及其碰撞责任为保险标的的保险。它是运输工具保险中的主要险种之一，一般分为内河船舶保险和远洋船舶保险。船舶保险一般采用定期保险单或航程保险单。

① 船舶保险的保险责任。船舶保险的保险责任一般包括各种水上风险，具体有以下几项：

- 海上灾害。在海洋运输中所遭遇的恶劣天气、海啸、沉没、碰撞、火灾、爆炸等意外事故。
- 船舶失踪。船舶在海上航行，因遇大风或其他海难中失踪且通过委请有关方面进行搜寻，仍无法确定船舶去向和下落，只要超过规定时间，即可按推定全损处理。
- 碰撞与碰撞责任。船与船相碰、船与码头和其他固定建筑物碰撞等造成被保险船舶的损失。

船舶碰撞责任则是由于航行疏忽或过失致使他人财产受损，在法律上应负的民事损害赔偿责任。对碰撞责任的划分一般有以下几种情况：一是不可抗拒力所致，如台风造成的失控，碰撞船舶与被碰撞船舶双方损害自负；二是由单方面过失所致，其损害赔偿责任应由过失方承担，这种情况大多发生在港内行使或锚泊等过程中；三是互有过失所致，其损害赔偿责任要按每一方的过失程度的比例，各自赔偿对方所受到的损失。对船舶碰撞的保险属于财产保险范围，对船舶碰撞责任的保险则属于责任保险的范畴。

② 船舶保险的保险期限。船舶保险的保险期限分为定期保险和航次保险两种。

- 定期保险是船舶保险期限的主要形式。定期保险期限一般为1年，最短不能少于3个月。起讫时间以保险单上注明的日期为准。保险责任期满时，如被保险船舶尚在航行中或处于危险中或在避难港或中途港停靠，经被保险人事先通知保险人并按日比例加付保险费后，本保险继续负责到船舶抵达目的港为止。若保险船舶在延长时间内发生全损，需加交6个月保险费。
- 航次保险的保险期限以保险单订明的航次为准，起讫时间按下列规定办理：空载船舶自起运港解缆或起锚时开始，到目的港抛锚或系缆完毕时终止；载货船舶自起运港装货时开始，至目的港卸货完毕时终止，但自船舶抵达目的港当日午夜零时起，最多不得超过 30 天。

③ 船舶保险金额的确定。一般按船壳、机器、锅炉或特种设备（如冷藏机）等保险标的在投保当时的市价和保险费的总和计算。保险金额按保险价值确定。保险金额不得超过保险价值，超过部分无效。

（2）飞机保险。飞机保险是以飞机及其相关责任、利益为保险标的的保险。它是随着飞机制造业的发展，在海运险和人身意外伤害险的基础上发展起来的一个保险领域。

飞机保险的险别大体可分为：机身保险、第三者责任保险、旅客责任保险、货物责任保险、战争险、劫持非法拘留险；其他与飞机有关的保险业务，如机场及操纵人员法定责任保险、产品法定责任险、机组人员人身意外保险、丧失使用保险、自动人身意外或承运责任保险等。飞机责任保险属责任保险范畴，但在传统习惯上一般仍旧归入与飞机有关的险别中。

- 机身保险。机身保险是指保险人承保飞机在飞行、滑行及地面停放时，不论任何原因（不包括除外责任）造成飞机及其附件的意外灭失或损坏，并负责因意外事故引起的飞机拆卸、重装和清除残骸的费用。

在国际保险市场上，机身保险的保险标的包括飞机机身、推进器、机器及设备。根据各国保险公司适用的飞机保险合同条款的规定，机身险的责任范围除少数采用指定危险方式外，多数为一切险。我国现行的飞机机身保险都是一切险方式。

机身保险的除外责任一般包括飞机不适航而飞行，被保险人的故意行为，飞机任何部件的自然磨损、腐蚀和制造上的缺陷，停航、停运的间接损失，战争、劫持险的保险责任和除外责任等。

机身保险的保险费，由保险人依据飞机的型号、用途、事故记录、历年的损失率、被保险人的经营管理水平，拟定具体的保险费率，计算出相应的保险费数额。

机身保险的保险赔付因保险标的的全损和部分损失而有区别。飞机机身全损的，保险人按保险金额赔偿，不扣除免赔额。飞机发生部分损失的，保险人按实际的修理费用扣除免赔额后予以赔付。此外，不论是全损或部分损失，保险人还负责赔偿施救费用、救助费用、飞机从出事地点运往修理厂的运输费用、修理后的试飞和政府检验费用、飞机修好后运往出事地点或指定地点的运输费用等。

- 第三者责任保险。第三者责任保险又称飞机公众责任保险。它承保被保险人因飞机坠落或从飞机上坠人、坠物造成第三者人身伤亡或财产损失而依法应承担的赔偿责任。

"第三者"是指保险人、被保险人以外的第三方。由被保险人支付工资的机上和机场工作人员不属于第三者之列。

第三者责任保险的除外责任一般包括下列原因造成的人身伤亡或损失：飞机不适航而飞行，被保险人故意行为，战争、劫持等。因第三者责任保险事故产生的善后工作所支出的费用，保险人也不予赔付。

- 旅客责任保险。旅客责任保险是由保险人承保被保险人因旅客在乘机或上下飞机过程中遭受意外事故造成的人身伤亡和财产损失（旅客所携带或业已交运的行李、物品的损失或因行李物品迟延交付造成的损失）依法应承担的赔偿责任。

旅客责任保险的保险费是按照飞机的座位数计收的。而旅客在投保其已向航空公司声明价值的行李或货物时，应向保险人交纳一定比例的附加费。

- 货物责任保险。货物责任保险，亦称承运人航空运输货物责任保险，或空运货物赔偿责任保险，它是承保航运方在受托运送的货物遭受损失时依法应负的赔偿责任的一种责任保险。按现行国际航空运输公约的规定，航空承运人对所受托运的货物如在航空运送期间发生损毁灭失、延迟到货的损失，除非能被证明其本人及其代理人已采取措施防止损害，或确实无法进行损害防范，否则，均应负赔偿责任。保险人承担责任与否，亦以此为依据，并受保险合同的制约。

（3）机动车辆保险。机动车辆保险所承保的机动车辆包括汽车、电车、电瓶车、摩托车、拖拉机、各种专用机械车、特种车。机动车辆保险分为基本险和附加险，基本险是指车辆损失险和第三者责任险，附加险不能独立保险。

① 基本险车辆损失险：负责赔偿由于自然灾害和意外事故造成车辆自身的损失，是车险中最主要的险别。

第三者责任险：负责赔偿保险车辆因意外事故，致使第三者遭受人身伤亡或财产的直接损失，保险人依照保险合同的规定给予赔偿。投保这个险种是最有必要的。我国从 2006 年 7 月 1 日起实行机动车交通事故责任强制保险（简称交强险）制度。《机动车辆交通事故责任强制保险条例》规定：交强险是由保险公司对被保险机动车发生道路交通事故造成第三者的人身伤亡、财产损失，在责任限额内予以赔偿的强制性责任保险。交强险主要承担的是广覆盖的基本保障，对于更多样、更高额、更广泛的保障需求，消费者可以在购买交强险的同时自愿购买商业三责险和车损险及其附加险，使自己具有更高的保险保障水平。

② 附加险。车辆损失险的附加险有全车盗抢险、玻璃单独破碎险、自燃损失险、新增加设备损失险、车辆停驶损失险。

第三者责任险的附加险有车上责任险、无过错责任险、车载货物掉落责任险。

车辆损失险与第三者责任险共同的附加险有不计免赔特约险。

延伸阅读 5-10 机动车交通事故责任强制保险费率方案（2008 版）

机动车交通事故责任强制保险费率方案（简称费率方案）适用于经中国保险监督管理委员会批准的机动车交通事故责任强制保险业务。

1. 基础保险费的计算

（1）一年期基础保险费的计算。投保一年期机动车交通事故责任强制保险的，根据“机动车交通事故责任强制保险基础费率表”中相对应的金额确定基础保险费。

（2）短期基础保险费的计算。投保保险期间不足一年的机动车交通事故责任强制保险的，按短期费率系数计收保险费，不足一个月按一个月计算（见表5-8）。具体为：先按“机动车交通事故责任强制保险基础费率表”（见表5-9）中相对应的金额确定基础保险费，再根据投保期限选择相对应的短期月费率系数，两者相乘即短期基础保险费。

表5-8 短期月费率系数表

保险期间（月）	1	2	3	4	5	6	7	8	9	10	11	12
短期月费率系数（%）	10	20	30	40	50	60	70	80	85	90	95	100

短期基础保险费=年基础保险费×短期月费率系数

2. 机动车交通事故责任强制保险基础费率浮动因素和浮动比率按照《机动车交通事故责任强制保险费率浮动暂行办法》（保监发200752号）执行。

3. 保险费的计算办法

交强险最终保险费=交强险基础保险费×（1+与道路交通事故相联系的浮动比率）

4. 解除保险合同保费计算办法

根据《机动车交通事故责任强制保险条例》规定解除保险合同时，保险人应按如下标准计算退还投保人保险费。

（1）投保人已交纳保险费，但保险责任尚未开始的，全额退还保险费；

（2）投保人已交纳保险费，但保险责任已开始的，退回未到期责任部分保险费：

退还保险费=保险费×（1–已了责任天数/保险期间天数）

表5-9 机动车交通事故责任强制保险基础费率表（2008版） 单位：人民币元

车辆大类	序号	车辆明细分类	保费
一、家庭自用汽车	1	家庭自用汽车6座以下	950
	2	家庭自用汽车6座及以上	1 100
二、非营业客车	3	企业非营业汽车6座以下	1 000
	4	企业非营业汽车6～10座	1 130
	5	企业非营业汽车10～20座	1 220
	6	企业非营业汽车20座以上	1 270
	7	机关非营业汽车6座以下	950
	8	机关非营业汽车6～10座	1 070
	9	机关非营业汽车10～20座	1 140
	10	机关非营业汽车20座以上	1 320
三、营业客车	11	营业出租租赁6座以下	1 800
	12	营业出租租赁6～10座	2 360
	13	营业出租租赁10～20座	2 400
	14	营业出租租赁20～36座	2 560

续表

车辆大类	序　号	车辆明细分类	保　费
三、营业客车	15	营业出租租赁36座以上	3 530
	16	营业城市公交6～10座	2 250
	17	营业城市公交10～20座	2 520
	18	营业城市公交20～36座	3 020
	19	营业城市公交36座以上	3 140
	20	营业公路客运6～10座	2 350
	21	营业公路客运10～20座	2 620
	22	营业公路客运20～36座	3 420
	23	营业公路客运36座以上	4 690
四、非营业货车	24	非营业货车2吨以下	1 200
	25	非营业货车2～5吨	1 470
	26	非营业货车5～10吨	1 650
	27	非营业货车10吨以上	2 220
五、营业货车	28	营业货车2吨以下	1 850
	29	营业货车2～5吨	3 070
	30	营业货车5～10吨	3 450
	31	营业货车10吨以上	4 480
六、特种车	32	特种车一	3 710
	33	特种车二	2 430
	34	特种车三	1 080
	35	特种车四	3 980
七、摩托车	36	摩托车50CC及以下	80
	37	摩托车50～250CC（含）	120
	38	摩托车250CC以上及侧三轮	400
八、拖拉机	39	兼用型拖拉机14.7kW及以下	按保监产险[2007]53号实行地区差别费率
	40	兼用型拖拉机14.7kW以上	
	41	运输型拖拉机14.7kW及以下	
	42	运输型拖拉机14.7kW以上	

注：① 座位和吨位的分类都按照“含起点不含终点”的原则来解释。

② 特种车一：油罐车、汽罐车、液罐车。特种车二：专用净水车、特种车一以外的罐式货车，以及用于清障、清扫、清洁、起重、装卸、升降、搅拌、挖掘、推土、冷藏、保温等的各种专用机动车。特种车三：装有固定专用仪器设备从事专业工作的监测、消防、运钞、医疗、电视转播等的各种专用机动车。特种车四：集装箱拖头。

③ 挂车根据实际的使用性质并按照对应吨位货车的30%计算。

④ 低速载货汽车参照运输型拖拉机14.7kW以上的费率执行。

资料来源：节选自找法网于2011年6月14日刊载的文章“机动车交通事故责任强制保险费率方案（2008版）”，http://china.findlaw.cn/jiaotongshigu/zhuanti/jtqzbx/51005_2.html，节选时有删改。

延伸阅读 5-11　中国人保营业用汽车损失保险

本保险合同中的营业用汽车是指在中华人民共和国境内（不含港、澳、台地区）行驶的，用于客、货运输或租赁，并以直接或间接方式收取运费或租金的汽车（简称被保险机动车）。

保险期间内，被保险人或其允许的合法驾驶人在使用被保险机动车过程中，因下列原因造成被保险机动车的损失，保险人依照本保险合同的约定负责赔偿：碰撞、倾覆、坠落；外界物体坠落、倒塌；暴风、龙卷风；雷击、雹灾、暴雨、洪水、海啸；地陷、冰陷、崖崩、雪崩、泥石流、滑坡；载运被保险机动车的渡船遭受自然灾害（只限于驾驶人随船的情形）。

发生保险事故时，被保险人为防止或者减少被保险机动车的损失所支付的必要的、合理的施救费用，由保险人承担，最高不超过保险金额的数额。

保险金额由投保人和保险人从下列三种方式中选择确定，保险人根据确定保险金额的不同方式承担相应的赔偿责任：

（1）按投保时被保险机动车的新车购置价确定。本保险合同中的新车购置价是指在保险合同签订地购置与被保险机动车同类型新车的价格（含车辆购置税）。

投保时的新车购置价根据投保时保险合同签订地同类型新车的市场销售价格（含车辆购置税）确定，并在保险单中载明，无同类型新车市场销售价格的，由投保人与保险人协商确定。

（2）按投保时被保险机动车的实际价值确定。本保险合同中的实际价值是指新车购置价减去折旧金额后的价格。

投保时被保险机动车的实际价值根据投保时的新车购置价减去折旧金额后的价格确定。折旧率表如表5-10所示。

表5-10　折旧率表

车辆种类	月折旧率	
	出　租	其　他
客车	1.10%	0.90%
微型载货汽车	1.10%	1.10%
带拖挂的载货汽车	1.10%	1.10%
低速货车和三轮汽车	1.40%	1.40%
其他车辆	1.10%	0.90%

折旧按月计算，不足一个月的部分，不计折旧。最高折旧金额不超过投保时被保险机动车新车购置价的80%。

折旧金额=投保时的新车购置价×被保险机动车已使用月数×月折旧率

（3）在投保时被保险机动车的新车购置价内协商确定。

资料来源：节选自豆丁网于2013年2月22日的文档“中国人民财产保险股份有限公司营业用汽车损失保险条款”，http://www.docin.com/p-602392989.html，节选时有删改。

4．货物运输保险

货物运输保险承保货物在运输中因遭受自然灾害和意外事故所造成的损失。其常用险种有国内水路、陆路货物运输保险，国内航空货物运输保险，海洋运输货物保险及各种附加险和特约保险。下面主要分析国内水路、陆路货物运输险。

（1）承保对象及标的物。以水路、铁路、公路和联合运输方式运载的货物。

（2）保险责任范围。该保险分为基本险和综合险两种险别，不同的险别规定了不同的责任范围。

① 基本险。承保之危险事故，因下列情况所致损失负赔偿责任：

- 因十三种自然灾害导致损失，如火灾、爆炸、雷电、海啸、地震、洪水等（详见条款）；
- 因运输工具发生意外事故导致损失，如搁浅、触礁、倾覆等（详见条款）；
- 装货、卸货或转载时因遭受不可抗力或意外事故导致损失；
- 为减少损失采取合理措施造成保险标的损失；
- 额外费用之补偿，指为减少损失而支出的合理的施救、抢救、保护费用；共同海损的分摊费用。

② 综合险。除上述基本险责任外，还包括：

- 因受震动、碰撞、挤压导致货物散失的损失；
- 液体货物因受震动、碰撞、挤压导致容器损坏而渗漏或由此导致货的腐烂的损失；
- 遭受盗窃、整体提货不着、雨淋等所致损失。

（3）影响费率因素包括运输工具种类、运输行程、货物包装情况、运输方式及运输季节等。

国内货物运输保险一般采用定值保险方式承保，这是由运输保险标的的流动性、出险地点的不确定性以及货物的价格在各地的不一致性决定的。保险价值可按下列标准中的任何一种确定：起运地成本价；目的地成本价；目的地市价。

投保人在保险人或其代理人签发保险单（凭证）的同时，应一次缴清应付的保险费。

延伸阅读5-12 太平洋国内水路、陆路货物运输保险

除国家规定的禁运物资外，运输过程中的货物一般均可作为本保险标的。

（1）基本险。主要承保运输途中因火灾及其他灾害事故造成的损失：

因火灾、爆炸、雷电、冰雹、暴风、暴雨、洪水、地震、海啸、地陷、崖崩、滑坡、泥石流所造成的损失；

由于运输工具发生碰撞、搁浅、触礁、倾覆、沉没、出轨或隧道、码头坍塌所造成的损失；

在装货、卸货或转载时，因遭受不属于包装质量不善或装卸人员违反操作规程所造成的损失；

按国家规定或一般惯例应分摊的共同海损的费用；

在发生上述灾害、事故时，因纷乱而造成货物的散失及因施救或保护货物所支付的直接合理的费用。

（2）综合险。除了基本险责任外，还承保：

因受震动、碰撞、挤压而造成破碎、弯曲、凹瘪、折断、开裂或包装破裂致使货物散失的损失；

液体货物因受震动、碰撞或挤压致使所用容器（包括封口）损坏而渗漏的损失，或用液体保藏的货物因液体渗漏而造成保藏货物腐烂变质的损失；

遭受盗窃或整件提货不着的损失；

符合安全运输规定而遭受雨淋所致的损失。

货物发生保险责任范围内的损失时，按货价确定保险金额的，保险人根据实际损失按起运地货价计算赔偿；按货价加运杂费确定保险金额的，保险人根据实际损失按起运地货价加运杂费计算。但最高赔偿金额以保险金额为限。

如果被保险人投保不足，保险金额低于货价时，保险人对其损失金额及支付的施救保护费用按保险金额与货价的比例计算赔偿。保险人对货物损失的赔偿金额，以及因施救或保护货物所支付的直接、合理的费用，应分别计算，并各以不超过保险金额为限。

资料来源：节选自太平洋保险在线商城关于“太平洋国内水路、陆路货物运输保险”的产品简介。http://www.ecpic.com.cn/chanpin/gnslllhwysbx/index.shtml，节选时有删改。

5. 工程保险

工程保险主要承保各项工程由于一切不可预料的事故造成的损失、费用和责任。其常用险种有建筑工程一切险、安装工程一切险、机器损坏保险等。

（1）建筑工程一切险。

① 承保对象及标的物。

- 物质损失部分。包括建筑工程及其材料、设备，安装项目，施工用机具及设备，清除残骸费用，其他建筑物及财产。
- 第三者责任部分。保险事故范围内的第三者责任及相关费用。

② 保险责任范围。承保之危险事故，因下列情况所致损失负赔偿责任：

- 自然灾害。如地震、海啸、雷电、洪水、暴雨、地崩等（以条款为准）。

- 意外事故。不可预料及无法控制的突发性事件，包括火灾和爆炸；与工程相关的意外事故致使第三者人身伤亡和财产损失。
- 额外费用之补偿，包括合理施救费用；经认可的诉偿费及其他费用。

③ 影响费率因素。

- 工程本身的危险程度、工程性质及建筑高度。
- 工地及邻近地区的自然地理条件。
- 工期包括试车期的长短及施工季节，保证期长短及其责任大小。
- 承包人及其他关系方的资信度，同类工程以往的损失记录。
- 免赔额的高低等。

④ 常见附加条款。

- 提前60天取消保单条款；
- 交叉责任条款；
- 增值条款；
- 时间调整条款；
- 扩展保证期责任条款；
- 工地外暂存和内陆运输条款；
- 额外费用条款；
- 地下电缆、管道条款等。

⑤ 产品特点。

- 保险标的的特殊性。该保险标的大部分都位于露天，抵御风险的能力低，在施工过程中始终处于一种动态的过程，各种风险因素错综复杂，使风险程度增加。
- 保险期限的不确定性。保险期限据实际工期而定，而且通常加保保证期，所以总保险期可长达数年。
- 承保风险的综合性。保单承保责任包括除外责任以外的任何自然灾害或任何意外事故的损失。
- 被保险人的广泛性。除业主、保险人外，还涉及承包商、分包商、设计师等。
- 保险金额的变动性。建筑工程保险的保险金额是在保险期内随着工程建设的进度和工程材料以及人工的不断投入而逐渐增长的，工程要到验收移交时保险金额才会达到最高水平。

（2）安装工程一切险。安装工程保险，简称安工险，是建工险的姐妹险种。它专门承保新建、扩建或改建的工矿企业的机器设备或钢结构建筑物的整个安装、调试期间，由于责任免除以外的一切危险造成保险财产的物质损失、间接费用，以及安装期间造成的第三者财产损失或人身伤亡而依法应由被保险人承担的经济责任。

安工险责任免除与建工险责任免除的区别：该保险条款的第五条内容是因设计错误、铸造或原材料缺陷或工艺不善引起的本身损失以及纠正这些缺陷错误所支出的费用。建工险对错误设计造成的损失一般除外，而安工险对错误设计“引起的本身损失”除外，对由此引起的其他保险财产的损失予以赔偿。第六条内容是由于超负荷、超电压、碰线、弧花、走电、短路、大气放电及其他电气原因造成电气设备或电气用具本身的损失。本责任免除与责任范围内的第四条是相对的。

安工险的第三者责任附加险的保险责任和责任免除与建工险相同。

安工险的保险项目分物质损失、特种危险赔偿和第三者责任三大部分，其中后两部分的内容和赔偿限额与建工险相同。安工险物质损失部分保险金额的确定：

安工险费率制定的依据与建工险基本相似。它的组成除试车为单独的一次性费率和安装施工用的机器设备为单独的年度费率外，其他项目均为整个工期的一次性费率。

（3）机器损坏保险。机器损坏险是在传统的锅炉、蒸汽机保险的基础上发展起来的。它是从财产保险中分离出来的一个险种。国际保险市场上针对不同的机器设备的风险特点，设计开发了不同的机器损坏保险，如工程设备保险、低压设备保险、农用机械保险等。我国从 1980 年起开始办理该保险。

在保险期限内，保险单明细表中列明的被保险机器设备及附属设备因承保原因引起突然的、不可预料的意外事故造成物质损坏或灭失，保险公司负责赔偿。

责任范围包括：

① 设计、制造或安装错误、铸造和原材料缺陷；

② 工人、技术人员操作错误、缺乏经验、技术不善、疏忽、过失、恶意行为；

③ 离心力引起的断裂；超负荷、超电压、碰线、电弧、漏电、短路、大气放电、感应电及其他电气原因；

④ 除“除外责任”规定以外的其他原因。

延伸阅读 5-13　太平洋建筑工程一切险

承保标的的范围包括永久性和临时性的工程及物料、施工用机具、业主或承包人在工地的原有财产、安装工程项目、场地清理费用等。

1. 保单利益

主要保险责任包括因自然灾害或意外事故造成的物质损失及相关费用。建筑工程一切险下附加投保的第三者责任险，主要保险责任为在保险期内，因施工造成建设场地之内及邻近区域的第三者人身伤亡、疾病或财产损失，依法应由被保险人承担的经济赔偿责任。

2. 险种特点

承保对象为以土木工程为主体的工程业主或主承包商；

保险金额的确定可按照保险工程合同规定的工程概算总造价投保。

资料来源：节选自太平洋保险在线商城关于“太平洋建筑工程一切险”的产品简介。http://www.ecpic.com.cn/chanpin/jzgcyqx/，节选时有删改。

5.3.2 责任保险

责任保险是以被保险人的民事损害赔偿责任为保险标的的保险。责任保险除可以附加在各种财产保险上承保之外，还可以单独承保，如公众责任保险、产品责任保险、雇主责任保险和职业责任保险。

1. 公众责任保险

（1）可承保对象：三资企业、私人企业、国内股份制公司、国有企业、事业单位、集体企业以及集体或个人承包的各类企业。

（2）保险责任范围：必须是在保单列明地点因经营业务发生意外事故而致的赔偿责任；第三者的人身伤亡或财产损失；经认可的诉偿费及其他费用。

（3）除外责任：协议责任；被保险人自己的人身、财产、一直占用的物品和土地，以及为被保险人服务的人所受伤害；因火灾、地震、爆炸、洪水、烟熏、各种污染引起的损失和责任；罚款、惩罚性赔款、精神损害；其他共同不保事项等。

（4）影响费率因素：被保险人的经营性质、管理情况及以往损失记录；保险地点所处的地理环境、营业面积、安全设施等；赔偿限额、免赔额的高低等。

（5）常见附加条款：交叉责任条款；契约责任条款；罢工、暴乱、民众骚乱及恶意破坏条款；广告及装饰装置责任条款；建筑物改变条款等。

（6）产品特点。

① 保险标的无形。该险种的保险标的是被保险人的法律责任，为无形标的。

② 适用范围较广。该险种可适用于工厂、办公楼、旅馆、住宅、商店、医院、学校、影剧院、展览馆等各种公众活动的场所。

③ 表现形式丰富。主要有普通责任、综合责任、场所责任、电梯责任、承包人责任等，我国则主要表现为场所公众责任。

（7）营销要点。公众责任保险适用范围极其广泛，既可以承保不同行业的企业和团体在生产、经营活动中因意外事故造成他人人身伤害和财产损失应承担的赔偿责任，也可以承保家庭或个人在日常生活中因意外事故造成的他人人身伤害和财产的损失应承担的赔偿责任。对因被保险人的雇员在从事所保业务活动时，因意外事故对第三者造成的人身伤害（疾病、残疾、死亡）和财产的损害或灭失所引起的法律赔偿责任，保险人也负赔偿责任。

2. 产品责任保险

产品责任保险是指由于被保险人所生产、出售的产品或商品在承保区域内发生事故，造成使用、消费或操作该产品或商品的人或其他任何人的人身伤害、疾病、死亡或财产损失，依法应由被保险人负责时，保险公司在约定的赔偿限额内负责赔偿的一种保险。对被保险人应付索赔人的诉讼费用以及经保险公司书面同意负责的诉讼及其他费用，保险公司也负责赔偿，但此项费用与责任赔偿金额之和以保险合同中列明的责任限额为限。如果被保险人或其代表漏报、错报、虚报或隐瞒有关保险的实质性内容，则保险合同无效。

3．雇主责任保险

雇主责任保险是指被保险人所雇用的员工在受雇过程中从事与保险单所载明的与被保险人业务有关的工作而遭受意外或患与业务有关的国家规定的职业性疾病，所致伤、残或死亡，被保险人根据《中华人民共和国劳动法》及劳动合同应承担的医药费用及经济赔偿责任，包括应支出的诉讼费用，由保险人在规定的赔偿限额内负责赔偿的一种保险。三资企业、私人企业、国内股份制公司、国有企业、事业单位、集体企业以及集体或个人承包的各类企业都可为其所聘用的员工投保雇主责任险。随着《劳动法》的实施及我国劳动合同制的不断完善，雇主责任保险将是企事业单位及个人转嫁上述风险的重要途径。

（1）险种特点。

① 契约责任保障：以雇主与雇员之间的雇佣合同为基础。

② 承保责任单一：仅承保雇员从事职业有关工作时的人身伤亡，不负责任何财产损失。

③ 独立处理理赔：保险公司对索赔处理具有绝对控制权。

（2）险种分析。

① 可承保对象：三资企业、私人企业、国内股份制公司、国有企业、事业单位、集体企业以及集体或个人承包的各类企业。

② 保险责任范围：雇员所致伤残、死亡；雇员职业病所致伤残、死亡；前述两项引起的医药费用及诉讼费等其他相关费用；地域范围仅限于中国境内。

（3）影响费率因素。

① 被保险人的经营性质、管理情况及以往损失记录。

② 雇员的工种、技能、雇员人数等。

③ 赔偿限额、免赔额的高低等。

4．职业责任保险

各种职业责任风险因职业不同而有很大差异。因此，职业责任保险不像公众责任保险那样可以有统一的或综合的险种及相应的保险条款和保险单证。保险人必须针对不同的职业责任风险设置险种并制定专门的条款和单证。不过，从理论上，各种职业责任保险也有相同点。

（1）职业责任保险的保险责任。包括对被保险人因疏忽、过失造成他人损害依法承担职业责任而支付的赔偿金和法律费用两方面的补偿责任。职业责任，不仅指被保险人自己的职业责任，还包括被保险人的前任、被保险人的雇员及从事该项业务的雇员的前任因疏忽、过失造成他人损害而导致的职业责任。依法应由被保险人承担的责任，凡与保单列明的职业无关者，或者超过赔偿限额或低于免赔额的部分，保险人不予负责。

（2）职业责任保险的除外。受害人向被保险人提出的下列索赔，由被保险人自行赔付，不在保险责任之列。

① 因被保险人的隐瞒或欺诈行为引起的索赔。被保险人已察觉到的索赔，应如实告知保险人，否则，构成违反诚信原则的行为。因此引起索赔的，保险人不予负责。

② 因被保险人的故意行为引起的索赔。被保险人借提供专门技术服务之机故意造成他人损害，为法律所不容，严重的构成犯罪，应追究刑事责任。

③ 对职业责任事故所致的间接损失或费用的索赔。

④ 因被保险人中伤或诽谤他人引起的索赔。

（3）职业责任保险的特约责任。经过特别约定，下列风险责任可由职业责任保险承保：因雇员的不诚实行为造成他人损害依法应由被保险人承担的赔偿责任；因文件灭失或损失而引起的索赔，如设计院因图纸丢失造成委托单位的损失而受到的索赔，可以通过扩展承保该责任，由保险人负责；被保险人被控对他人进行诽谤或中伤而引起的索赔，但基于被保险人的故意行为所致的除外。

（4）职业责任保险的保险费率。厘定职业责任保险的费率，应着重考虑以下因素：

① 职业种类。被保险人及其雇员所从事的专门技术工作不同，面临的职业责任风险差异很大。

② 工作场所及所在地区、国家的法律制度。

③ 工作单位的性质。有营利单位、非营利单位以及国有、集体、私有、股份单位之分。

④ 被保险人及其雇员的专业技术水平、责任心、个人品质。

⑤ 业务数量。被保险人及其雇员提供专业技术服务量的多少或服务对象的多寡；被保险人以往职业责任事故的统计数字及赔付情况；赔偿限额、免赔额的高低及其他承保条件等。

延伸阅读5-14　太平洋家政雇佣责任保险

承保被保险人雇用的家政服务人员在从事家政服务过程中发生意外造成人身伤害，保险人根据合同约定负责赔偿。

1．保单利益

在保险期间内，被保险人雇用的家政服务人员在从事家政服务过程中发生意外造成人身损害，依照中华人民共和国法律（不包括港、澳、台地区法律）应由被保险人承担经济赔偿责任的，保险人将根据本合同的约定，在保险单中载明的赔偿限额内负责赔偿（见表5-11），对于条款列明的责任免除不属于保险责任范围。

表5-11　太平洋家政雇佣责任保险保单利益

保　　障	保　　额
家政服务人员意外伤害事故赔偿	10万元（每次）/10万元（累计）
家政服务人员意外伤害事故医疗保障	5 000元（每次）/5 000元（累计）

2．产品特点

承保被保险人雇用的家政服务人员在从事家政服务过程中发生意外造成人身伤害，保险人根据合同约定负责赔偿。

资料来源：节选自太平洋保险在线商城关于“家政雇佣责任险”的产品简介。http://www.ecpic.com.cn/chanpin/jzgyzrx/，节选时有删改。

5.3.3 信用保险与保证保险

信用保险与保证保险主要含两类：一类是信用保险，一类是保证保险。

1．信用保险与保证保险的概念与区别

信用保险是保险人根据权利人的要求担保义务人（被保证人）信用的保险。

保证保险是义务人（被保证人）根据权利人的要求，要求保险人向权利人担保义务人自己信用的保险。

信用保险与保证保险的区别：

（1）信用保险是填写保险单来承保的，其保险单同其他财产险保险单并无大的差别，同样规定责任范围、责任免除、保险金额（责任限额）、保险费、损失赔偿等条款；而保证保险是出立保证书来承保的，该保证书的内容通常很简单，只规定担保事宜。

（2）信用保险的被保险人是权利人，承保的是被保证人（义务人）的信用风险，除保险人外，保险合同中只涉及权利人和义务人两方；保证保险是义务人应权利人的要求投保自己的信用风险，义务人是被保证人，由保险公司出立保证书担保，保险公司在此是保证人，保险公司为降低风险往往要求义务人提供反担保，这样，除保险公司外，保证保险中还涉及义务人、反担保人和权利人三方。

（3）在信用保险中，被保险人缴纳保费是为了把可能因义务人不履行义务而使自己受到损失的风险转嫁给保险人，保险人必须把保费的大部分或全部用于赔款（甚至亏损），保险人赔偿后虽然可以向责任方追偿，但成功率很低；在保证保险中，保险人出立的保证书，履约的全部义务还是由义务人自己承担，并未发生风险转移，保险人收取的保费只是凭其信用资格而得到的一种担保费，风险仍由义务人承担，在义务人没有能力承担的情况下才由保险人代为履行义务，因此，经营保证保险对保险人来说，风险是相当小的。

2．信用保证保险的种类

（1）信用保险。

① 国内信用保险。亦称商业信用保险，它是指在商业活动中，一方当事人为了避免另一方当事人的信用风险，而作为权利人要求保险人将另一方当事人作为被保证人并承担由于被保证人的信用风险而使权利人遭受商业利益损失的保险。

国内信用保险包含：

- 赊销保险，是为国内商业贸易（批发）中延期付款或分期付款行为提供信用担保的一种信用保险业务。在这种业务中，投保人是制造商或供应商，保险人承保的是买方（义务人）的信用风险，目的在于保证被保险人（权利人）能按期收回赊销货款，保障商业贸易的顺利进行。

- 贷款信用保险，是保险人对银行或其他金融机构与企业之间的借贷合同进行担保并承保其信用风险的保险。

② 出口信用保险。出口信用保险是承保出口商在经营出口业务的过程中因进口商方面的商业风险或进口国方面的政治风险而遭受损失的一种特殊的保险。

出口信用保险的保险责任主要有商业风险和政治风险两种。商业风险是指买方付款信用方面的风险，又称买方风险。政治风险是指与被保险人进行贸易的买方所在国或第三国发生内部政治、经济状况的变化而导致买卖双方都无法控制的收汇风险，又称国家风险。

在出口信用保险中保险人不负赔偿责任的项目通常有以下 6 项：被保险人违约或违法导致买方拒付货款所致的损失；汇率变动的损失；在货物交付时，已经或通常能够由货物运输保险或其他保险承保的损失；发货前，买方未能获得进口许可证或其他有关的许可而导致不能收货付款的损失；买方违约在先情况下被保险人坚持发货所致的损失；买卖合同规定的付款币制违反国家外汇规定的损失。

（2）保证保险。

① 保证保险主要类型有合同保证保险、司法保证保险（包括诉讼保证保险与受托保证保险）、许可证保证保险、公务员保证保险。

② 保证保险的主要特征。

- 保证保险的当事人涉及三方：保证人，即保险人；被保证人，即义务人；权利人，即受益人。一般保险的当事人只有保险人与投保人。
- 保证保险中的被保险人对保证人（保险人）给予权利人的补偿，有偿还的义务；而一般保险的被保险人并无任何返还责任。
- 保证保险合同是保险人对另一方的债务偿付、违约或失误承担附属性责任的书面承诺。这种承诺是在保证保险合同所规定的履约条件已具备而被保证人不履行合同义务的条件下，保证人才履行赔偿责任。当发生保险事故且权利人遭受经济损失时，只有在被保证人不能补偿损失时，才由保险人代为补偿。因此，从本质上说，保证保险只是对权利人的担保。
- 保险人必须严格审查被保证人的资信。保险人只有严格审查被保证人的财力、资信、声誉的好坏及以往履约历史等，才能代替被保证人向权利人承担法律责任。
- 保险费实质是一种手续费。保险公司在承保一般保险业务时，都必须做好赔偿准备；一种风险能不能保险，归根结底是看承担这种风险所收取的保险费是否足以抵补这种风险发生的赔款。而保证保险是一种担保业务，它基本上是建立在无赔款基础之上的，因此，保证保险收取的保险费实质上是一种手续费，是利用保险公司的名义提供担保的一种报酬。

3．信用保证保险的承保与理赔

（1）信用保证保险的承保。保险人在承保时，应当采取风险控制措施。一般而言，保险人的防范风险措施主要有：

① 对被保证人的资信严格审查后才能承保。

② 采取共保形式，由被保险人自担一部分风险。

③ 准确分析国际政治经济形势，正确估价政治风险状况。

④ 对保证保险采取保全措施。

⑤ 明确保险人的有关责任。

（2）信用保证保险的理赔。

① 要求被保险人发觉被保证人出现问题时，立即通知保险人，在短期内提出赔偿请求，并提供必要的账册和材料，以供查证。

② 发生问题后，要求被保险人还应主动采取措施，深入追查，在各方面给予保险人有效的配合，因追查而支出的费用，由保险人负担。

③ 保险人在进行赔偿后可以被保险人的名义代位向被保证人或第三人进行诉讼、追偿，也可以依法处分其财产或担保品。

④ 如被保险人和有关当事人达成协议和解，应取得保险人的同意，否则保险人可不受协议的约束。

延伸阅读 5-15 中国平安个人分期付款购车保证保险条款（全国）

1. 保单利益

由于投保人连续三个月未按《汽车消费贷款合同》或《分期付款购车合同》履行按期还款义务，保险人按本保险单规定负责偿还应偿还而未偿还的本金及截止出险之日止的利息（不包括罚息、违约金、逾期利息），但最高不超过保险金额。

由于下列原因造成投保人不能按期偿还欠款，导致被保险人的损失，保险人不负责赔偿：

（1）战争、军事行动、暴动、政府征用、核爆炸、核辐射或放射性污染；

（2）地震、海啸及其他人力不可抗拒的自然灾害；

（3）未经保险人同意变更《汽车消费贷款合同》或《分期付款购车合同》；

（4）因购车人或其代表的违法行为，导致车辆被罚没、查封、抵押、拍卖；

（5）被保险人或其代表的故意行为；

（6）投保人与被保险人串通损害保险人利益；

（7）投保人购车手续不全；

（8）被保险人没有按照规定的程序和审核条件对投保人进行资信调查或审核；

（9）投保人所购车车辆未在本公司购买车辆损失险和盗窃险，或该保险在本保险有效期内中断；

（10）直接或间接由于计算机2000问题引起的损失。

2. 产品特点

本保险为汽车新车消费贷款保证保险，是购车合同的从属合同。

本保险的被保险人为汽车经销商或经人民银行批准开办汽车消费贷款业务的商业银行。

本保险的投保人为与被保险人订立《汽车消费贷款合同》或《分期付款购车合同》的个人。

保险金额为还款本金与期内利息之和；费率据不同贷款年限而不同。

本保险的保险期限自《汽车消费贷款合同》或《分期付款购车合同》签订之日起，至上述合同规定的最后还款日期止。

资料来源：节选自中国平安保险官网关于平安个人分期付款购车保证保险产品介绍，http://www.pingan.com/index.shtml，节选时有删改。

延伸阅读5-16 中国人民保险公司信用和保证保险一览表

表5-12 中国人民保险公司信用和保证保险一览表

中国人民保险公司	
险种名称	特色简介
1. 信用卡保险	保险人负责赔偿被保险人因持卡人非善意透支、信用卡被盗用、其职工单独或与人串通利用被保险信用卡营私舞弊、贪污、挪用公款、任何人使用伪造的被保险信用卡，无法向责任方追回的损失
2. 雇员忠诚担保保险	承保雇员在保险期限内受雇于被保险人时，在从事雇佣工作过程中，因不诚实行为使被保险人遭受的直接经济损失
3. 住宅质量保证保险	保单中列明的由投保人开发并经当地或全国商品住宅性能认定委员会认定通过的住宅，正常使用条件下因潜在缺陷在保险期间内发生列明质量事故造成住宅的损坏，保险人负责赔偿修理、加固或重新购置的费用
4. 个人贷款抵押房屋综合保证保险	包括财产损失保险和还贷保证保险： 财产部分：在保险期限内由于火灾、爆炸、暴风、暴雨、雷击、地面突然塌陷等特定自然灾害、意外事故原因造成保险财产直接损失的，保险人依照本条款约定负责赔偿。 还贷保证部分：借款合同生效后，投保人或其合法继承人连续三个月完全未履行借款合同约定的还贷义务的，视为保险事故发生，保险人负责按照本部分约定赔偿保险事故发生时投保人所欠的全部借款本金和借款利息
5. 产品质量保证保险	该保险是保险人基于对投保人（生产或销售企业）产品质量的信任，为其向受益人（产品购买者或消费者）保证产品质量有效性的保险业务。当投保人所投保的产品因保单列明的原因导致权利人向被保险人索赔，保险人对依法应由被保险人承担的产品本身的质量赔偿责任进行赔偿

资料来源：节选自百度文库于2012年5月上传的文档“信用保险和保证保险”，http://mail.qq.com/cgi-bin/frame_html?sid=mfcVSmMhuZ5qKyp5&r=259847ccc6c755a0073e17a68ab6222f，节选时有删改。

同步练习

1. 保险产品具有哪些特征？它对于保险销售有什么要求？
2. 养老保险与年金保险有何异同？
3. 如何认定意外伤害保险事故？
4. 医疗费用保险中为什么要规定观察期、免赔额、共保等条款？
5. 企业财产保险基本险与综合险的保险责任有何不同？
6. 我国为什么要实行机动车交通事故责任强制保险（简称交强险）制度？它有什么优点？

典型案例分析

平安鑫利两全保险（分红型）产品分析

1. 产品简介

产品名称：平安鑫利两全保险（分红型）

产品类型：分红型两全保险

投保年龄：0周岁（出生满28日且已健康出院）至60周岁

交费期间：5年交、10年交、15年交、20年交、30年交

保险期限：至80周岁

2. 保险责任

（1）生存返还：每两年返还基本保险金额的7%。

（2）满期金：80周岁时给予双倍基本保险金额。

（3）生存金累积：每两年给付的“生存保险金”若不领取，按相应利息复利滚存，目前为年息4%。

（4）身故金：18周岁之前身故，返还所交保险费并按照年增长率2.5%单利增值；18周岁后身故，双倍基本保额。

3. 可附加险种

平安附加豁免保险费重大疾病保险（2007）	平安附加鑫利提前给付重大疾病保险
平安附加住院费用医疗保险（A）	平安附加住院费用医疗保险（B）
平安附加意外伤害保险（2008）	平安附加残疾意外保险
平安附加健享人生住院费用医疗保险（A）	平安附加健享人生住院费用医疗保险（B）
平安附加意外伤害医疗保险（A）	平安附加意外伤害医疗保险（B）
平安附加少儿高中教育年金保险（分红型）	平安附加少儿大学教育年金保险（分红型）
平安附加住院日额医疗保险（2007）	

4. 参考费率表

缴费年期 投保年龄	5年	10年	15年	20年	30年
……					
28	2971	1569	1100	866	634
29	2965	1566	1098	865	634
30	2958	1563	1096	864	635
31	2952	1560	1095	863	635
……					

资料来源：向日葵保险网关于平安鑫利两全保险(分红型)(在售)产品介绍，http://www.xiangrikui.com/p_8733/，节选时有删改。

仔细阅读上述案例并组织学生分组讨论下列问题。讨论完毕后要求每组派出一名代表对本组讨论结果进行评述，时间不超过5分钟。各组评述后由教师进行总结点评。

1. 请根据材料信息对该平安鑫利两全保险进行产品分析。分析报告由保单利益、产品特色、目标客户群、营销渠道和投保示例（包含图表）组成。

2. 王先生今年30岁，年收入10万元，工作上需要经常出差，从没有购买过保险。请你为王先生设计一份保险计划，根据材料信息提供合适的附加险种，并且科学设置保额和保费。

销售工具

1. 保险产品基本形态比较表

项目名称			中国人寿	中国平安	中国人保	泰康人寿	太平洋人寿
1. 在售及开发时间							
2. 投保范围							
3. 保险期间							
4. 等待期							
5. 犹豫期							
6. 保险责任项目总数							
7. 保险责任	①	等待期内					
		等待期后					
	②	等待期内					
		等待期后					
8. 缴费方式							
9. 缴费期间							
10. 其他事项							

2．年金产品比较表

产品名称	保额	生存金领取方式	本金	保障	收益率	
					70～80岁	80～90岁

3．万能险比较分析表

公司名称	产品名称	首年度初始费用	初始费用高低比较	最低保证利率	保证利率高低比较	目前实际公布利率	公布利率高低比较	保障期限	保单管理费
太平人寿									
泰康人寿									
友邦									

本章实训

由学生两人一组，持本系或本学院或某公司的介绍信，走访一户家庭，根据其家庭情况，设计一份家庭保险产品组合。

1．填写营销工具中的“保险产品基本形态比较表”，根据其家庭情况，设计一份家庭保险产品组合。

2．由一个同学扮演保险销售人员，一个同学扮演客户，就你所设计险种条款和费率、保额等进行模拟阐述，目的是通过通俗易懂的语言让客户明白产品的内涵。

3．根据客户的理解情况，通过提问或问卷的形式收集获得客户对产品满意度的评价，并且提交实训报告。

第 6 章 保险建议书的设计与制作

学习要点

- 了解保险建议书的设计步骤；
- 了解保险建议书的文本内容和文本形式；
- 了解风险管理建议书的结构；
- 了解个人及家庭人身保险建议书的设计原则；
- 掌握运用各类保险建议书的设计与制作方法和技巧。

案例导读

"夹心层"如何做好保险规划

临近新年，"夹心层"这一人群就会陷入痛并快乐的困境中。每到这个时候，"夹心层"常常叫苦不迭，迷茫不已，除了过节该送什么礼品这种问题外，如何照顾好四老一小、如何规划相关的保障是"夹心层"面临的主要课题。

所谓"夹心层"，是指在"4-2-1"式的家庭结构下，那些"上有老、下有小"的家庭支柱。相关数据显示，大多数"夹心层"都热衷于为孩子买保险，而忽略作为家庭经济支柱自身的保险保障。

对此，理财专家表示，"夹心层"作为家庭的"顶梁柱"，应首先考虑为自己购买足够的保障，为家庭保障系统设置第一道预防屏障。

"按理说挣得不比别人少，可仍觉得手头紧。"从事 IT 行业的刘先生为自己算了一笔账，自己每月饭费 900 元，还要给父母养老金 1 000 元，老婆孩子的房租每月 2 000 元、生活费每月 1 200 元，这么一算下来，每月剩余寥寥无几。现在双方父母年事已高，万一有个大病小灾的，治疗费用都是个事儿。

从案例中我们可以看出，刘先生是典型的"夹心层"，那么，像他这样的家庭该如何做好保障规划呢？对此，保险专家建议，刘先生作为维持家庭生活幸福及稳定的原动力，可以通过合理的资产配置，为家庭保障系统设置全面的保障。同时，专家提醒，为了保证整个家庭的经济不受影响，刘先生应该首先考虑为自己购买足够的保障。

那么，究竟购买多少重大疾病保险才合适呢？保险专家建议客户根据年收入水平，以及投保人个人收入对家庭总收入的贡献度来确定重疾保额。例如，对于年收入 12 万元左右的，建议重疾险的保额至少达到 30 万元，而收入在 20 万元以上的，特别是家庭的主要经济支柱，建议保额可以达到 50 万元，这样才不会因为家庭的经济支柱身患重疾之后，整个家庭的生活品质严重下降。

资料来源：节选自中国保险报于 2013 年 1 月 30 日第 6 版刊载的文章"'夹心层'如何做好保险规划？"，http://www.sinoins.com/，节选时有删改。

辩证性思考：

1. 你最熟悉哪些公司的重疾型产品？这些产品有哪些区别？
2. 如果生活中遇到了"夹心层"的客户，你会向他推荐哪些重疾型保险产品？
3. 除了给家庭支柱提供重疾保障外，他还有哪些其他需求？

6.1 保险建议书概述

6.1.1 保险建议书的必要性

在保险销售过程中为什么要使用保险建议书？

（1）保险同业竞争的需要。虽然从总体上看，价格竞争目前仍是保险公司之间争抢业务的重要筹码，但显然，不是唯一的筹码，且随着保险监管的进一步加强，保险市场竞争秩序的进一步公正与公平，非价格竞争手段如风险管理专业水平、保险服务等将扮演越来越重要的角色。

（2）客户投保决策的需要。随着消费者文化层次、保险意识的不断提高，消费意识的不断成熟，以及经济体制改革的不断深化，现代企业制度的逐步建立和健全，企业投保行为将越来越规范化。总之，不论是单位、团体还是个人，投保决策将更趋向于理性。保险建议书，回答了客户"为什么要买保险"、"为什么要买这家公司的保险"等问题，迎合了客户理性投保的需要。

可以预见，随着中国保险市场竞争主体的进一步增加，以及保险经营方式进一步与国际接轨，销售保险的过程其实就是展示公司的专业与实力，就是与竞争者比服务与形象的过程，保险建议书作为一种销售武器，将发挥它的独特而重要的作用。

6.1.2 保险建议书的设计步骤

一般来说，保险建议书的设计包括三个步骤：客户资料的收集与整理，客户保险需求分析，拟定保险产品组合。

1．客户资料的收集与整理

在设计保险建议书之前，通过与准保户接触、会谈、问题讨论等，从中逐步收集和掌握准保户的一些资料与信息，包括客户基本资料、财务信息、风险状况、已有保障等，为下一步保险需求分析提供基础。客户资料的收集与整理可以采用问卷调查的方法。使用问卷调查所收集的信息比较有条理、有系统。问卷调查表可以自己灵活设计，也可以采用制式问卷或表格，还可以通过其他各种途径如广告媒体、他人介绍等方法来收集客户资料。

2．客户保险需求分析

在掌握准保户基本资料的基础上，要对准保户的保险需求做出合理评估，便于下一步根据不同客户不同的风险特性和需求偏好，推荐真正能让准保户满意的保险产品。

（1）个人和家庭保险需求。在寿险方面，个人和家庭的保险保障需求一般包括教育费用需求、生活费用需求、退休养老金需求、避税需求、家庭生活保障需求、医疗费用需求、储蓄保值需求等。在非寿险方面，个人和家庭的保险保障需求主要体现在规避因火灾、爆炸、盗窃、抢劫、管道破裂及水渍、第三者责任等风险可能造成的经济损失，如表 6-1 所示。

表 6-1 现代家居生活风险分析

风 险	风 险 源
火灾、爆炸	现代家用电器（如热水器、各种烹调或加热容器等）、管道煤气或液化气的广泛使用，各类电线、管道的交错布置
盗窃、抢劫	高档服装、便携式家用电器的集中，家庭财富，如现金、首饰的增多
管道破裂及水渍	家庭供暖及制冷的普及，各种管道的破裂或渗漏
第三者责任	火灾、爆炸、高空坠物

（2）企业团体的保险需求。在寿险方面，企业团体的保险保障需求主要包括员工退休保障需求、员工和干部福利需求、合理避税需求、弥补社保不足的需求、留住人才的需求、创造财富的需求等。例如，三资企业由于国外保险业的发展已经相对成熟，该类企业的外方老板大多优先考虑投保一些风险转移的险种，如意外险和医疗险，而不是缴费较高的储蓄养老险种。在满足客户的保障需求后，养老险也可适时推出。而国有企事业单位由于受思维习惯和观念的影响，他们大多热衷于一些回报稳健的储蓄型险种，以此来提高员工福利待遇和单位的凝聚力。所以在分析客户保险需求时就应该进一步了解企业的组织和经营状况，为客户提供符合实际需求的保险保障。在非寿险方面，企业团体的保险保障需求主要体现在财产及其有关利益在发生保险责任范围内的灾害事故时，获得经济补偿的需求。针对保险标的而言，主要包括企业财产保险需求、运输工具保险需求、货物运输保险需求、工程保险需求、农业保险需求等。

延伸阅读6-1 "一掷千金"买保险意在保全资产

花百万元购买一张保单，这在浙江保险业，已不是一件稀奇的事。

"就在前几天，一位去年投保120万元的客户，又追加了50万元。"太平人寿浙江分公司助理总经理梁恕林说。今年这几个月，仅太平人寿浙江分公司，个人购买的保费100万以上的保单已经达到近20笔，"保费150万元、300万元以上的也有好几张"。

谁是大额保单的购买主力？据保险公司调查，从购买大额保险的客户情况看，主要有四类人群：私有企业主、企业高管、高级白领和高收入者。

浙江私营企业主是大额保单的主要购买群体，充裕的民间资金、活跃的民营经济为大额保单在浙江流行培植了沃土。梁恕林与不少大额保单持有者有过深入接触，他发现，购买大额保单的客户以40～50岁年龄层次的为主。30多岁的高收入人群投资更为激进一些，而40～50岁这个年龄层本身就具有了一定经济实力，同时投资理财上追求稳健收益，保险产品正好契合他们的诉求。

"还有不少购买人是为子女考虑。"梁恕林说。浙江的企业面临着"交接"问题，但是不少"企二代"要么对企业经营兴趣不大要么能力有限，难以驾驭各种错综复杂的关系。若直接给孩子现金容易造成孩子乱花钱，企业主就索性为儿女投保大额保单，这样一来，即使未来企业经营出现变动，也可以让儿女的生活富裕无忧。

资料来源：节选自杭州日报于2012年3月23日刊载的文章"浙江百万元大额保单频现"，http://hzdaily.hangzhou.com.cn/hzrb/html/2012-03/23/content_1242261.htm，节选时有删改。

3．拟定保险产品组合

在科学分析客户的保险需求后，就应该本着满足客户需求、以最合理的成本获得最全面的保障、促进销售等原则为客户提供科学的保险产品组合。保险产品组合思路：一是主附搭配，即主险与附加险之间的搭配，如主险+主险、主险+附加险。主险包括终身险、定期险、两全险、年金险等，附加险包括意外伤害、意外医疗、住院、住院津贴、附加定期险等。二是功能搭配，即具有不同功能特性的险种搭配，如保障型、储蓄返还型、投资型产品之间的搭配等。三是不同保险期限或交费期限产品的搭配，如长期险与短期险的搭配。一般来说，财产险、意外险、医疗险大多属于短期险，而终身寿险、养老险、健康险等属于长期险。

延伸阅读6-2 "盈安"家庭财产保险产品介绍

"盈安"是中国人寿财产险公司精心设计的一款卡折式定额家庭财产组合保险产品。在充分考虑现代家居生活所面临的主要风险的基础上，对家庭财产因自然灾害、意外事故以及盗窃、管道破裂而遭受的损失给予全面保障，科学设置各项目保险金额，保额高，保费低廉。

1. 保障方案（见表 6-2）

表 6-2 “盈安”家庭财产保险保障方案 单位：元

项目		保险金额	总保费
家庭财产损失保险	室内装潢	50 000	100
	家用电器、文体娱乐用品	20 000	
	衣物、床上用品、家具	10 000	
盗抢险	家用电器、文体娱乐用品、衣物、床上用品、家具	10 000	
	现金及珍贵财物	1 000	
管道破裂及水渍保险	室内装潢、家用电器、文体娱乐用品、衣物、床上用品、家具	10 000	

附注：

（1）无论购买多少份保险，家用电器、文体娱乐用品、衣物、床上用品、家具盗抢损失每次事故免赔额均为 200 元；

（2）如购买超过 2 份（含 2 份），对现金及珍贵财物的盗抢损失赔偿最高为 2 000 元。

2. 保险责任（见表 6-3）

表 6-3 “盈安”家庭财产保险责任

保障项目		主要保险责任	适用条款
家庭财产损失保险	室内装潢	（1）火灾、爆炸； （2）雷击、台风、龙卷风、暴风、暴雨、洪水、雪灾、雹灾、冰凌、泥石流、崖崩、突发性滑坡、地面突然下陷等自然灾害； （3）飞行物体及其他空中运行物体坠落； （4）外来不属于被保险人所有或使用的建筑物和其他固定物体的倒塌	《家庭财产保险条款》
	室内财产		
管道破裂及水渍保险	室内装潢、家用电器、文体娱乐用品、衣物、床上用品、家具	因被保险人室内的自来水管道、下水管道和暖气管道（含暖气片）突然破裂致使水流外溢或邻居家漏水造成保险财产的损失	《附加管道破裂及水渍保险条款》
盗抢险	家用电器、文体娱乐用品、衣物、床上用品、家具	存放于保险单载明地址室内的保险财产因遭受经公安部门确认，且 3 个月内未能破案的、有明显现场痕迹的外部人员盗抢行为所致丢失、损毁的直接损失（不包括便携式电脑、无线通信工具）	《盗抢附加保险条款》

续表

保障项目		主要保险责任	适用条款
盗抢险	现金及珍贵财物	存放于保险单载明地址房屋内的现金、有价证券、金银、珠宝、钻石及制品、玉器、首饰、古币、古玩、字画、邮票、艺术品、稀有金属因遭受有明显现场痕迹的外部人员盗抢行为所致丢失、损毁的直接损失	《个人现金及珍贵财物附加保险条款》

注：室内装潢采取比例赔偿方式；室内财产采取第一危险赔偿方式。

3. 卖点分析

（1）投客户所好，保客户所需。将房屋装修、家具、电器、服装、床上用品以及现金等风险较大，且客户关注的家庭财产纳入承保标的范围，满足市场普遍需求，提高产品的市场竞争力。

（2）定额保单，投保方便。定额式产品，各项责任及保额固定。客户只需根据自身家庭财产情况，选择购买份数。

（3）撕单式保单，销售服务一次完成。撕单式卡折产品，设计精美，易于携带，将宣传彩页、投保单、保单及条款四合为一，操作简便，无须二次服务。

（4）保费低廉，易于销售。每份保费 100 元，总保险金额超过 10 万元，物超所值。既可销售给有家财保障需求的客户，也可作为保户开拓的敲门砖。

资料来源： 节选自百度文库于 2014 年 4 月 29 日上传的文档“家庭财产保险介绍”，http://wenku.baidu.com/view/d2681c06fe4733687e21aac4.html，节选时有删改。

6.1.3 保险建议书的文本内容

一般来说，保险建议书文本内容框架如下：

- 前言（需求分析）；
- 保障内容（含推荐险种、保障范围、保险责任、保险金额）（下文略）；
- 保费计算；
- 配套服务项目；
- 本保险建议的优势、特色分析；
- 公司介绍；
- 附上条款。

1. 前言（需求分析）

此部分一般向客户分析和陈述购买保险的好处和利益，即说服客户“为什么”买保险。需求分析常见关键句有“弥补企业自保的局限性”、“摆脱企业工伤医疗责任的沉重负担”、“减轻您及您家庭的后顾之忧”、“表现出您对家人的爱和责任感，并体现出您的社会身价”、“帮助您轻松理财”等。

2．保费计算

一般情况下，选定套用费率，列出保费计算公式和保费额即可。但对较复杂的企财险、工程险等，鉴于保费谈判具有较大弹性，并且保险公司常常面临竞争同业的价格竞争，为了让本公司的现行费率更有说服性，常可采取费率比照法说服客户，格式如表6-4所示。

表6-4　保费计算

投保标的项目	保险金额	标准费率	保费计算公式	保费	现行费率	现行保费
……	……	……	……	……	……	……
合计	……	……	……	……	……	……

实例6-1　关于家庭财产保险保费计算（见表6-5）

表6-5　家庭财产保险基本费率表　　单位：元

<table>
<tr><th>险　别</th><th>项　目</th><th colspan="4">费率（‰）</th><th>免赔额</th></tr>
<tr><td rowspan="3">主险</td><td>房屋及室内设备</td><td colspan="4">1.0</td><td>0</td></tr>
<tr><td>室内装潢</td><td colspan="4">1.2</td><td>0</td></tr>
<tr><td>室内财产</td><td colspan="4">1.2</td><td>0</td></tr>
<tr><td rowspan="7">附加险</td><td>盗抢保险</td><td colspan="4">3.0</td><td>200</td></tr>
<tr><td>家用电器用电安全保险</td><td colspan="4">1.2</td><td>0</td></tr>
<tr><td>管道破裂及水渍保险</td><td colspan="4">2.0</td><td>0</td></tr>
<tr><td>现金、首饰盗抢保险</td><td colspan="4">3.0</td><td>0</td></tr>
<tr><td rowspan="3">第三者责任保险</td><td colspan="4">赔偿限额（万）</td><td rowspan="3"></td></tr>
<tr><td>1</td><td>2</td><td>5</td><td>10</td></tr>
<tr><td>4‰</td><td>3‰</td><td>2.5‰</td><td>2.0‰</td></tr>
</table>

投保案例

2014年6月，李虹以60万元人民币的价格在北京市海淀区交大东路购得70平方米的住房一套，花费5万元用于装修，10月中旬装修完工入住。11月初，李虹在我公司投保了家庭财产保险。其中，房屋保险金额为30万元，室内装潢3万元，室内财产3万元，同时为保证木地板的安全，李虹还加投了7 000元的管道破裂及水渍保险。

根据公司规定的基本费率，李虹应缴的保费数额为：

应缴保费 $= 300\,000 \times 1.0‰ + 30\,000 \times 1.2‰ + 30\,000 \times 1.2‰ + 7\,000 \times 2.0‰ = 300 + 36 + 36 + 14 = 386$（元）

3．配套服务项目

鉴于客户服务将是保险公司竞争的未来趋势，此部分尤其要显示公司的差异化服务竞争优势。可陈述项目包括：本公司的服务网络及组织架构和本公司的服务项目及内容，如风险咨询、风险评估、防灾减损、风险管理知识培训等风险管理服务、理赔服务、热线电话服务、VIP客户特殊服务以及各项超值服务。

4．本保险建议的优势、特色分析

可对本保险建议的保障范围、保险价格、保险服务的个性化优势等加以点评，以便增强本保险建议的吸引力和说服力。例如，针对保费项，可把客户防灾减损及损失补偿自筹资金措施所花费成本（含机会成本）与购买商业保险所花保费在经济性、成效性、便利性及实施可能性等方面进行对比，突出买保险的独特优势。

5．公司介绍

此部分内容可对公司历史、规模、承保能力、曾承保的重要项目及现行销售的保险种类加以介绍。例如，“承保能力”涉及本公司资本金、准备金、近年保费收入、赔款额、利润额及再保险支持等。

6．附上条款

保险建议书只是主要内容说明，其他方面及细节问题都应以具体条款为准。

6.1.4 保险建议书的文本形式

“文本形式”探讨的是“怎么写”，涉及文本格式和文本类型等方面。

1．文本格式

文本格式须讲究章法，讲究章法则讲究组织条理；文本格式也应避免平板单调。为富于变化，建议书文本除了文字内容外，可适当穿插表格和图示，使内容更简洁、条理化，并更直观，从而使文本更富表现力。例如，关于保障内容与保费计算部分就可使用综合表格；而风险评估中有关建筑物周围环境信息即可画图直观表现；有关数据的变化也可用坐标趋势图来展示。

2．文本类型

建议书可分为复杂型、简单型，如企财险、工程保险、一揽子综合保险、团体保险，由于涉及标的或保险对象繁多，分析因素众多，财产保险建议书需包含风险评估、防灾减损、保险建议及自担风险等内容。团体人身保险需要交代财税法律法规背景知识，尤其是年金类产品还要介绍账户管理情况等。以上这些险种的保险建议书大多属复杂型保险建议书，而一般分散性业务（如车险、家财险、个体工商户财产保险和个人及家庭人身保险等）只需独立的保险建议书就行，属简单型。就保险建议书而言，还可分为险种组合建议书和单险种建议书，险种组合包括不同主险的组合，也包含主险与附险的组合；单险种建议书往往只涉及对独立险种的保险建议。

3．保险建议书的注意事项

（1）切合实际，符合客观需求。设计保险建议书必须在客户风险评估和保险需求分析的基础上进行。

（2）熟练、灵活地应用条款，运用本保险公司政策优势。熟练、灵活地应用条款，设计合理的险种搭配能在同行业竞争中获胜。

（3）突出服务优势。因服务是保险计划的重要组成部分，优质的服务能进一步加深与客户的了解，拉近距离，得到对方的信任和肯定。

（4）简洁易懂，层次分明，善用图表，使数字形象化。

实例 6-2　保险建议书文本格式

（封面）

别人都说我很富有，拥有很多的财富，其实真正属于我个人的财富，是给自己和亲人买了足够的人寿保险。——李嘉诚

全家福寿险计划书

先生　　敬启

______人寿保险公司____分公司

寿险顾问：　　　　　　　电话：

（扉页）

美满人生 在此一举

人不理财 财不理你

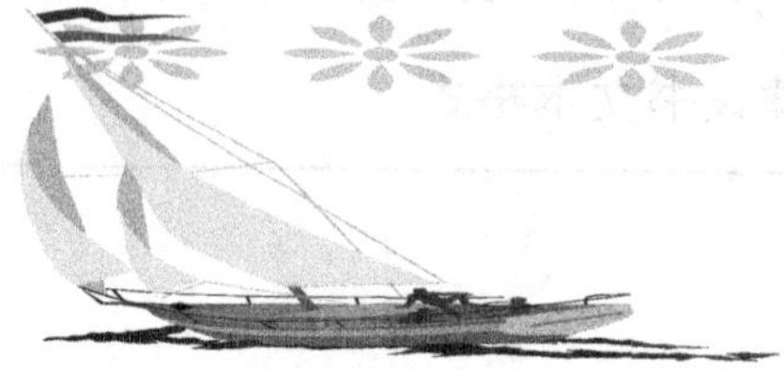

人不理财 财不理你

名人话保险

如果有一部印钞机，我们是应该照顾机器呢，还是照顾印出来的钞票？肯定选择照顾机器。因为钞票没有了可以再印，但机器没有了，就什么都没有了。事业成功人士就如同一部印钞机。

一个 40 岁的人，一年可以赚 10 万元，以每年增长 5%计算，一直到 60 岁退休，总计将不止 300 万元，如此巨大的财产当然要妥善维护照料，最简单的方法就是买人寿保险了。人自身的价值是最重要的，所以千万要照顾好自己。

许多人对保险不感兴趣，认为保险的收益太低，他们宁肯把资金投在相对风险较高的股票、债券等项目上。其实，真正懂投资的人都知道：不把鸡蛋放在同一个篮子里。他们常把资金四等分，平均投资在股票、债券、房地产和保险上。当前面三项获得高收益时，保险正好帮助他们节税；当前面三项遭遇失败时，保险却能及时保障他们的生活经济来源，或提供他们东山再起的资金。

（主体部分）

理财能手  人寿保险

全家福寿险计划书

理财组合：

被保险人：　　年龄：　周岁：

险种名称	基本保额（万元）	缴费期（年）	保费（元）
康宁定期	13	20	5 850
吉祥卡	3	1	100
合计	16		5 950

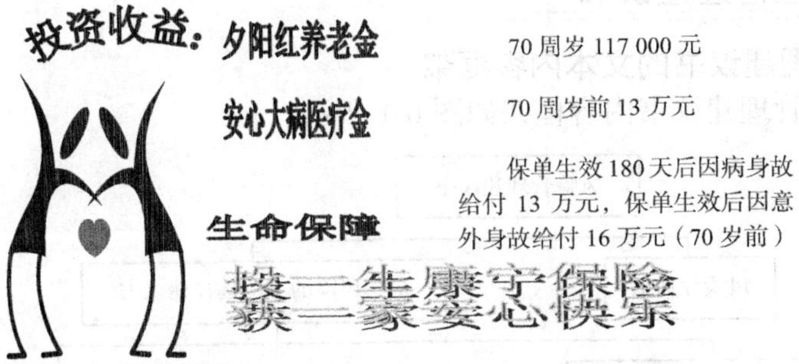

（此计划书只提供保障的基本信息，具体细则以保险条款为准）

6.1.5　保险建议书的客户群定位

有关调查资料表明，企业、单位、团体的性质不同，影响其投保决策的重要因素也有很大差异（见表 6-6）。保险建议书的目标客户群是专业服务型和综合型客户，这两类客户的投保行为更趋向理性和规范，保险公司的专业水准、服务品质和综合实力最能影响其投保决策。

表 6-6　保险建议书的客户群定位

投保决策重大影响因素类型	客户群
专业服务型	三资企业、股份制企业、高新技术企业
关系型	国有企事业单位
价格型	私营、乡镇、集体企业
综合型	大项目工程、统保行业

针对个体投保人而言，年龄、文化层次、职业、个性也很大程度地影响其投保行为。理智型投保客户群往往具有如下特征：中、老年龄层，受过较高等的学历教育，从事智力型、信息型职业，工作严谨而有责任感。理智型客户往往是保险建议书的目标客户群。

6.2　财产保险建议书的设计与制作

由于保险是风险管理的手段之一，保险方案应是被保险方风险管理方案的一个有机组成部分。客户分为不同类型，有财产保险客户和寿险客户，有团体客户和分散型客户，大客户和小客户，法人客户和自然人客户等。不同的客户对风险管理的需求也不尽相同。一般来说，投保财产保险的客户比投保寿险的客户更具有风险管理需求，团体客户、大客户、法人客户具有相对较强的风险管理需求。因此，在针对具有风险管理需求的客户销售保险产品时，除了为其提供保险建议书外，还应首先为其提供科学合理的风险管理建议书；除了当好客户的保险顾问外，还要当好客户的风险管理顾问。

6.2.1 风险管理建议书

1. 风险管理建议书的文本内容框架

完整的风险管理建议书内容框架如图6-1所示。

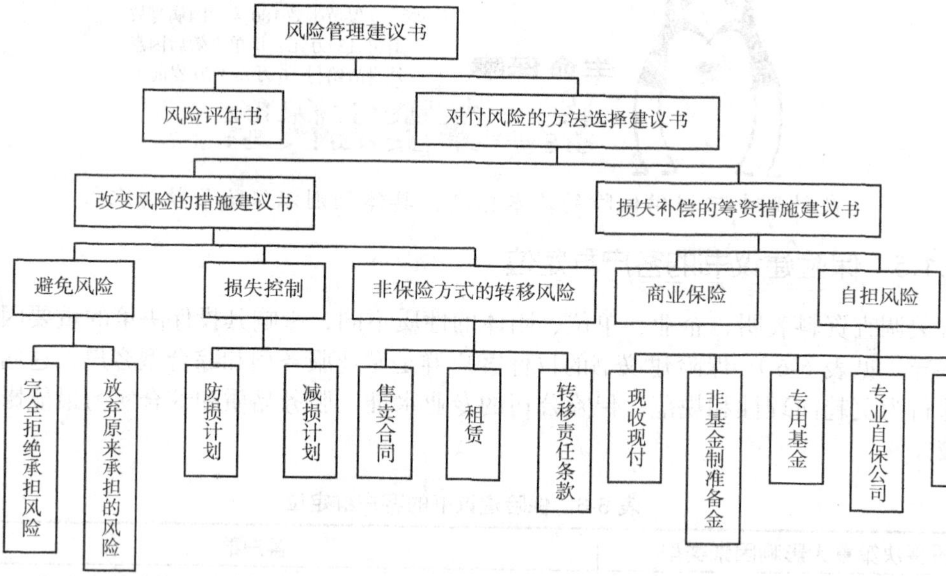

图6-1 完整的风险管理建议书内容框架

在图6-1所示的各种风险管理方法中，避免风险、非保险方式的转移风险以及发生损失后自担筹资风险等几种方法的实施，一般会较大程度地受到某些客观条件的限制。因此，一般企业、团体、单位和个人在选择对付风险的方法时，较多地选择损失控制或购买商业保险即向保险公司转移风险。

鉴于以上分析，保险销售人员向客户提供的风险管理建议书一般可包括三部分，如图6-2所示。

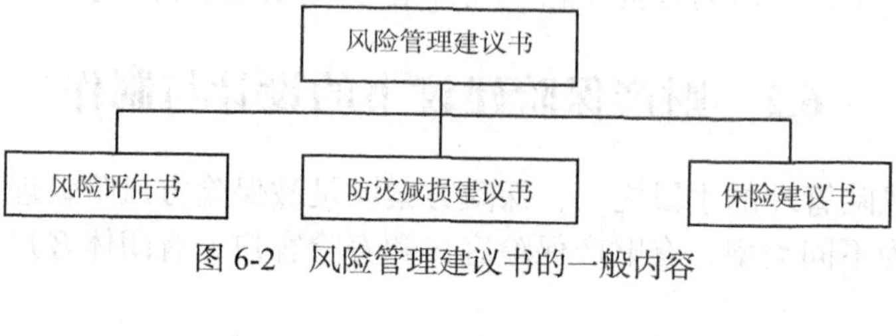

图6-2 风险管理建议书的一般内容

2．风险评估书的内容框架

（1）行业、产品风险等级；

（2）同类标的以往损失情况；

（3）本标的以往损失情况；

（4）建筑物类型；

（5）建筑物及生产工地周围环境情况；

（6）建筑物及生产工地安全设施情况；

（7）生产经营流程各环节潜在损失风险故障树分析。

3．防灾减损建议书的内容提要

（1）防灾建议。例如，建造防火建筑物、改进技术、规范生产流程、颁布安全规章、考核驾驶资格、提供劳保用品等减少损失可能的方法措施。

（2）减损建议。例如，安装自动喷淋灭火系统和防盗警报系统、设置货物垫架、进行防火空间区隔、工伤抢救、内部会计监督和现金安全保护、安全驾驶等减轻损失程度的措施。

6.2.2　几种常见的财产保险建议书

财产保险建议书可按保险标的分为企业财产保险建议书、建筑安装工程保险建议书、机动车辆保险建议书、责任保险建议书、家庭财产保险建议书等。一般来说，企业财产保险建议书、建筑安装工程保险建议书可按复杂型保险建议书模型来设计制作，即有必要为客户提供包括保险建议在内的风险管理建议书；而机动车辆保险建议书、责任保险建议书、家庭财产保险建议书可按简单型保险建议书模型来处理，即只需提供单独的保险建议书。

延伸阅读 6-3　××保险经纪公司为一建筑工程提供的风险管理及保险建议书目录

第一部分　序言

第二部分　××保险经纪公司服务内容

第三部分　项目情况

一、工程建设的背景

二、工程状况介绍

三、项目建设总体进度安排

第四部分　风险识别

一、决策风险

二、设计风险

三、建设和设备风险

四、信用风险
五、完工风险
六、经营风险
七、不可抗力风险
第五部分　风险防范
一、决策风险的防范
二、设计、建设和设备风险的防范
三、信用风险的防范
四、完工风险的防范
五、经营风险的防范
六、不可抗力风险的防范
第六部分　总体评价及风险转移建议
第七部分　总体保险方案
结束语

资料来源：节选自百度文库于2013年4月13日上传的文档“工程保险建议书”，http://wenku.baidu.com/link?url=LNQ-LNKcRvfwAqVYwv_n8YhIlINGmae0ipW5X_AdC7dkY0HkWice1ThZHpQQiP4_JevnjI6yCjQ2DRfZI_nydTK539MCPvDwsN4t-gnaft_，节选时有删改。

延伸阅读6-4　车险五种最佳搭配组合

随着车险市场的发展，市场上车险的种类也越来越多，不少车主在选择车险时都很为难，不知道该如何搭配。以下以某保险公司2003版的家庭自用汽车保险条款为例，为您设计5个机动车辆保险方案，供您投保时参考。

1. 最低保障方案

险种组合：第三者责任险。

保障范围：只对被保险人驾车发生事故造成的第三者人身伤亡和财产损失负赔偿责任。

适用对象：急于通过年检的个人。

特点：只有最低保障，费用低。现实中只选一种保险的车主极少。

优点：可以用来应付年检。缺点：一旦撞车或撞人，对方的损失能得到保险公司的一些赔偿，但自己车的损失只有自己负担。

2. 基保障方案

险种组合：车辆损失险＋第三者责任险。

保障范围：只包括基本险的保障范围，如自然灾害和意外事故造成的车辆损失，驾驶保险车辆对第三者造成的损失。

适用对象：有一定经济压力的车主。

特点：费用适度，能够提供基本的保障。

优点：最有必要性。

缺点：不是最佳组合，最好加入不计免赔特约险，以便得到100%赔偿。

3. 经济保障方案

险种组合一：车辆损失险＋第三者责任险＋不计免赔特约险＋全车盗抢险。

险种组合二：新车共保四项保险，即车辆损失险＋第三者责任险＋全车盗抢险＋车上责任。

特点：投保四个最必要、最有价值的险种。

适用对象：精打细算的个人。

优点：保险性价比最高，第一种组合里，人们最关心的丢失和100%赔付等大风险都有保障，保费不高但包含了比较实用的不计免赔特约险；第二种组合里，不能得到全额赔付，但车上人员或货物的人身伤亡或损失能得到补偿。当然，这仍不是最完善的保险方案。

4. 最佳保障方案

险种组合：车辆损失险＋第三者责任险＋不计免赔特约险＋车上责任险＋全车盗抢险

特点：在经济投保方案的基础上，加入了车上责任险或不计免赔特约险，保障更全面。

适用对象：一般公司或个人。

优点：投保价值大的险种，仍然是物有所值。

5. 完全保障方案

险种组合：车辆损失险＋第三者责任险＋不计免赔特约险＋车上责任险＋全车盗抢险＋新增加设备损失险＋无过失责任险＋车辆停驶损失险。

适用对象：经济充裕的车主。

特点：能保的险种全部投保，驾驶、存放、修理车辆过程中可能遇到的风险基本都能得到保障。

优点：几乎与汽车有关的全部事故损失都能得到赔偿，投保的人不必因少保某一个险种而得不到某些赔偿。

缺点：保全险保费高，某些险种出险的概率非常小。

资料来源：节选自择慧保险网于2012年10月22日刊载的文章“车险五种最佳搭配组合”，http://www.hzins.com/study/detal-41410.html，节选时有删改。

6.3 人身保险建议书的设计与制作

个人及家庭与团体单位这两大类客户群体在保险需求和投保行为方面都存在着较大差异，因此，有必要分别针对个人及家庭、团体单位来探讨人身保险建议书的设计与制作。

6.3.1 个人及家庭人身保险建议书的设计与制作

1．个人及家庭人身保险建议书的设计原则

保险建议书的设计应该是在对准保户的具体情况大致了解、找到准保户的需求点和购买点之后，根据其适当的需要、所能负担的保费、所需要的保额为其完整搭配，量身设计。所以在设计保险建议书时，应遵循一定的原则，才能设计出优质的保险建议书。这些原则共有七条。

（1）找准购买点原则。“购买点”即客户的“需求点”，就是客户购买保险的理由。在为客户制定保险建议书之前，应对客户个人及家庭面临的主要风险或未来的主要经济需求进行分析，如伤残、死亡、疾病等风险或养老金、子女教育金等经济需求。

（2）全面保障原则。一个好的保险建议书必须具备两个条件，在同样费率标准下，保额高而且保障全面，才是好的保险建议。应该给客户推荐好的险种，尽量满足他们的需求，以充分实现全面保障原则。例如，烧伤、跌伤等意外事故有无医疗补贴，意外身故、疾病身故有无赔付，经济状况特别好的是否做好财产保全的规划，负债在身者是否还可以在扣除日常生活费用以外偿还一些债务等，这些都是衡量保障是否全面的标准。总之，要根据个人、家庭的不同需求，尽可能遵循该原则，所谓“对症下药”就是这个道理。

（3）合理保额原则。合理保额即科学合理的保险保障水平，一般是以该准保户的年薪为标准量入为出，应科学测算客户的保险保障水平。保险保障一般针对传统保险产品而言，也就是指通过购买保险所获得的身故、伤残、疾病保险保障或养老保险保障等。从理论上讲，一个家庭购买保障型保险产品所获得的保险金额一般应是家庭年收入水平的 10 倍左右。而我国特别是内陆地区，保险意识还不高，以目前的收入状况和消费水平来看，年收入的 2～3 倍为保额也比较合理。如果保额不甚合理，随之而来的保障当然也不全面。

（4）合理保费原则。一般而言，长期性的年缴保险产品的保费支出应控制在家庭年收入的 10%～15%。如果对方购买的是保障型险种，则应以其收入的 5%作为保费，即很少的钱就可得到高额的赔付。至于新型保险产品（如投连险、万能保险、分红保险等）主要是为满足客户的理财需求。此类保险的保费支出主要与客户的财务承受能力和风险承受能力相关，没有一定的标准，保费提高至收入的 20%～25%也是可能的。总的来讲，保费控制在 5%～25%，都应该算是比较合理的。

（5）先保障后储蓄原则。这是一个非常重要的原则，因为很多客户在买第一份保险的时候是保险的第一笔预算，那么在这种前提之下，钱就要花在刀刃上。因为，前面已经讲了，保障型的险种只需要花很少的钱就可以得到巨额的赔付。因此可以先给家庭中的经济支柱购买保障性保险，免去对方的后顾之忧，待他的经济比较宽裕的时候再考虑退休、养老储蓄保险。另外，保障型的保险有两个非常关键的问题：首先核保时比较严格，不容易通过，因为保险公司要承担很大的风险。所以，年轻时购买，以便顺利通过核保。而等到年老时就要体检，或需加费，甚至被拒保。其次，在年轻时购买，其保费相当便宜，随着

年龄的增长，保费会成正比例地急剧增加。储蓄型的险种就不会有这种问题，所以你向客户说明的时候，就要明确地将利害关系告诉他们，奉劝他们先保障后储蓄。经过这样的开导，客户一般很容易接受你的建议。

（6）先大人后小孩原则。这是一个非常重要的原则，很多保险销售人员和家长对此还没有足够的重视。很多家长倾向先给小孩购买保险，可是，他们不知这样做并没有实质性的好处。因为，小孩没有经济能力，而其父母一旦发生任何意外，就损失惨重——父母没投保，得不到应有的赔付，而小孩的保费也还没有缴完，以后谁替他缴保费？所以一定要坚持这个原则。

（7）夫妻互保原则。由于我们国民的保险意识还没有达到一定层面，需要业务员在平日的工作中，利用专业知识，尽量推动夫妻互保这一原则。我们通常总是先认识某对夫妻的一方，会让单方先投保，其实这样做是非常错误的。我们应该在与对方进一步接触后要求认识其家人，以家庭为单位进行展业工作，让夫妻双方互相投保，互为受益人，这才是真正完整的家庭保障计划。

2. 个人及家庭人身保险建议书的风格类型

按保险功能特性，可把个人及家庭人身保险产品组合划分为几种类型：保障型——注重风险转移；储蓄返还型——注重保费的保本增值，定期返还，可以看成一种“强制储蓄”；投资型——注重保费的投资收益，投资风险往往由客户方面承担；综合型——注重不同保险功能之间的合理搭配，满足客户多元化需求。根据人们所处的生命周期阶段的不同，建议不同特色的商品组合，针对创业期的客户群建议保障型险种组合，针对升业期的客户群建议综合型险种组合，针对守业期的客户群建议保障理财型险种组合，针对养老期的客户群建议保障型医疗健康险种组合，如表6-7所示。

表6-7 生命周期与保险建议

生命周期	年龄	收入	开 支	保险需求点	保险建议		
					特 色	险种组合	卖点分析
成长期	0～23岁	无		医疗费用 教育年金	保障储蓄型	教育年金+医疗健康	保证小孩教育；万一出险，医疗保障；父母爱的承诺
创业期	23～30岁	一般	增大（恋爱、结婚）	医疗费用 遗属生活费	保障型	定寿/终寿+医疗健康	低保费，高保障；体现经济支柱对家庭的责任感
升业期	30～45岁	上升/高	大（培养孩子）	医疗费用、遗属生活费、养老金、投资理财	综合型	定寿/终寿+医疗健康+养老年进金+投资分红	保障全面，提高生活品质；获利高而可靠；合理避税

续表

生命周期	年龄	收入	开　支	保险需求点	保险建议		
					特　色	险种组合	卖点分析
守业期	45～60岁	高	大（高档消费）	医疗费用、遗属生活费、投资理财	保障理财型	定寿/终寿+医疗健康+投资分红	合理避税；经济保障；获利高而可靠
养老期	60岁以上	低	大（疾病、伤残）	医疗费用	保障型	医疗+健康	低保费，高保障；经济保障

6.3.2 团体人身保险建议书的设计与制作

1．团体人身保险业务的特点

团体人身保险是指投保人为其特定团体成员投保，由保险人用一份保险合同提供保险保障的一种人身保险。相对于个人及家庭人身保险业务而言，团体人身保险业务具有以下特点：

（1）投保人为特定团体，多为法人。

（2）投保人讨价还价和风险自负能力明显高于个人投保人。

（3）团体投保人往往看重专业的售后服务。

（4）团体投保人投保决策过程相对来说较为理性，如法人投保人往往经高级管理层集体合议或公开招标来决定选择向其提供保险服务的保险人。

（5）团体人身保险的附加条款通常由保险公司与准保户磋商决定，不像个人保险具有标准形式。

（6）团体投保往往需符合一定条件，参保条件由保险公司与投保人在保险合同中约定。如我国保险监管条例规定，特定团体的参保成员应占团体中符合参保条件成员总数的75%以上（含75%）。

基于以上特点，团体人身保险必须针对准保户的个性需求来量身定制。

2．团体人身保险建议书的制作要点

“员工保险福利计划”是团体人身保险建议书最常见的形式，即团体单位为员工提供的非工资收入的一揽子保险福利计划，包括补充养老保险（企业年金）、意外险和医疗险等。“员工保险福利计划”成为团体单位重要的吸引员工、凝聚员工、激励员工的重要手段。员工保险福利计划的制作要点。

（1）结构。可分为核心保险福利计划和员工自选保险福利计划两大部分。核心计划一般提供基本保险福利，往往由单位缴费。员工自选计划灵活性相对较强，可由员工与单位分担缴费或单独由员工缴费。例如，为某单位设计的核心保险福利计划是企业付费的意外险计划，保险责任主要包括意外身故保障和意外医疗保障；员工自选保险福利计划是员工与企业分担付费义务的医疗险计划或者员工单独缴费的其他保险产品。

（2）资费方式。可分为单方缴费方式或双方缴费方式。单方缴费可由单位或员工单方

承担保费缴纳义务；双方缴费可由单位和员工分担付费义务。

（3）筹资方式。关于筹资形式可分为单位财务代扣缴、单位财务代收缴、员工自缴。关于筹资周期可分为月缴、季缴、年缴或不定期缴。关于账户形式可分为公共账户和个人账户，公共账户由单位付费，个人账户包含单位付费部分和个人付费部分。

（4）模板。一般包括客户保障现状和需求分析、方案推荐、经典案例、手续和服务措施、政策支持、保险商业绩报告、保险顾问资料等。

（5）注意点。一是要善于包装，如注重方案命名，突出保障，善用案例等；二是要提供多款计划供客户选择，如2～3种；三是着重挖掘产品的内在功能，使相关功能与客户的个性需求进行有效对接。例如，为注重员工队伍稳定的企业提供的养老保险计划要重点诉求该计划的公共账户对关键员工的“金手铐”作用，从而发挥了该计划的人力资源管理功能等。

延伸阅读6-5　财产保险建议书——某体育中心建筑工程保险建议书

目录

第一部分　序言
第二部分　××公司服务内容
第三部分　项目概况
一、工程建设背景
二、工程状况介绍
三、项目建设总体进度安排
第四部分　风险识别
一、决策风险
二、设计风险
三、建设和设备风险
四、信用风险
五、完工风险
六、经营风险
七、不可抗力风险
第五部分　风险防范
一、决策风险的防范
二、设计、建设和设备风险的防范
三、信用风险的防范
四、完工风险的防范
五、经营风险的防范
六、不可抗力风险的防范
第六部分　总体评价及风险转移建议

第七部分　总体保险方案

结束语

第一至第三部分

（略）

第四部分　风险识别

按照建设项目风险在各个阶段的表现形式，可以将风险划分为七种类型：决策风险；设计风险；建设和设备风险；信用风险；完工风险；经营风险（包括技术风险、资源风险、能源与原材料供应风险和经营管理风险）；不可抗力风险。

一、决策风险

投融资主体在决策是否参与某项目建设时，首先，要对项目建设必要性进行广泛的社会市场调查和决策。其次，要根据项目可行性研究报告对项目有关费用取值及回报率进行独立、认真的经济评审。社会市场调查是否全面、决策方法是否科学、评审方法是否得当、各种指标取值是否科学、经营预测是否正确等，直接影响着投融资主体的决策结果。体育中心在城市建设中居于重要的作用，它建设的成败关系到一个城市整体规划的布局。因此，我们将因决策失误而带来的损失的可能性称为决策风险。

二、设计风险

有些项目建设受地质条件、水文、气象、地形等客观条件的直接影响，在项目可行性研究和设计阶段，需对项目建设条件进行深入细致、长期的调查、勘测、分析和方案比较。所有建筑项目都应在建设前对项目兴建的必要性、技术可行性进行充分论证。为此，应通过招投标选择资质优秀的设计部门和勘探部门来完成。由于设计、勘探、论证等失误造成与实际情况偏差、设计变更和漏项等原因产生损失的可能性我们称为设计风险。例如，黄河小浪底水利枢纽工程从开工到1996年年底，更改设计近百项，造成工程延期和工程量的变化，引起承包商对工期和费用的索赔要求。

三、建设和设备风险

设备机组的质量好坏也直接影响着项目经济强度的稳定与否。因此，在项目建设和设备原材料采购方面，一定要坚持招投标原则，选择资质优秀、技术装备优良、信誉好的施工队伍进行施工，选择质量可靠的原材料和技术先进的主机设备。因施工队伍技术能力、原材料质量及设备选择不当造成损失的可能性称为建设与设备风险。

其中，施工风险是整个项目工程建设过程中的核心风险。它除了要选择好的施工队伍，还必须了解项目建设过程中的具体风险。因为在工程建设的不同阶段其有不同的施工风险。因而通过对施工风险的分析和管理将有利于整个工程能够顺利、高效地完成。根据我们的经验并结合建筑工程的特点对施工风险的识别做以下叙述。

建筑工程具有生产的流动性、生产的单件性、生产的周期性、露天和高空作业多、建筑物与地质环境关系密切、施工工艺复杂六个特点，而且由于建筑工程结构在整个施工过程中处于最软弱的状态，荷载承受能力最低，所以建筑工程的施工过程也是一个高风险的过程。引起或产生风险的原因称为风险源，建筑工程施工的风险源大致可以分为两大类：自然的原因和人为的原因。自然的原因有地震及地震引起的海啸、洪水、台风、龙卷风、暴风雪、严寒、酷热等水文地质、气象灾害；人为的原因有设计的错误、施工管理上的问题和错误、施工操作的错误等。

在整个建设过程中，任何风险源都会给建筑施工过程造成各种各样的风险和事故，造成财产损失和人员伤亡。整个建筑工程可以分为不同的建筑工程项目和施工阶段，不同的建筑工程项目和施工阶段会遇到不同的风险。

1. 土方工程

土方工程是指土的开挖和填实，以及与其相关的挡土、围护、降水、碾压、夯实等整个施工过程。土方工程中的主要风险事故有挖方边坡塌方、滑坡、基底扰动、基坑（槽）浸水、流沙、回填土沉陷、填方出现橡皮土、填方边坡塌方。

2. 基础工程

基础工程包括地基和基础，地基和基础是建筑物的根本，属于地下隐蔽工程。基础工程的风险源有地基勘察问题、设计方案及计算问题、施工问题、环境及使用问题。基础工程的主要风险事故有建筑物发生整体倾斜、局部倾斜、严重沉降、沉降差、地基强度破坏、低级溶蚀与渗透破坏，地震引起的地基液化、地基震陷、地基滑动、地基冻胀，人工地基事故如石垫层质量事故、桩基质量事故、设备基础质量事故。

3. 钢筋混凝土结构工程

钢筋混凝土结构工程包括钢筋工程、模板工程、混凝土工程、构件安装工程、预应力混凝土工程等。钢筋混凝土结构工程的主要风险事故有：有各种原因造成的混凝土裂缝、结构错位变形；钢筋材质不符标准；混凝土工程事故，如原材料质量不良、混凝土施工工艺存在问题；预应力混凝土工程事故，如锚具质量问题或破坏、预应力钢筋质量问题、预留孔洞问题、预应力失控、构件翘曲等；倒塌事故，如梁板倒塌、悬挑结构倒塌、框架结构倒塌等。

4. 砌体工程

砌体工程是指墙体和基础以及一切砌体的砌筑施工。砌体工程的主要风险事故有裂缝、倾斜、倒塌等。

5. 钢结构工程

钢结构工程具有强度高、重量轻、容易锈蚀、价钱贵等特点。钢结构工程的主要风险事故有焊接质量问题，如咬边、假焊、尺寸不符、未焊接、气孔、裂纹、夹渣；铆钉和了、螺栓连接的质量问题，如松动、断头、切断、高强螺栓滑移；结构变形，包括局部变形和总体变形、倒塌等。

6. 建筑安装工程

建筑安装工程包括建筑采暖卫生与煤气工程建筑、电气安装工程、通风与空调工程、电梯安装工程、通用机械设备安装工程等。建筑安装工程的主要风险事故有材料和设备方面的原因引起的风险，有支架、托架、部件加工制作方面原因引起的风险，有线路、管线、设备安装方面的原因引起的风险，还有设备调试、试运转时的原因引起的风险。

7. 建筑幕墙

建筑幕墙是由饰面材料、胶结材料、封缝材料和支撑骨架等组成的围护结构。幕墙工程的主要风险事故有幕墙变形、渗漏水、变色、坠落和倒塌等。

8. 脚手架

脚手架是建筑工程进行施工必不可少的临时设施，由于脚手架的原因直接或间接引起的建筑安全事故（风险）约占全部施工事故的 40%～50%。脚手架的主要风险事故有脚手架整体塌落、脚手架上物体坠落等。

9. 高处作业

高处作业是指人在一定高空进行的作业，具有操作点高、四面临空、活动面积小、垂直交叉作业繁多的特点，是十分危险的作业。高空作业的主要风险事故有各种坠落事故，如临边作业坠落、洞口作业坠落、悬空作业坠落、操作平台坠落、交叉作业坠落及脚手架作业坠落。

10. 施工现场的火灾和安全用电

施工现场的火灾和安全用电事故是建筑工程施工风险中不可忽视、相当重要的一个部分。这方面的只要风险事故有施工现场仓库着火、施工现场起火、电气设备的超负荷运行、用电不当引起的火灾和爆炸等。

11. 建筑机具和器械及建筑施工用的机具和器械

建筑机具和器械及建筑施工用的机具和器械是指主要用于建设工程施工的机械设备。建筑机械的主要风险事故有：机械设备损坏，如设备倒塌、部件损坏；人身安全伤亡事故，如碰撞、夹人、卷入、触电等。

12. 其他特殊结构

四、信用风险

有限追索的项目融资是依靠有效的信用保证结构支撑起来的。组成信用保证结构的各个项目参与者是否有能力承担其职责，是否愿意并且能够按照法律文件的规定在需要时履行其所承担的对项目融资的信用保证责任，就构成项目融资所面临的信用风险。

信用风险贯穿于项目各个阶段。提供项目信用保证的项目参与者（包括项目投资者、工程公司、产品购买者、原材料的供应者等）的资信状况、技术和资金能力、以往的表现和管理水平等都是评价项目信用风险程度的重要指标。

五、完工风险

项目的完工风险存在于项目建设阶段和试车阶段。其主要表现形式为：项目建设延期；项目建设成本超支；由于种种原因，项目迟迟达不到“设计”规定的技术经济指标；在极端情况下，由于技术和其他方面的问题，项目完全停工放弃。

完工风险是项目融资的主要核心风险之一，因为如果项目不能按照预定计划建设完工，项目融资所赖以依存的基础就受到了根本的破坏。完工风险对项目造成综合性的负面影响使项目建设成本增加，项目贷款利息负担增加，项目现金流量不能按计划获得。

项目建设期出现完工风险的概率是比较高的。根据已有统计资料，无论是在发展中国家还是在发达国家，均有大量的项目不能按规定时间或者预算建成投产，导致项目融资成本幅度上升乃至失败。在一些发展中国家，当地工业技术水平、管理水平相对落后是造成项目完工风险的一个重要因素；但是这并不等于说在发达国家投资就不需要考虑这个问题了。根据我们的经验，在美国、加拿大和澳大利亚这样的发达国家从事项目投资和安排项目融资，同样应该把项目的完工风险作为一个重要因素加以考虑，而在这些国家造成完工风险的一个重要原因是企业关系和劳资纠纷问题。

项目的“商业完工”标准是贷款银行检验项目是否达到完工条件的方法。商业完工标准包含一系列经专家确定的技术经济指标。根据贷款银行对具体项目的完工风险的看法，总的原则是，对于完工风险越大的项目，贷款银行会要求项目投资者承担更大的“商业完工”责任。

六、经营风险

项目的经营风险是在项目试运营阶段和正式运行阶段存在的技术、资源储量、运营管理、劳动力状况等风险因素的总称，是项目的另一个主要的核心风险。项目的运营风险直接关系到项目是否能够按照预订的计划正常进行运转，是否具有足够的现金流量支付运营费用和偿还债务。

七、不可抗力风险

由于地震、台风、洪水、火灾等自然灾害的发生给项目建设和运行造成的影响称为不可抗力风险。

××省处于长江下游亚热带季风性湿润气候，四季分明，雨量充沛。年平均降水量870～1 100毫米。由于季风进退的迟早和强度变化不一，加之地处长江下游，年际间降水量差异较大。全市灾害比较频繁，主要有洪水、(雷)暴雨、冰雹、热带风暴(台风)等。

同时我国又处在环太平洋—喜马拉雅地震带上，不仅是一个多地震的国家，而且是世界上地震灾害最严重的国家之一。本地区处于华南少震区向华北多震区过渡的地段，20世纪以来共发生≥4.75级地震26次。自1 500年以来共发生6级以上地震15次，有13次在近海海域，2次在陆上。国家确定了我国地震重点监视防御区21个，××省被列在其中，因此如何转嫁这种巨灾风险关系到整个工程建设是否能够顺利进行。

第五部分　风险防范

(略)

第六部分　总体评价及风险转移建议

(略)

第七部分　总体保险方案

通过上述分析，建筑工程在建设期间风险防范的最主要措施之一就是通过向保险公司投保进行转嫁，主要险种有建筑／安装工程一切险、建筑设计责任保险、工程勘察及监理责任保险、第三者责任险、建筑职工意外伤害保险、货物陆运／海运／空运保险、保修保险。其中，最为重要的是工程施工过程中由于施工人员失误和不可抗力的风险，费率要根据地质勘察报告、工程图纸、施工条件、承包商资质及管理水平、当地水文资料、保险公司承保能力等一系列情况决定。

保险明细表（略）

资料来源：节选自百度文库于 2013 年 4 月 13 日上传的文档“工程保险建议书”，http://wenku.baidu.com/link?url=LNQ-LNKcRvfwAqVYwv_n8YhIlINGmae0ipW5X_AdC7dkY0HkWice1ThZHpQQiP4_JevnjI6yCjQ2DRfZI_nydTK539MCPvDwsN4t-gnaft_，节选时有删改。

同步练习

1. 保险建议书的设计一般包括哪几个步骤？
2. 保险建议书主要包括哪些文本内容？
3. 风险管理建议书一般包含几部分内容并进行简要说明。
4. 设计个人及家庭人身保险建议书应遵循什么原则？

典型案例分析

1. 家庭组合人身保险建议书

李先生，现年 30 岁，现在一家公司打工，年收入约 5 万元，全家都没有买保险。李先生的女儿还不到一岁，计划买保险。李先生对买保险有些犹豫，想给自己买，又想给小孩买，希望能够给小孩存一笔钱，将来能够作为高中、大学教育金，又希望能够给小孩一份终生的礼物。李先生再三强调保费不得超过 5 000 元。请问，该如何对李先生做计划？

业务员甲为李先生做了一份计划：平安鑫利两全保险金额为 4 万元，年缴保费 4 540 元，缴 20 年。每两年年返还 2 800 元。

业务员乙为李先生做了一份计划（见表 6-8）。

表 6-8 计划二

单位：元

	险　　种	缴费年期	保　　额	金　　额
1	鑫利两全	20 年	2 万	1 818
2	附加高中	15 年	2 万	846
3	附加大学教育金	15 年	3 万	2 202
总计				4 866

业务员丙为李先生做了一份计划（见表 6-9）。

表 6-9 计划三

单位：元

	险　种	缴费年期	保　额	金　额
1	鸿详两全	15 年	2 万	1 396
2	鸿详两全	20 年	5 万	2 510
小孩	鸿盛终身	终身缴费（抵交保险）	10 万	940
总计				4 846

以上三份计划设计都没有超出李先生的承受能力，以李先生的经济能力，设计保险以年收入的 10%～15%比较适宜，因此，缴费 5 000 元以下比较合适。计划一是初入保险公司的新员工的设计；计划二是目前最普遍的计划，保障了客户将来有一笔钱供养小孩上学；计划三则满足了李先生的需求。

从表面来看，这三份计划没有什么太大的差异，但是深究起来，其实大有差异。重要的是，买了保险，有没有买保障。

（1）计划一中的平安鑫利是一份非常好的保险，每两年一返还，小孩终身受益，但是这份计划并不能保障小孩将来有足够的钱来交高中、大学教育金。

（2）计划三为李先生设计了两份不同年期的鸿祥两全分红保险。在日常展业中，平安鸿详常常和年金转换条款组合，作为一个养老险种推给客户，其实平安鸿详也可以作为一个少儿险种，通过不同年期的组合，也可以达到高中、大学教育金的效果，而且平安鸿详一次性拿钱，可以用作出国留学金，这是高中、大学教育金保险所不能够的。

（3）考虑到李先生自己没有买保险，理财顾问给他设计了两份不同年期的组合计划，总体设计的保障要远远高于计划二（见表 6-10），而且大人、小孩都有保险。高中、大学教育金保险主要是储蓄性保险，保障较低。考虑到李先生的家庭情况，计划一和计划二都没有考虑李先生出现意外的家庭保障。

表 6-10 计划二与计划三的比较

单位：元

保障责任	计 划 二	计 划 三
意外身故	2 万+教育金保证现金价值	10 万+7 万
高中教育	2 万	2 万
大学教育	3 万	5 万
佣金	低	高

（4）对于业务员来说，计划三的佣金也要高于计划二，打折比例低，利人利己，两全其美。

（5）计划三考虑到李先生要给孩子一个终生交费的平安鸿盛，也可以选择平安鸿鑫，这样，小孩就拥有一份终身的保障，终身交费的费用非常低，10 万元只要 940 元。终身缴费对于客户是个比较难的选择，但是实际上，考虑到平安的分红产品有四种缴费方式，一般业务员没有去深思四种方式的差别。业务员乙为他设计选择“抵缴保费”的方式，这种方式随着时间的推移，交费越来越少，一定时候，足可抵缴当年所缴保费。

（6）在具体的业务当中，还可以为小孩选择“平安开心果”等附加险。

仔细阅读上述案例并组织学生分组讨论下列问题。讨论完毕后要求每组派出一名代表对本组讨论结果进行评述，时间不超过5分钟。各组评述后由教师进行总结点评。

1. 请分析平安鑫利两全保险、附加高中教育和附件大学教育金的保险利益。

2. 请分析鸿详两全和鸿盛终身保险的保险利益。

3. 根据材料中的分析提示，你认为要从哪几个方面考虑才能为客户提供科学的保险计划？

2. 团体保险建议书（节选）

第三部分：补充养老保险简介

1. 产品特点

您所选择的×××团体年金保险（补充养老保险型），是机关、团体或企事业单位，作为投保人为其在职人员向×××保险公司投保的一种账户式管理，兼具投资分红的团体养老类险种，具有如下特点。

（1）兼具分红的养老保险。无论保险资金账户资金运用情况如何，个人账户均有投资保证收益。如投资收益扣除投资保证收益后仍有盈余，不低于70%的盈余将进行分配，记入个人账户。这样，投保单位的员工在获得了稳定的养老收益后，还可享受其保险个人账户的投资分红，实现具有保障的利益联动。

（2）具有竞争力的低管理费。本公司于每个会计年度末，仅提取不超过该会计年度个人账户“平均资金余额”的1%的管理费。

（3）应付自如的灵活缴费。在被保险人开始领取年金前，根据投保单位自身财务状况，投保单位可以定期或不定期向我公司缴费，有钱时可多缴，没钱时可少缴或不缴。投保单位可以自主选择单位与职工个人缴费比例。

（4）形式多样的年金领取。在被保险人达到其法定退休日或特殊原因提前退休的第一个生日时，可选择多种年金领取方式，包括一次性领取、平次年领或月领、增额年领或月领、固定年期的年领或月领等。

（5）科学的个人账户管理。我公司为每一被保险人提供全面的电子化账户管理，提供账户记录、账户变更、账户查询、对账服务以及缴费、领取、核算等功能，为投保单位的人力资源管理提供强大的服务支持。根据投保单位人员流动的特点，投保单位可随时增加或减少被保险人，改变个人账户缴费金额。

2. 保险责任

身故给付：被保险人退休前身故的，本公司向身故保险金受益人结清个人账户下的资金余额，个人账户注销。

退休给付：被保险人到达法定退休年龄的，本公司向被保险人结清个人账户下的资金余额，具人账户注销。被保险可以选择下述一种方式领取养老金：

（1）一次性领取个人账户资金余额。

（2）将个人账户资金余额，按被保险人退休当时本公司规定的养老金转换标准，转换为按年或按月领取的养老金，本公司签发养老金领取凭证并根据被保险人选择的养老金类型负相应的保险责任。

① 选择平准养老金的。保证给付十年，如果被保险人未领满十年身故，由其受益人继续领取未满十年部分的养老金，本合同对该被保险人终止；如果被保险人十年后仍生存，本公司继续给付养老金，直至其身故。

② 选择增额养老金的。保证给付十年，如果被保险人未领满十年身故，由其受益人继续领取未满十年部分的养老金；如果被保险人十年后仍生存，本公司继续给付养老金，直至其身故。首年养老金给付标准为养老金领取凭证上载明的养老金领取金额，以后每年在上一年给付标准的基础上，按首年给付标准的5%增加。

（3）将个人账户资金余额部分转换为养老金，个人账户资金余额剩余部分在被保险人领取第一笔养老金时一并给付。

养老领取方式一经确定不得变更。

离职给付：被保险人退休前离职的，本公司向被保险人给付个人账户下个人供款部分的资金余额，企业供款部分的资金余额由投保人决定其资金余额的分配，个人账户注销。

3. 有关投资

（1）投资渠道。我公司严格按国务院和保监会规定和允许的渠道进行，主要的投资渠道包括：购买上市证券投资基金间接投资于股票市场；国务院规定的中央企业债券、金融债券；同业拆借、国债；协议存款、银行存款；一定比例内直接投资股票市场等。

（2）投资模式。

① 集中管理——各省市分公司收取的保费依照×××的财务管理规定，需及时上划，集中管理，由×××总部统一运作。

② 独立运作——×××保险公司总部设立团体年金保险（补充养老保险型）独立的保险资金账户，总部的资金运用部下设独立账户处，遵循保险资金运作的安全性、收益性和流动性的原则，专门从事分红类产品的独立运作，同传统保险资金分设账户、独立核算。

（3）投资优势。

① 国债——我公司以雄厚的资金实力在国债投资上同其他投资者相比有着较大的优势，加之多年的丰富投资经验，我公司在国内众多的机构投资者中成为国债投资的佼佼者。

② 证券投资基金——×××已成为中国新基金之王，拥有基金的最高持有比例。作为新基金市场最大的机构投资者，×××成为众多券商和基金管理公司争相服务的对象，在资讯和交易系统上较普通的机构投资者拥有较大的优势。

③ 协议存款——雄厚的资金实力同样惠及我公司的协议存款业务，使我公司在同商业银行的谈判中处于有利地位，往往能达成我们满意的存款利率，为我公司及我公司的客户带来较高的存款利息收入。

……

（4）投资收益。据×××团体年金保险（补充养老保险型）条款："无论保险资金账户资金运用状况如何，本公司均应在会计年度末将本会计年度的投资保证收益足额记入个人账户。"

投资保证收益率：2.5%。

"如果在会计年度末保险资金账户的投资收益在扣除投资保证收益后仍有盈余，本公司将如下规定分配盈余：

在会计年度末记入个人账户：个人账户平均资金运用率×盈余分配比例；本公司保证盈余分配比例不低于70%。"

重要声明：据保险监督委员会规定，以上有关投资收益率只是假设的，既非用以往业绩为基础，也非对未来收益的预测。

4. 专业服务——提供年度报告

每个会计年度结整后的120日内向投保人提供保险资金账户年度财务报告及个人账户年度清单。该财务报告需经合法的会计机构审计确认。

×××团体年金保险《补充养老保险型企业专户财务报告》主要内容包括：

（1）积累状态：上年结转/本年交费。

（2）资金回报：平均资金运用余额/投资收益率/投资保证收益率/分配盈余收益。

（3）资金运用费用：平均资金余额/提取管理费用。

（4）账户状态：个人账户总数/有效个人账户总数。

（5）资金余额：个人供款资金余额/单位供款资金余额/个人账户资金余额合计。

（6）给付金额：分类给付本金/给付利息（退保、死亡、退休）。

"个人账户年度清单"主要内容包括：

（1）被保险人姓名/个人保险号/员工工号；

（2）上年资金余额/本年交费/资金余额转入金额/给付金额/合同终止费用；

（3）本年投资保证收益/本年分配盈余收益/本年管理费/本年资金余额（单位供款/个人供款）/个人账户状态。

第四部分：保险组合方案

1. 组合方案一（见表6-11）

表6-11　×××团体年金保险（补充养老保险型）

可组合险种名称	福利保障
团体人身保险	伤亡保险金额50 000元（三类职业）
附加意外伤害医疗费用保险	医疗费用保险金额10 000元（三类职业）

注：缴费标准（元/人）=250+50=350（元）。

2. 组合方案二（见表 6-12）

表 6-12 ×××团体年金保险（补充养老保险型）

可组合险种名称	福利保障	缴费标准（元/人）
团体人身保险	伤亡保险金额 20 000 元（三类职业）	100
附加意外伤害医疗费用保险	伤亡保险金额：20 000 元（三类职业）	100
附加疾病住院医疗保险	疾病住院医院保险金额 5 000 元（按平均 40 岁计算）	130

注：缴费标准（总计）：280 元。

3. 险种简介

×××团体人身保险：

（1）保险责任范围。因疾病身故或意外伤害事故致使身体伤残、身故均属保险范围。

（2）特点。保险面广、保障高、保险低、一年期不退费，交费固定。

（3）保险费缴付。每人每千元伍元，最低每人保险金额壹万元。

附加意外伤害医疗费用保险：

（1）保险责任范围。因意外伤害事故致使身体受伤而支付的医疗费用。

（2）特点。保障高保险费率低、一年期不退费业务，交费固定。

（3）保险费缴付。每人每千元伍元，最高每人保险金额壹万元。

附加疾病住院医疗保险：

（1）保险责任范围。因疾病住院均属保险范围。

（2）特点。保险面广、保险费率低、一年期不退费业务，交费固定，首年有 90 天的免责期。

（3）保险费缴付。按年龄档次计算，一般（平均 40 岁）交费 130 元，保险金额为 5 000 元。

第五部分：解释说明

（1）有关管理费。据×××企业补充养老保险条款，本公司于每个会计年度末从个人账户提取管理费用，管理费用提取标准在投保时确定，但不超过该会计年度个人账户“平均资金余额”的 1%。

（2）每会计年度末管理费提取比例：1%。

（3）有关工资增长率。每个被保险人录入信息中的工资增长率均为假设信息。

（4）重要声明。本保险计划书资料仅供客户参考，各项保险利益以条款内容为准。

我们真诚希望与贵单位成为长期的合作伙伴，我们将以优质的服务、良好的信誉及各项优惠的条件来赢得你们的信任。

诚祝合作愉快！

××保险公司××分公司

××××年××月××日

仔细阅读上述案例并组织学生分组讨论下列问题。讨论完毕后要求每组派出一名代表对本组讨论结果进行评述，时间不超过5分钟。各组评述后由教师进行总结点评。

1. 请分析两种组合方案的不同之处。

2. 哪种方案更加科学合理？

销售工具

1. 某寿险公司为保险销售人员提供的制式客户资料调查问卷

业务员姓名：________________所属营业单位：__________

访问地点：__________________访问时间：______________

尊敬的客户：

感谢您能抽出十五分钟时间来填写这份问卷。这份问卷可以帮助您全面了解和分析您个人／家庭生活保障程度和财务规划情况。您的真实情况与真实想法才会使我们的分析更加准确，也是对我们工作的最大支持。

此问卷结果属于个人信息，本公司将严格为您保密。

<table>
<tr><td colspan="3">被访人信息</td></tr>
<tr><td>① 姓名：</td><td>② 性别：男……A　女……B</td><td>③ 年龄：</td></tr>
<tr><td>④ 家庭住址：</td><td colspan="2">⑤ 工作单位名称及地址：</td></tr>
<tr><td colspan="3">⑥ 联系方式：
手机：　　家庭电话：
单位电话：　　E-mail：</td></tr>
<tr><td>⑦ 在下面几种对意外的看法中，您最赞成哪一个说法？
A. 意外太偶然，轮不到我
B. 意外人人都有可能发生，但人算不如天算，索性听天由命
C. 虽然意外不可预料，但事先做打算总要好些</td><td colspan="2">⑧ 请问您对保险的看法？（多选）
A. 保险的优点是靠集体的力量分担个人的风险
B. 无论好坏，保险是一种趋势
C. 保险体现的是一种保障
D. 保险也可以是一种投资
E. 对保险不了解，还需要进一步解释
F. 以上都不同意（请说明看法）</td></tr>
<tr><td colspan="3">⑨ 请问您的婚姻及家庭状况：
A. 单身　A→进入问卷A（注：问卷A是专门针对单身人士的调查问卷）
B. 已婚无子女　B→进入问卷B（注：问卷B是专门针对家庭的调查问卷）
C. 有未成年子女　C→进入问卷B
D. 有成年子女，未退休　D→进入问卷B
E. 已退休　E→进入问卷B</td></tr>
</table>

2．××人寿保险公司生活保障及财务规划需求分析问卷内容

问题编号	内　容	目　的
1	个人或家庭潜在的意外风险程度	为设计意外险做准备
2	个人近期的结婚计划	了解个人近期重大财务开支，为设计理财类险种做准备
3	个人和家庭的健康状态	为提供健康保险做准备
4	对家庭和终身保险的态度	为客户设计定期或终身保险做准备（如康宁险）
5	对传统分红保险的态度	为是否设计分红类保险做准备
6	对纯保障型保险或返还型保险的态度	为设计纯保障类保险或返还性保险做准备（如祥和定期和千禧理财）
7	对生存保险和身故保险的态度	为设计生存即可收益的保险或死亡保险做准备（如意外综合和祥和定期）
8	对投资期限长短的态度	为设计长期或短期的投资型保险做准备（如鸿寿年金和鸿瑞两全）
9	对养老金积累方式的态度	为设计具有不同养老功能的保险产品做准备（如鸿寿年金和千禧理财）
10	对养育子女方式的态度	为是否设计子女保险（如对父母的保障是对子女最好的保障，或专门为子女投保保险）
11	对养育子女时间阶段的态度	为设计定期或终身型的子女保险做准备（如鸿运少儿或千禧理财）
12	对为父母投保的态度	为是否为父母投保保险做准备
13	对自身财务稳定的信心	为设计合适的保费、保额及缴费期做准备
14	子女年龄/教育情况及子女教育程度的预期	可以了解子女教育规划的需求，以便为少儿险设计做准备
15	个人或家人的教育程度	客户类型划分的关键问题
16	个人或家庭的收入情况	客户类型划分的关键问题，并确定客户可能的保费支出
17	个人或家庭的收入分配情况	便于与客户沟通并确定客户的可能保费支出
18	个人与家庭社保程度	了解社保情况，为客户选择需要的产品提供依据
19	对不同保险功能的优先需求	了解客户对各类保险的自述优先需求，以作为为客户选择恰当的保险产品的参考
20	对不同保障类保险的优先需求	
21	对养老保险的需求	
22	对不同健康类保险的优先需求	
23	对不同子女教育类保险的优先需求	
24	调查客户已购买的寿险产品	了解客户已购买的商业保险情况，为客户做产品设计和保险补充做准备

3．××人寿保险公司各类客户的优先保险需求表

生命周期 收入/教育	单身	两人世界	三口之家	成熟家庭	退休生活
高收入 高教育程度	• 意外 • 健康 — 重大疾病 • 父母医疗保险 • 养老	• 健康 — 重大疾病 • 意外 • 投资/储蓄 • 父母养老	• 自身保障 • 子女 — 健康意外 — 教育资金 • 投资/储蓄 • 养老	• 健康 — 一般疾病 — 重大疾病 — 住院医疗费 • 养老 • 意外	• 健康 • 保本储蓄/投资 • 孙辈教育 • 意外
高收入 普通教育程度	• 意外 • 投资/储蓄 • 健康 — 重大疾病	• 投资/储蓄 • 健康 — 重大疾病 • 意外	• 子女 — 教育资金 — 健康意外 • 投资/储蓄 • 自身保障 • 养老	• 稳健型投资 • 健康 — 一般疾病 — 重大疾病 — 住院医疗费 • 意外	• 保本储蓄/投资 • 健康 • 孙辈教育
平均收入水平 高教育程度	• 意外 • 健康 — 重大疾病 • 父母医疗保险	• 健康 — 重大疾病 • 意外 • 储蓄	• 自身保障 • 子女 — 健康意外 — 教育资金	• 健康 — 一般疾病 — 重大疾病 — 住院医疗费 • 储蓄 • 意外	• 保本储蓄/投资 • 孙辈教育 • 健康 • 意外
平均收入水平 普通教育程度	• 意外 • 健康 — 重大疾病	• 健康 — 重大疾病 • 意外 • 储蓄	• 子女 — 教育资金 — 健康意外 • 自身保障	• 储蓄 • 健康 — 一般疾病 — 重大疾病 — 住院医疗费	• 保本储蓄/投资

4．以需求为导向的××人寿保险公司的几种基本产品组合

客户需求	适用基本组合	可能具有的人群特征
健康和意外	重大疾病保险+定期寿险	受过良好的教育，保险意识较强的年轻人群，但同时在选择保险产品时又表现得比较理性
健康和养老	重大疾病保险+储蓄型保险	经济宽裕，处于人生负担较轻的阶段（单身或子女已独立），愿意提早为退休生活进行准备
健康和投资/理财	重大疾病保险+储蓄返还型保险	注重保障，同时对投资理财和家庭财务规划有相当的兴趣
多样化保险需求（成人健康、意外、子女教育/意外保障）	重大疾病保险+少儿保险+定期寿险	家庭经济状况较好，或受过良好教育，对家庭幸福保障有较强的意识

续表

客户需求	适用基本组合	可能具有的人群特征
健康保障	定期重大疾病保险	因为年轻及经济条件有限，侧重于单一的经济实惠的健康保险产品
健康和保本投资/储蓄	重大疾病保险+储蓄返还/分红型保险	虽然临近退休且经济条件有限，但在保守投资之外，仍愿意对健康保险进行投资
安全/灵活的储蓄/投资	储蓄返还/分红型保险	通过安全、灵活的储蓄类保险产品为老年生活进行准备

本章实训

1. 选定单一险种练习：手写计划书，清晰讲解。

2. 综合运用前面所学过的知识（需求分析，根据需要、依照原则制作计划书，并做清晰生动的说明），将下面提供的资料做险种组合练习。

李先生：32岁，私营企业老板，年收入50万元左右，有房有车，无医疗保障。

李太太：28岁，全职太太。

李乖乖：5岁，男孩。

家庭基本年支出：日常生活、教育、医疗、供楼等共需18万元；房子15年按揭，每年按揭款5.4万元，15年共81万元。

第7章 保险销售人员素质培养与自我管理

学习要点

- 知晓保险专业销售人员必须具备的素质与能力；
- 掌握保险专业销售人员上岗前的培训内容与培训要求；
- 了解并掌握个人形象管理的方法和技巧；
- 掌握销售人员活动管理的方法和技巧。

案例导读

“女汉子”的“保险经”
——记人保财险山东省诸城支公司昌城营销部经理王孝美

“龙城保险一枝花，天命之年正奋发。风风火火干事业，销售状元人人夸”，就是人保财险诸城支公司昌城营销部经理王孝美保险事业的真实写照。

2007年8月进入公司，6年多来，王孝美踏踏实实做人，兢兢业业做事，保费收入从2007年的近70万元递增到2013年的百万余元，多次被省市县公司评为“先进个人”和“展业明星”。2013年11月，王孝美被推荐为“感动中国人保财险”2013年度人物候选人。

1. 展业“三勤”的“女强人”

王孝美身高不足1.6米，短头发，高嗓门，一看就是一个说话办事爽快利索的“女强人”。从踏进人保那天起，她就立下了“干一行、爱一行，钻一行、专一行，干出名堂、争当状元”的志向。

王孝美的成功，缘于“三勤”。一是脑勤。她的脑海中时刻装着一本保险业务“明白账”，不管是党政机关，还是企业个人，她都能及时联系沟通，掌握保险信息。企业去年在哪家公司承保，今年什么时间到期。哪户该续保，哪户该公关，她都将这些信息记录在本，如数家珍。二是嘴勤。保险宣传是保险业务的先导，无论在何种场所、参加何种活动，还是亲朋聚会，她都随时随地做宣传，让更多人了解保险、参加保险。三是腿勤。王孝美家住昌城镇，离城区30多里，6年多来，她早出晚归。为节约展业时间，中午就在公司简单吃点，有时在直营店里和销售人员一起吃饭。工作中，她想客户所想，急客户所急，有时直营店下班时卖出的新车需要当天投保，无论距离多远，她都准时办好业务，按时上门服务。

说起营销体会，王孝美一言以蔽之：一举多得，受益匪浅。她认为，做保险接触了社会，开阔了视野，联络了朋友，获得了信息，锻炼了身体，拓展了业务，增加了收入，服务了社会，幸福地生活，何乐而不为呢？

回首一路的风雨与坎坷，王孝美淡然一笑，侃侃而谈，她认为，要干好营销，就要勇于吃苦，敢于拼搏。困难困难——困在家里只有难，出路出路——只要出去就有路。笨鸟先飞早进林，早飞的鸟儿有虫吃。只要有“三勤”精神，就没有克服不了的困难。

2.“霸道强势”的“女汉子”

王孝美深知：在保险主体林立、市场竞争激烈的今天，光有敢于吃苦的热情、开拓创新的精神和独当一面的业务技能是不够的，关键时刻还必须拿出自己的“撒手锏”——替客户先垫缴保费。

王孝美的“发小”是一企业老板，把企财险交由她做，而把团意险交到了寿险公司的另一个“发小”那里做。听到这一信息后，她在去年一笔保单到期前，连夜赶到老板家做工作“抢”做这笔业务，理由就是帮客户先把保费垫上了，碰上这样的热情服务的“霸道”姊妹，老板也无奈了，就同意了她的请求。

资料来源：节选自中保网 2014 年 1 月 7 日转载中国保险报冷瑜、高宏、赵礼忠的文章《“女汉子”的“保险经”——记人保财险山东省诸城支公司昌城营销部经理王孝美》，http://yx.sinoins.com/2014-01/07/content_85178.htm，节选时有删改。

辩证性思考：

1. 王孝美作为一名销售人员具有你欣赏的哪些品质？
2. 对于王孝美“垫交保费”行为，你怎么看？

7.1　保险销售人员应具备的素质与能力

素质的经典定义是指人的先天解剖与生理特点，即神经系统和脑的特性及感觉器官的特点，这是从生理及心理角度界定的。从现代人的素质构成看，素质已扩展到人的品质和人的社会品格领域。人在自然化和社会化的同时发展中，形成一系列生理的、心理的和社会的相对稳定的特性，就是素质。因此，广义的保险销售人员的素质是其先天条件和后天品格的综合反映，包括销售人员的思想、品德、气质、性格、知识和风度等；而狭义的素质是指销售人员先天具有的生理特点，如体质、心理特征等。先天素质是形成后天能力的基础。

那么，什么是能力呢？国际 21 世纪教育委员会认为：“能力是每个人特有的一种混合物，它把通过技术和职业培训获得的严格意义上的资料、社会行为、协作能力、首创能力和冒险精神结合在一起。”“交往能力、与他人共事的能力、管理和解决冲突的能力越来越重要。”

作为一个成功的保险专业销售人员，每天都得和形形色色的人物交往，因此一方面要求其有健康的体魄、积极的心态、不畏艰险的性格和良好的职业道德风范等素质，另一方面又要求其有良好的形象、精到的保险见解和驾驭全局的能力。

7.1.1 保险销售人员的职业道德要求

所谓职业道德，就是同人们的职业活动紧密联系的、符合职业特点所要求的道德准则、道德情操与道德品质的总和。每个从业人员，不论从事哪种职业，在职业活动中都要遵守道德，如教师要遵守教书育人、为人师表的职业道德，医生要遵守救死扶伤的职业道德等。

保险行业也一样，保险销售员要想成功，就必须具备良好的保险职业道德，这是维系客户、发展事业的最基本要求。我国《保险代理从业人员职业道德指引》中明确要求："保险代理从业人员在执业活动中应当做到：守法遵规、诚实信用、专业胜任、客户至上、勤勉尽责、公平竞争、保守秘密。"这是对保险销售员的基本职业道德要求。

1．必须有热忱的态度和兢兢业业的敬业精神

一个成功的保险销售员，必须热情洋溢，对本公司的产品充满信心，对保险销售事业充满希望。因此迈入这个行业，首先必须在心目中树立这样一个崇高的职业心态："我们销售的保险产品是一份爱心产品，所做的是为人类谱写爱的篇章，推动的是人类关爱的事业。这种发自内心的热忱的精神，能够使你感到充满力量，让你成为一个优秀的保险销售员。

决定保险成败的因素是销售员的工作态度，即抱着何种态度去运用各种销售技巧。这些态度包括：对自己的态度；对销售保险的态度；对挫折的态度；对保户的态度；对保险产品的态度。

以上五种态度，保险销售员都应当是积极进取、百折不挠，这样方能成为成功人士。

2．诚信是保险销售员的立业之本

诚信是保险销售员最基本的品格要求，是公司利益的保证，同时也是客户利益的保证。在西方国家，诚信是商场视之为生命的自我约束，谁若失去了诚信，他将失去一切。

自古以来，中华民族最重视的品德就是"诚"，"一诺千金"、"君子一言，驷马难追"，这都说明了国人对"诚信"的重视和要求，保险业由于行业与保险产品的特殊性，对诚信的要求更高。"最大诚信原则"是保险业发展过程中所形成的铁的法则，是写入任何一个国家的保险立法当中的必备条款。

保险销售员的诚信主要体现在以下的三个方面：

（1）对其所服务的保险公司要诚信。保险销售员必须努力工作，具有强烈的事业心，忠于自己的公司，不搞地下交易，不损公肥私，不破坏公司名誉，不泄露公司秘密。

（2）对其所服务的客户要诚信。保险销售员对客户要一视同仁，热情服务，不欺不诈，不诱购诱销，遵守最大诚信原则，如实向保户介绍所在保险公司的基本情况和自身的情况，如实向保户介绍公司的各个险种，帮助保户客观评估其保险需求，清楚全面地给保户讲述保单的构成、填写要求，如果保户要求，则客观的比较各个公司间相类似的险种情况，准

确收取保户的保险费等。

（3）正确对待竞争对手。保险销售员要注意遵守同业竞争中的道德准则，不要互相拆台，互相诽谤，否则会害人害己。

3．礼貌与规矩时刻牢记

一个保险销售员如果能从语言、举止、服装、风度等方面讲究礼仪，就会增加个人魅力，就会给人带来愉快与信任，并能赢得别人的尊敬。保险销售员应该记住这样一句座右铭："礼仪是我的工具、我的武器、我的品德。"只有在销售过程中遵守礼貌与规矩，才能赢得客户的尊重与信任。

4．强烈的成功欲望与百折不挠的进取精神

保险销售员在很多时候都是孤军奋战，而对每个潜在的客户，销售人员都代表着保险公司的形象，因此应慎重地对待每笔交易。在遇见各种各样的拒绝时，必须有坚韧不拔的毅力和强烈的进取精神，真正做到"胜不骄、败不馁"，只有这样，才能到达胜利的彼岸。

销售员的职业比较自由，很多时间都是由自己安排与布置的，因此自律精神非常重要。为什么有些人业绩平平，有些人成绩卓著，这就与个人的自我努力密切相关。日本著名的保险销售之神原一平，在每个月的保险活动中平均用掉 1 000 张名片，每天要固定访问 5 位准保户，任务没完成绝不休息。正是在这种百折不挠的精神鼓励下，50 年来他一共积累了 2.8 万个准保户，这就是他的成功秘诀。

7.1.2 保险销售人员的专业素质要求

作为一名优秀的保险销售人员，必须掌握应有的专业知识，才能为客户提供准确、周到、详细的理财规划与客户服务，其保险建议才能获得客户的青睐，只有从客户自身的需求出发，制定出来的保险规划建议与服务指南才能让客户感到贴心，受到客户信任。因此保险销售人员应掌握下列必备的或基础的专业知识，具备相应的保险专业素质与技能。

1．保险销售人员的保险理论知识要求

作为一名保险销售人员，他必须对保险的相关理论与知识有深刻的了解，这样才能在保险销售的过程中侃侃而谈，形色自如地回答准保户所提出的任何有关保险的问题。

保险销售人员应掌握的基本保险知识包括：风险与保险的概念；保险的基本原则（可保利益原则、最大诚信原则、近因原则、损失补偿原则）、再保险、社会保险知识、保险中介知识等。

2．保险销售人员的保险相关知识要求

（1）经济、金融和管理知识。对一个成功的保险销售员来讲，基本的经济、金融和管理知识是其必备的，因此他必须在这些方面有所涉猎与了解，以便在营销中说服客户与应对客户的相关问题，这些知识包括市场经济的基本理论、现代企业制度、财政知识、货币

金融知识、会计知识、市场营销知识等。

（2）法律知识。一个合格的保险销售人员必须严格遵守国家法律法规，在合法合理的范围内为客户提供优质的服务。作为保险业的从业人员，要深刻了解与保险相关的法律知识，要多看看下列法律条文：《中华人民共和国保险法》、《中华人民共和国公司法》、《中华人民共和国合同法》、《中华人民共和国会计法》、《中华人民共和国劳动法》、《中华人民共和国海商法》、《中华人民共和国民法通则》、《中华人民共和国刑法》、《中华人民共和国消费者权益保护法》、《中华人民共和国反不正当竞争法》、《保险公司管理规定》、《保险公估机构管理规定》、《保险代理机构管理规定》、《保险经纪公司管理规定》等

只有了解和熟悉上列法律法规的相关条款，才能真正做到合法展业，能积极主动准确地为客户服务。

（3）其他相关知识。为了更好地进行保险产品销售，保险销售人员有必要对与营销相关的知识进行涉猎，如心理学知识，能帮助销售员正确调整日常压力和生活中的心态，正确处理挫折和失败，正确处理工作和生活中所遇到的相关问题，以一种积极的心态面对生活。

3．保险销售人员的专业销售能力要求

成功并不是偶然的，而是保险销售人员与准保户能力与谋略的较量，也是销售人员坚韧不拔和辛勤付出的成果。与准保户接触，保险销售人员需要哪些基本的能力呢？

（1）智力。智力指思考问题、分析问题与解决问题的能力，通常对应的是“智商”。智力高则保险销售员的智商高，保险销售员的智力越高，保险销售工作将会做得更好。反之，则在保险销售过程中将会出现不少挫折的情况，使保险销售工作事倍功半。

（2）社交能力。社交能力是指人们为了某种目的而运用语言或者非语言的方式相互交换信息，实现人际交往的能力。

能够恰当地驾驭语言的能力，可以在公关社交中占据上风，也就可以吸引准保户。许多权威人士指出，有关测试结果表明，人的知识水平越高，掌握的词汇量越大，与他在社会上取得的成就大小有着密切的关系。毫无疑问，保险销售员必须能够清晰有效地表达自己的思想，保险销售任务越高，这一点就越重要。用语言描绘出生动的画面，明确地表达各种思想，有助于准保户购买欲望的提高。

（3）自我管理能力。销售工作对保险销售员来说意味着要面对业绩上的竞争、自我期望与人际关系等各方面的冲突，因此，保险销售员应学会管理自己。不管干哪行，要想取得成功，管理、约束自己，养成良好的习惯是关键。

① 学会自我激励。保险销售员在开展业务的过程中，沉重的生活以及工作压力，有时使保险销售员常常因为无法寻求适当的沟通方式和勇于承受失败挫折的勇气，而过度地压抑自己，使自己不知不觉地陷入情绪低潮，造成一连串的失误，引起恶性循环，于是自我激励就成了走出低潮的一种有效方式。首先是保险销售员自我的肯定，其次是精神状态调节，它能促使保险销售员快速地恢复到充满激情的销售状态。因此，学会自我激励是保险

销售员十分重要的一课和一种实用的自我疗伤方法。

② 发挥自己的潜能。爱因斯坦说过："人类因为有梦想而伟大。"保险销售在国内是一个朝阳行业，前景广阔，同时也充满了挫折与挑战。许多保险销售员满怀希望地踏入这个领域，一段时间后，有人品尝了成功的喜悦，也有人黯然离去，关键在于保险销售员如何看待失败和挫折，是否抱定必胜的信念，充分发挥自己的潜能，迈向成功。

（4）观察能力。保险销售人员的观察能力，是指通过客户的外部表现去了解客户购买心理的能力。人的任何行为表现都与其内心活动有联系，反映着内心活动的情绪变化。市场上的客户也一样，保险销售人员可以通过观察客户行为来发现反映客户内心活动的许多信息，如兴趣、爱好、欲望等，以决定采用何种销售方式来说服客户，使其产生购买行为。因此，观察能力就成为销售人员应具备的揭示客户购买心理的重要能力。

为了锻炼和提高自己的观察能力，保险销售人员可以参考以下三方面的做法。

① 要明确观察任务和顺序。有了目的才能很好地观察目标客户，才能提高观察效果，同时，观察客户的言行要有一定的顺序和步骤。只有这样才能分清主次，抓住本质。

② 要运用系统的观点看待事物。保险销售人员既要看到事物的全貌，又要看到事物的内部与层次。

③ 要依赖平时积累的知识、经验和技能。保险销售人员的经验、知识越丰富，对事物的观察也就越透彻，就越能把握客户的购买心理。

（5）理解、判断和决策能力。理解能力是指人们对事物本质与深层原因了解与认识的能力，理解能力高，就可以通过复杂多变的关系来认识事物的内在联系。销售人员具备较高的理解能力，可以准确地把握与理解客户的言行举止，与客户及相关人员愉快地合作。

判断能力来自人们对事物的真正理解，是指人们用某个标准对事物做出定量或定性界定与区别的能力。例如，基于对保险市场的观察与了解，从而判断出保险产品消费者偏好的发展趋势等。良好的判断能力有利于销售人员做出正确的决策。

决策能力是指人们依据所处的环境和条件确定行为目标，在达到目标的多个可行方案中进行分析、判断与优选的能力。在保险产品的销售过程中要懂得随机应变，因地制宜。

（6）语言表达能力。能言善辩是一个合格保险销售员的重要条件之一。在保险销售过程中，为了达到销售保险的目的，保险销售人员要回答客户的各种提问，向客户介绍、宣传公司的品牌与保险产品品种与性能，要促签保单、排除异议，直至达成交易后向客户表示谢意。这些都需要用语言来恰当地表达，因此保险销售人员必须善于用语言去启发客户，说服客户。

（7）应变能力。应变能力是指人们在遇到意外的情况时，能够沉着冷静、灵活机动、审时度势地应付变化，并能达到原来既定目标的能力。应变能力的提高只有靠保险销售人员平时在销售实践中总结自己的应变经验与教训，找出符合自己特点的应变经验与规律。

7.1.3 保险销售人员的形象素质要求

在我们的日常工作与生活中，谁愿意与一个蓬头垢面、衣衫不整的人进行交谈呢？一个满嘴粗话、不讲文明的人也是不讨人喜欢的。没有人愿意与一个没有教养的人交朋友，所以，保险销售员一定要在销售之前和销售的过程中，时刻注意自己的形象，时常训练自己，时常检查自己的仪表仪容，给客户留下美好的第一印象，并将它长久地保持下去。

1．健康的体魄

一个声音洪亮、精神奕奕的人给人一种安全感，而一个弱不禁风、病病歪歪的人则让人感到担心，所以作为一个保险销售员，健康的体魄是必不可少的。保险销售员是独立经营者，每天要与各式各样的人打交道，需要充沛的体力和精力，所以保险销售员一定要在平时注意锻炼身体，使自己时刻处于最佳的身体状态。

2．服饰仪容

“他的衣着打扮非常得体，给人的感觉很好。这说明他是一个注重细节的人。”必须让别人对自己具有这样的好感，保险销售才能成功。当然，对保险销售员来说，身上并不要穿金戴银，但注意要给人清洁整齐、干净利落、舒适顺眼的感觉，切记不能穿得花枝招展、肮脏不堪、破破烂烂，那无异于告诉客户：“我是一个生活不严肃、无所谓的人，或者说是一个没有生活品位的人。”这样的话，谁也不敢相信你，与你做交易。

3．肢体语言

随着文明程度的不断提高，在人们的沟通过程中，人们的动机更多地隐藏在客套的外衣之下，我们不应当听到赞扬就以为成功，听到埋怨就以为失败。除了细心揣摩、领悟对方语言表达的真正意思之外，更应注意其表情、目光、肢体动作等身体语言所透露的玄机。

7 1.4 保险销售人员的心理素质要求

国外著名的销售专家和经验丰富的销售员，总结归纳了许多能体现销售员能力、品质等素质的经典性语言，其中良好的心态就是15个心，这15个心是爱心、信心、耐心、关心、诚心、良心、恒心、决心、专心、小心、虚心、真心、热心、安心和留心。下面我们重点介绍其中比较重要的5个。

1．爱心

在现代社会中，爱家庭、爱父母、爱子女、爱公司、爱保户，是一个合格保险销售员应具备的最基本的素质，也是保险公司对保险销售员必须的要求。因此，只有拥有爱心的销售员，才能在销售过程中急保户之所急，想保户之所想，才会设身处地地为保户来设计理财计划和保障需求，这正是保险销售成功的关键。

2．信心

拿破仑说过，不想当将军的士兵不是好士兵。在保险销售这个行业里，不想做明星销售员、优秀销售员的销售员不是一个好销售员。然而做一名优秀的销售员，拥有自信心是第一重要的要素。

（1）自信是成功的前提条件。信心对保险销售员来说，尤为重要。自信将会使你的销售变成一种享受，能使你把销售当作愉快的生活本身。成功的保险销售员会在自信的销售工作中对自己更加满意、更加欣赏自己。

（2）自信心是赢得保户信任的前提。当你与准保户会谈时，言谈举止之间若能流露出充分的自信，则会感染准保户，赢得其信任。保户信任了你，才会相信你商品说明，从而心甘情愿地购买。

（3）用平常心找回自信。日本销售之神原一平这样评价自信："不要对自己失去信心，即使真的没有成功，也不要失望，因为这也在情理之中。"这句话的言外之意就是保险销售员不管销售成功与否，都不是丢掉自信的理由。

3．耐心

耐心是保险销售员所应具备的重要素质，对保险销售工作来说也是至关重要的。与准保户接触，保险销售员不要急于求得此次销售的结果，而是通过自己有意识的言论和行动，使保户能够平心静气地听你详细介绍自己的险种和能够给保户带来多少益处，要真心实意地同准保户一起商谈合作的可能性。

如果你是一个耐心的保险销售员，你就能恰如其分地把握谈话的主动权，使谈话始终在轻松、友好、愉快的气氛中进行，既能树立自己的良好形象，又能极好地宣传所要销售的险种，既能了解准保户的需求与疑虑，又能借传言解惑之机向他们销售合适的险种。其结果往往是"水到渠成"，准保户会心甘情愿地从你手中购买保险。

4．诚心

几乎所有的保险销售员，都知道这句名言"精诚所至、金石为开"。销售员的诚心是打动准保户的重要因素。保险销售员应该认识到保户是衣食父母，是上帝，无论何时保险销售员都必须以一颗温暖、热忱、真诚的心来对待保户，这样才能赢得保户对你及你所销售的保险的信任。

5．恒心

有这样两个成语：滴水穿石，铁杵磨针。这体现了恒心的作用和真谛所在。在某大保险公司中，其经理这样说：一个好的保险销售经理，会淘汰拥有十个学位却没有恒心的人，但把工作交给一个没有学位却有恒心的人，相信"有志者事竟成"。

延伸阅读 7-1 诚信服务先锋：保险给客户一生的规划和未来

刘永慧，1998年2月加盟中国人寿株洲分公司，从陌生拜访起家，迄今已经服务了4 700余名客户，15年来无一起违规行为，无一例有效投诉，既是株洲国寿期缴保费过百万元的第一人，更是信用品质等级一直保持在AA级以上的诚信服务模范。

在保险意识淡薄的长沙县跳马乡，一些村民尽管购买过保险，但由于售后服务不到位，导致村民对保险产生了不信任，保单失效率较高。为此，刘永慧带领属员多次下乡咨询，走门串户做家访，做好保全服务及转账授权业务，真心诚意帮助村民解决问题。此外，他特地在乡里培养了一批人品好、素质高的农村保险销售人员，随着农村地区经济条件逐步改善，保险越来越被村民们认同。

“真正的精英展现给客户的不仅是专业、热情和细致，更是传递给客户的责任与安心，保险对于客户不仅是一份保单和保障，更是客户一生的规划和未来，因此需要通过诚信将无形的保险产品化为有形的认知与认同。”刘永慧说。

基于这样的职业准则，刘永慧演绎了一个“千里送保单”的故事。2011年年底，刘永慧拜访一位转介绍在广东办企业的客户晏总，交谈中隐约听说对方于1999年购买过中国人寿“99鸿福”保险，但从未关注过，觉得没什么作用。2012年5月，刘永慧利用参加广州第九届世界华人保险大会的机会，搭乘大巴赶到东莞市，随即转乘公交车、租乘摩托车到达晏总所在的针织厂。眼见一脸疲惫的刘永慧，晏总表示自己确实不会购买保险。

刘永慧微笑地看着晏总说：“今天过来不是让您买保险的，而是来看望您的，同时给您送钱来。”刘永慧与他回顾“99 鸿福”保单利益，告知保单的生存金情况，请他填写生存金领取表、银行转账授权书与银行账号等，并亲笔签上名字。忙碌半小时之后，刘永慧正待返回广州，晏总感慨地说：“中国人寿千里之外送钱上门，令人感动。”半年后，晏总果然回到株洲签下了一份3万元的十年期保单。

自2000年开始，刘永慧成为株洲分公司前十强，2010年完成保费408万元，其中期缴保费过100万元，成为株洲国寿期缴保费过百万元的第一人；2012年“五六联动”期间成功签下十年期10万元以上大单，累积保费35万元，迄今个人业绩一直居公司前三位。2004年，刘永慧荣获湖南省保险业首届“百佳服务明星”称号，2009年被评为株洲首位诚信标兵、“AAA”级销售人员和湖南省“诚信标兵”，2010年获中国人寿总公司“十佳诚信先锋”称号，2011年成为中国人寿湖南省分公司“诚信服务金牌个人”。

资料来源：中国金融新闻网2012年11月7日09:56转载金融时报肖扬的文章“诚信服务先锋：保险给客户一生的规划和未来”，http://www.financialnews.com.cn/bx/pp/201211/t20121107_19706.html，节选时有删改。

思考题：

从刘永慧“千里送保单”的故事得到什么启示？

延伸阅读 7-2 胡柳：亿万保额大单诞生记

2001年胡柳只身一人，带着彷徨和憧憬从山城重庆来到福州，她秉持着厚德载物、慎思敏行的人生信条，在平安乃至保险业赢得了无数鲜花和掌声。寿险业，首张单件亿万保额的保单的创造者就是来自重庆的美女胡柳。保险之星特约记者徐千水在中国保险精英圆桌大会的现场对胡柳进行了专访。

徐千水（保险之星）：你与这个客户是怎么见上面的？

胡柳：这个客户是转介绍的。

保险之星：你的介绍人轻易就把这么重要的名单给你了？

胡柳：肯定不是，记得在一次偶然的聚会中，餐桌上听到有一人在谈论现在的这个客户（为了保护客户的隐私，故匿名），他在中国是一个很知名的成功企业家，也是一个名人。我想如果这个人能帮我介绍的话，比我自己陌生拜访肯定要好得多，所以我就想尽一切办法让他转介绍。从要求开始到他真正的做转介绍，我一共花了2年的时间。

胡柳：我拿到这个号码的时候非常激动，也很紧张，不知道电话怎么打。害怕电话一打过去，对方说我没空，不感兴趣，或者说不需要等这样拒绝的话。差不多花了2个月时间准备研究怎么给他打电话，每天晚上都在思考所有可能拒绝问题的答案。

保险之星：大家有没有兴趣，让胡柳老师现场演练一下（我扮演他的客户）。

胡柳：我就说请问是徐千水吗？我是平安保险公司的胡柳，是某某先生让我给您打电话的。为什么直呼其名，不是不懂得尊称，因为叫他徐总的人太多了，像他这么高层面的人很少有人直呼他的姓名，除了它的亲人或父母。这样他的印象才深。

徐千水：有什么事吗？

胡柳：我有一些对您人生非常有帮助的建议想和您做一下面谈，您看您什么时候有时间？因为知道他特别忙，所以没用我们电话营销中所学到的二择一法。

徐千水：我这两天在外地，很难确定时间。

胡柳：我说这样子，我明天一早坐飞机到您的目的地与你见面，我会在下面等您一个礼拜，在这一个礼拜中请您抽出20分钟时间来碰个面就行了。

徐千水：胡小姐，你不用专程过来，在你方便的情况下到来就可以了。

胡柳：我说一定是专程，不可能顺便，因为您是重要人士，我们公司也非常重视，所以我一定是专程过来拜访您。您看，我明天就到了那就明天见，祝您平安快乐。挂完电话之后，附上一条信息，说我明天上午几点就到目的地。信息发了，没回！之后再发了一条信息，又没回！晚上他秘书来电话，通知我第二天早上和他见面。

保险之星：他秘书是怎么和你联系的？

胡柳：请问你是胡柳吗？徐总让我通知你明天早上见面。因为你来了他觉得很有压力，但还是找个时间交流下吧。

保险之星：那第一次见面是什么情况？

胡柳：当我到他办公室的时候我吓了一跳，是非常害怕，办公室硕大无比啊，应该有400～500平方米，外面站了十几个男士，手都背在后面。我一看到这个场面腿都软了，手脚发凉，非常紧张。不过，我当时的反应还是很快，马上让自己镇静下来，主动走过去跟他握手。我说，“千水”先生，你好。他就说，如果是保险的事以后我有需要的话，我会主动找你，说实在的保险对我来说根本就没有用，像我这样的人多20亿～30亿元都一样。我当时回答：如果我今天来找您想卖保险，我是胡柳吗，老天的眼睛就瞎了，今天来不是想卖保险给您，主要是想与您分享，像您一样的成功人士，他们为什么需要保险，他们对保险的理解是什么样。比如，李嘉诚说，真正的富有是为家人购买了充足的人寿保险。他说，李嘉诚也买保险了吗？就这样我们开始了交流。

胡柳：我就按平常的方式与他交流。我去见这个客户之前有两个人知道，一个是方总，一个是吴老师。我给他们打电话，我说太紧张了没有发挥好，但是后面就豁出去了。吴老师说，你在成功人士面前根本不用发挥，你把最真实的你展现出来就可以了。在成功人士面前所有的伎俩都容易被看破。接下来就与大家一样，想第二次怎么见面？那几天也非常受煎熬，天天想与他打电话，就是不知道怎么打。后来我想通了，自己为什么老是睡不着，就是因为我成交的心情太迫切了，仔细一想其实我是在帮助他，帮助他保全资产，建一道防火墙。我也是真心为他考虑的，不是简单的想收多少保费。这样心里就轻松了很多。

保险对两种人来说有不同的意义。例如，对我这样的普通人只是保障工具，让我人生遇到风险的时候，可以通过保单照顾到亲人，但是对于像您这样的成功人士保险就是一种创造工具。保险无论是对我这样的人还是像您这样的成功人士都可以轻易地倍增您的财富，所以我们这两种人都需要人寿保险来倍增财富。

保险之星：前后谈了几次？

胡柳：从要求介绍到打电话，大概是 2 年多，但是真正和客户从见面到承保只花了 2 个多月的时间。

保险之星：最终设计了多少保额的计划书？

胡柳：一个多亿，我就梦想做一个亿保额的保单，激发自己敢于创造梦想。这是我的人生目标和事业梦想。

保险之星：最后还是想了解保单的标准保费是多少？

胡柳：差不多是一千万标保。

资料来源：节选自中国百万圆桌教育网 2013 年 9 月 23 日的文章“胡柳:亿万保额大单诞生记”，http://www.cmdrt.com/News/insstar/2013-09-02/3007.html，节选时有删改。

思考题：

在这张亿万保额大单的诞生过程中，胡柳显示出哪些突出的专业素质和心理素质？

7.2 保险销售人员培训

销售人员的素质高低，直接影响到保险公司的销售业绩与销售员个人的前途，因此选拔和培养优秀的保险销售人员是保险公司人力资源管理至关重要的组成部分。

7.2.1 企业文化理念培训

1. 企业文化的界定

对于企业文化的定义，目前有狭义与广义两种。狭义的定义认为，企业文化包括企业的思想、意识、习惯以及感情领域。例如，美国的迪尔与肯尼迪认为企业文化包括四个要素，即价值观、英雄人物、典礼及仪式、文化网络。广义的定义认为，企业文化是企业在建设和发展中所形成的物质文明与精神文明的总和，包括企业管理中硬件与软件、外显文化与内隐文化（或称表层文化与深层文化）两部分。

企业文化包括四个方面。

（1）企业的最高目标和宗旨。企业不仅要追求利润最大化，同时要追求社会效益最大化，纵观历史上的知名企业，无不以社会服务为己身的最高宗旨。

（2）共同的价值观。共同的价值观是企业文化的核心和基石，它为企业职工提供了共同的思想意识、信仰和日常行为准则，这是企业取得成功的必要条件。

（3）作风及传统习惯。这是为达成企业最高目标和价值观服务的。

（4）行为规范和规章制度。它使得企业文化得以在企业中施行。

2. 企业文化的结构

企业文化的结构大致分为三个层次。

（1）物质层。这是企业文化的表层部分，能折射出企业的经营思想、经营管理哲学、工作作风和审美意识。它主要包括厂容厂貌、产品的外观与包装、企业技术工艺设备特性三个方面。

（2）制度层。这是企业文化的中间层次，主要制定了企业成员在共同的生产和经营活动中所应当遵循的行为准则。它主要包括工作制度、责任制度、特殊制度三个方面。

（3）精神层。这主要是指企业的领导和职工共同信守的基本信念、价值标准、职业道德及精神作风。它是企业文化的核心和灵魂，主要包括企业经营哲学、企业精神、企业风气、企业目标及企业道德五个方面。

3. 企业文化的性质与作用

（1）企业文化的性质。一是无形性：虽然企业文化无形，但可以通过有形的载体表现出来。二是软约束性：企业文化靠的是企业员工的自觉自愿来实行的。三是相对稳定性与连续性。四是个性化：不同的企业，由于其特征与形成过程不同，企业文化相对也不同。

（2）企业文化的作用。一是导向作用：能把企业职工个人目标引导到企业所确定的目标上来。二是约束作用：使企业上下一心，共同奋斗。三是凝聚作用。四是激励作用。五是辐射作用：企业文化所树立起来的企业形象往往具有辐射作用，能对员工与消费者或社会产生很大的辐射作用，为企业创造良好的发展环境。

4. 企业文化的营销功能

所谓企业文化的营销功能，是指通过企业文化的外向传播，得到消费者的广泛认知与认同，从而产生良好、深刻的印象，产生企业与消费者情感上的交流与沟通，提高消费者对该品牌的信任度和忠诚度，刺激消费量的增长，从而促进营销工作的开展的功能。

（1）企业文化营销功能的体现。它是通过企业文化的几大核心要素，从不同的角度和侧面综合体现出来的。

① 企业的价值观念。它决定了企业的经营理念与风格，左右着企业的发展方向。它对企业的外在形象塑造影响深远。树立一个消费者所广泛认同的价值观念至关重要。

② 企业的精神风貌。良好的精神风貌能营造良好的工作氛围，提高员工的主动性与积极性，在与其他的社会群体交流时也易给别人好印象。

③ 企业的视觉形象。它是最直观、最易于向社会群体传播的企业的文化要素。视觉形象的好坏直接影响消费者的购买行为。

④ 企业的质量文化。过硬的质量水平、有效的质量保证体系和可信的质量承诺构成企业优秀的质量文化，能起到引导消费者购买行为的作用。

⑤ 企业的服务文化。良好的服务质量和服务水平能让消费者宾至如归，提高客户的忠诚度。

⑥ 企业的信誉度。信誉良好的企业易于得到消费者的认同。

（2）企业文化营销功能的发挥。

① 要建设优秀的企业文化。只有优秀的企业文化才能起到积极的引导作用，因此企业要不遗余力地提高自身的文化品位。

② 要重视企业文化的对外传播。酒香也怕巷子深，在如今的社会，如果优秀企业不重视文化的传播，就会被消费者所遗忘。要在以下方面做好传播工作：重视销售人员的传播作用；加强对外宣传力度；重视企业参观人员；着力塑造良好的品牌形象。

延伸阅读 7-3　中国人寿重构企业文化体系 传承“双成”核心理念

2014 年 7 月 24 日，中国人寿集团召开企业文化与品牌建设工作会议，隆重发布了重新修订的以“成己为人，成人达己”（以下简称“双成”）为核心理念的中国人寿企业文化体系。中国人寿集团董事长杨明生指出，要大力加强企业文化和品牌建设，努力打造文化软实力，为建设国际一流金融保险集团、早日实现“国寿梦”做出积极贡献。

杨明生指出，文化软实力是企业不可复制的核心竞争力，中国人寿要实现从做大向做强迈进的目标，除了硬实力的增强，关键还在于软实力的提升，特别是文化软实力增强以后，中国人寿才能真正建设成为国际一流金融保险集团。

附：中国人寿企业文化体系

核心理念：成己为人，成人达己

企业愿景：建设国际一流金融保险集团

企业精神：特别能吃苦、特别能战斗、特别能协作、特别能奉献、特别守纪律

品牌口号：相知多年，值得托付

广告语：要投就投中国人寿

经营理念：依法合规，创新驱动

服务理念：诚实守信，客户至上

人才理念：以人为本，德才兼备

资料来源：节选中证网 2014 年 7 月 24 日转载中国人寿的“中国人寿重构企业文化体系传承‘双成’核心理念”。http://www. cs.com.cn/xgjj/ dlczq/zgrs2014/ 07/02/201407/ t20140725_4459778.html，节选时有删改。

思考题：

请思考中国人寿企业文化体系的逻辑结构。

7.2.2　保险产品知识培训

作为一名优秀的保险销售人员，首先要明白自己要销售的保险产品有哪些、有什么特性、处于什么样的生命周期，然后根据不同的保险产品特性采取不同的销售策略。

1．什么是产品

菲利普·科特勒认为，产品是指为留意、获取、使用或消费以满足某种欲望和需要而提供给市场的一切东西。现代观念的产品的内涵已从有形物品扩大到服务、人员、地点、组织和观念等，产品的外延也从其核心产品（基本功能）向一般产品（产品的基本形式）、期望产品（期望的产品属性和条件）、附加产品（附加利益和服务）和潜在产品（产品的未来发展）拓展，即从核心产品发展到产品的五层次。

2．产品组合

产品组合是某销售者售与购买者的一组产品，它包括所有产品线和产品项目。所谓产品线，是指许多产品项目的集合，这些产品项目之所以组成一条产品线，是因为这些产品项目具有功能相似、用户相同、分销渠道同一、消费上相连带等特点。所谓产品项目，即产品大类中各种不同的品种、规格、质量的特定产品，企业产品目录中列出的每一个具体的品种就是一个产品项目。

企业进行产品组合的基本方法是产品组合的四个维度，即增减产品线的宽度、长度、深度或产品线的关联度。从营销的角度出发，其评价方法有 ABC 分析法、波士顿咨询集团法等。

3．产品的生命周期

产品从投入市场到最终退出市场的全过程称为产品的生命周期。该过程一般经历产品的导入期、成长期、成熟期和衰退期四个阶段。不同的阶段，产品的市场占有率、销售额、利润率是不同的。在导入期，产品的销售量增长较慢，利润额多为负数；销售额迅速增长，利润由负变为正并迅速上升时，产品就进入了成长期；经过快速增长的产品，销售量逐渐趋于稳定，利润增长处于停滞，说明产品的成熟期来临；在成熟期的后面阶段，随着销售量的不断下滑，利润也不断衰减，产品便进入了衰退期。

4．保险产品的特性

保险产品具有五个特性：非渴求性、服务性、明显的期限性、互助互济性、损失补偿性，详见第 5 章。

7.2.3 保险专业销售技术培训

对于任何一个刚加入保险公司进行保险销售的人员来说，对其进行专业的保险销售技能训练是必不可少的，也是促使其尽快成长起来为公司创造利润与业务来源的重要手段。

1．进行专业销售技术训练的必要性

（1）保险销售员的销售业绩直接影响保险公司的经营好坏，而专业销售技术的培训就是让保险销售员掌握销售技巧，提升销售业绩。

（2）能让保险销售员适应千变万化的市场环境。

（3）能培养保险销售员的独立意识，克服孤独感和挫伤情绪。

（4）能消除保险销售员的恐惧感和自卑感，培养积极向上的心态，在挫折中越战越勇。

（5）使保险销售员的销售过程法制化、正规化、科学化，避免为公司带来麻烦的销售活动产生。

2．保险专业销售训练的目的

（1）发挥保险销售员的天赋能力；

（2）缩短有效完成销售任务的时间；

（3）延长销售员的作用期间；

（4）增加客户对保险公司的信任和忠诚度；

（5）精练销售人员的工作方法并进行推广；

（6）改善销售人员的工作态度；

（7）调动销售人员的工作情绪；

（8）调整销售员所获得的报酬观念；

（9）奠定团体合作的基础，培养企业文化理念；

（10）减少公司支出，提高效率，降低成本。

3．保险专业销售训练的内容

（1）了解保险企业文化。

① 本公司过去的历史及成就；

② 本公司在社会及国家经济结构中的重要性；

③ 本公司在行业中的现有地位；

④ 本公司的各种政策和规章制度；

⑤ 销售工作在本公司中的重要性，公司对销售员的期望及任务安排，销售人员应有的工作态度与精神风气；

⑥ 受训的目的、课程内容与程度。

（2）了解保险公司所销售的保险产品。

① 保险产品的种类；

② 保险产品的组合与构成；

③ 保险产品的条款与附属单证；
④ 保险产品的功能与适用范围；
⑤ 保险产品的售后服务与核保核赔。
（3）了解保险消费者。
① 消费者的需要与欲望所在；
② 消费者的现实经济能力。
（4）提升保险销售技能。
① 仪容仪表训练；
② 服务精神和工作态度的培训；
③ 访问准备、初访和再访；
④ 销售技术；
⑤ 实物演示；
⑥ 客户好感与忠诚度的培养；
⑦ 异议处理；
⑧ 如何克服销售困难；
⑨ 销售知识的更新；
⑩ 如何做好售后服务。
（5）掌握保险销售管理方法。
① 如何拟定销售计划；
② 如何撰写保险建议书；
③ 如何答复客户的问询；
④ 如何处理文字档案；
⑤ 如何控制销售费用；
⑥ 如何实施自我管理。

4．保险销售的训练方式与时间设计

（1）训练方式选择。训练方式可以采取在职训练、个别会议、小组会议、个别函授、销售会议、公司集中培训、电视电话会议、网络教学等方式。

（2）训练时间设计。

① 新人转正前训练：一般 3 个月。
② 晋升培训：每个职级阶梯一般需要 3 个月。
③ 日常训练：包括晨会与夕会训练、周会训练、在职训练和集中训练。
④ 进修训练：视需要而定。

（3）影响因素。影响训练方式与训练时间的因素有保险产品的性质、保险市场的情况、受训人员的素质、要求程度、管理目标、训练方法等因素。

图 7-1 是保险公司常见的保险销售人员育成培训体系。

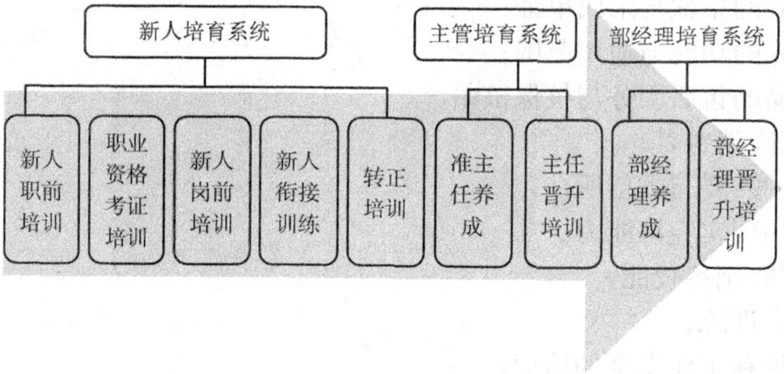

图 7-1 保险销售人员育成培训体系

延伸阅读 7-4 某保监局关于进一步加强人身保险销售人员培训管理的要求

2014 年为进一步加强和规范人身保险公司销售人员培训管理，防范及化解销售误导风险，切实保护保险消费者合法权益，促进人身保险业平稳健康可持续发展，现就进一步加强人身保险销售人员培训管理提出以下要求：

一、各公司要切实将合规性教育和职业道德教育贯穿至销售人员岗前培训及其他各项专项培训中，加强保险销售人员对保险企业文化、行业文化和诚信文化的了解和认同，不断提升销售人员业务品质和职业道德素养，引导销售人员树立正确的保险销售理念，确保其销售行为依法合规。

二、各公司要切实加强人身保险新型产品专项培训，应在对具体产品进行销售培训的基础上，注重提升销售人员销售品质和业务素质，强化销售人员对各类人身保险新型产品类型、特征、设计原理等基础知识的学习和掌握。

三、各公司要切实加强产品培训管理，禁止在产品培训中片面强调产品卖点和销售技能，使用易引人误解的销售话术。严禁销售团队或相关人员擅自拟定产品销售话术，向销售人员进行散发使用。公司对产品培训中所使用的销售话术，应进行定期自查和清理，对存在销售误导言辞的，要立即进行废除和修改。

四、各公司应对现行的培训制度进行全面的清理和规范，切实将监管要求内化为内控制度，强化岗前培训、后续教育和各项专题培训以及代理机构培训项目的实施管理。同时应结合销售人员分级分类管理办法，根据销售人员实际能力水平和行为记录，研究制定与销售人员分级分类管理办法相对应的培训体系。

五、各公司要不断完善培训平台，创新培训方式，加强培训师资建设，建立完善的培训监督、指导和评估体系，加强培训效果分析，将评估指标纳入培训工作的日常考核体系中，切实加强和规范销售人员培训管理。

资料来源：中国养老金网转载中国保监会青海监管局“关于进一步加强人身保险销售人员培训管理的通知”，http://qh.cnpension.net/baoxian/zhengwu/1334692.html，2012-06-08。

思考题：

1. 对保险销售人员的合规性教育和职业道德教育主要包括哪些内容？
2. 为提升人身保险销售人员销售品质和业务素质，应强化哪些方面的培训？

延伸阅读 7-5 某寿险公司的销售主任养成训练课程体系（见表 7-1）

表 7-1 销售主任养成训练课程体系

	课 程	讲 师	课 程	讲 师
增员训练营	销售人员管理办法及职涯规划		面谈拒绝处理	
	增员利益分析		推介人增员：与推介人面谈要点	
	增员万能话术		推介人增员：电话约访及面谈	
	缘故增员法		直接面谈	
辅导训练营	计划与活动		产品学习演练	
	如何提升生产力		说明	
	主顾开拓		促成	
	接触前准备与接触		售后服务及转介绍	
陪访训练营	展业陪访		增员陪访	
	展业陪访实做		增员陪访实做	
	展业陪访总结		增员陪访总结	

资料来源：节选自圈中人寿险资源网 2011 年 9 月 10 日的文章“保险公司新人训练操作手册”，http://www.qzrbx.com/vip/120437.shtml，节选时有删改。

思考题：

为何给主管培训设置增员、辅导与陪访课程？并请分析三者之间的逻辑关系。

7.3 销售人员自我管理

7.3 1 销售人员形象管理

1. 销售人员个人形象塑造的意义

形象设计师罗伯特·庞德说过：“这是一个两分钟的世界，你只有一分钟展示给人们你是谁，另一分钟让他们喜欢你。”某公司总裁海罗德也说：“只有留给人们好的第一印象，你才能开始第二步。”第一印象往往根据人的外在形象和行为举止形成。

成功的形象能产生经济效益。美国著名形象设计师莫利先生曾对美国《财富》排名榜前 300 位中的 100 名执行总裁调查，97%的人认为懂得并能够展示外表魅力的人在公司中有更多的升迁机会。美国得克萨斯州立大学奥斯汀分校在对 2 500 个律师调查后发现，形象影响着个人收入，外表形象有魅力的律师的收入高于其一般同事的14%。

保险销售人员要被社会、市场、客户所接受，就要有被社会、市场、客户所接受的形象。这就是保险销售人员应注重个人形象塑造的原因。

本节主要探讨保险销售人员的外在形象塑造。销售人员成功的外在形象塑造包括个人色彩形象诊断与设计、个人形象款式风格诊断与设计和商务礼仪等。

2．销售人员个人色彩形象诊断与设计

（1）四季色彩理论简介。“四季色彩理论”的主要内容是把生活中的常用色按基调的不同进行冷暖划分和明度纯度的划分，进而形成四组和谐的色彩群。由于每组色群的颜色刚好与大自然四季的色彩特征吻合，因此，便把这四组色群分别命名为“春”、“秋”（暖色系）和“夏”、“冬”（冷色系）。这个理论体系对于人的肤色、发色和眼珠色等“色彩属性”（色相）同样进行了科学分析，总结出冷、暖色系人的身体色特征，并按明暗（明度）和强弱（纯度）程度把人区分为四大类型，为人们分别找到和谐对应的“春”、“夏”、“秋”、“冬”四组妆扮色彩（有的人属于单一类型，也有混合类型的人）。

（2）四季型人色彩诊断。

① 春季型人诊断技巧。

- 肤色特征：浅象牙色、暖米色，细腻而有透明感。
- 眼睛特征：光亮有神，眼珠为亮茶色、黄玉色，眼白感觉为湖蓝色。
- 发色特征：明亮的茶色、柔和的棕黄色、栗色，发质柔软。

春季型人与大自然的春天色彩有着完美和谐的统一感。他们往往有着明亮的眼眸与透明的皮肤，充满朝气，给人以年轻、活泼的感觉。春季型人用鲜艳、明亮的颜色打扮自己、会比实际年龄显年轻。

② 夏季型人诊断技巧。

- 肤色特征：粉白、乳白色皮肤，带蓝调的褐色皮肤，小麦色皮肤。
- 眼睛特征：眼珠呈焦茶色、深棕色，目光柔和，整体感觉温柔。
- 发色特征：轻柔的黑色、灰黑色、柔和的棕色或深棕色。

夏季型人给人温婉飘逸、柔和亲切的感觉。轻柔淡雅的颜色能衬托出其温柔、恬静的气质。

③ 秋季型人诊断技巧。

- 肤色特征：象牙色、深橘色、暗驼色或黄橙色。
- 眼睛特征：深棕色、焦茶色，眼白为象牙色或略带绿的白色。
- 发色特征：褐色、棕色、铜色、巧克力色。

秋季型人有着瓷器般平滑的象牙色皮肤或略深的棕黄色皮肤，一双沉稳的眼睛，配上深棕色的头发，给人以成熟、稳重的感觉。秋季型人穿着与身体色特征相和谐的以金色为主调的暖色系服饰，会显得自然、高贵、典雅。

④ 冬季型人诊断技巧。

- 肤色特征：青白色或略暗的橄榄色，带青色的黄褐色。
- 眼睛特征：眼珠深黑色、焦茶色，眼睛黑白分明，目光锐利。

发色特征：乌黑发亮、黑褐色、银灰、深酒红。

冬季型人黑发白肤与眉眼间锐利鲜明的对比给人深刻的印象，充满个性、与众不同，最适合用对比鲜明、纯正饱和的颜色来妆扮自己，无彩色以及大胆热烈的纯色系非常适合冬季型人。

（3）女性四季型人色彩形象设计。

① 女性四季型人色彩搭配原则。

- 春季型人的色彩搭配原则——用黄基调扮出明亮朝气的形象。春季型人的服饰基调属于暖色系中的明亮色调，如同初春的田野。鲜艳亮丽的颜色如亮黄绿色、杏色、浅水蓝色、浅金色等都可以作为主要用色穿在身上，体现青春朝气的魅力。在色彩搭配上应遵循鲜明、对比的原则来突出自己的明快俏丽形象。
- 夏季型人的色彩搭配原则——用蓝基调扮出柔和雅致的形象。夏季型人适合穿深浅不同的各种粉色、蓝色和紫色，以及有朦胧感的色调。在色彩搭配上，避免强烈的对比，适合在同一色相里进行浓淡搭配，或者在蓝灰、蓝绿、蓝紫等相邻色相里进行浓淡搭配，以衬托出他们温柔、恬静的个性。
- 秋季型人的色彩搭配原则——用金色调扮出成熟高贵的形象。秋季型人的服饰基调是暖色系中的沉稳色调，较适合棕色、金色和苔绿色等浓郁而华丽的颜色，以衬托出秋季型人成熟高贵的气质。在色彩搭配上，不太适合强烈的对比色，只有在相同的色相或相邻色相的浓淡搭配中才能突出华丽感。
- 冬季型人的色彩搭配原则——用原色调扮出冷峻惊艳的形象。冬季型人的色彩基调是原色和“冰”色，以红、绿宝石蓝、黑、白等为主色，冰蓝、冰粉、冰绿、冰黄等为配色，通过对比搭配展示其惊艳、脱俗形象。在四种季型人中，只有冬季型人最适合使用黑、白、灰这三种颜色，藏蓝色也是冬季型人的专利色，适合用作套装、毛衣、衬衫、大衣的用色。

② 女性场合转换色彩搭配技巧。

- 典雅的职业裙装用色。在职业装中融入个性元素是当下新颖的职业装概念，在不破坏严肃性的前提下，适当注入个性色彩，会使职业形象独特而又不失严谨。
  — 春季型人：适合用暖灰色、金棕色、棕金色等。
  — 夏季型人：适合深蓝灰色、蓝灰色、深酒红、粉灰色、深长春花蓝、洋李紫色。
  — 秋季型人：适合由浅至深的棕色。
  — 冬季型人：适合黑色、灰色、正蓝、冰色系列。
- 干练的职业裤装用色。下身应着重在基调色中选择，上身可部分地突出明快色彩。
  — 春季型人：宜选择浅哔叽色、浅驼、棕金色、金棕色和中暖灰色，上衣可选择春季型色彩群中轻柔、明亮的颜色做搭配。

— 夏季型人：宜选择灰蓝、蓝灰、粉灰系列，一般搭配同色上衣及彩色衬衣。

— 秋季型人：宜选择咖啡色系列、沙青色和凫色等，搭配同色上衣或同色相中略浅些的上衣。

— 冬季型人：宜选择黑色、铁灰及各种深蓝色，可搭配同色或对比色的上衣。

- 俏丽的半职业装用色。

— 春季型人：可选用绿松石蓝、杏色、黄色等来搭配基础色。

— 夏季型人：可选择柔薰衣草紫、天蓝色、清水绿等色彩丰富一些的颜色来冲淡灰蓝的刻板印象。

— 秋季型人：可选择深浅不同的绿系列、砖红系列、金色系列。

— 冬季型人：可选择绿系列、热绿松石蓝、玫瑰色系列，与无彩色搭配。

- 新潮的时尚休闲装用色。时尚休闲是展示个性着装风格和颜色搭配品位的最佳表现形式，颜色选择突出表现个性品位。

— 春季型人：多彩多姿的娇艳颜色，如松石蓝系列、黄绿系列、橘黄系列、粉系列、跳跃式搭配展现春季型人时尚形象。

— 夏季型人：粉色系列、蓝紫色系列展示夏季型女性柔和温婉气质。

— 秋季型人：将葡萄绿、酸橙绿、橙红色、芥末黄、金橙色等混合使用，会体现秋季型人的时尚高贵气息。

— 冬季型人：绿松石蓝、柠檬黄、艳粉色系列等艳丽饱和的颜色互相搭配，展现冬季型人冷艳形象。

- 活泼的运动休闲装用色。

— 春季型人：适合明度、彩度较高的颜色，多运用对比搭配以体现动感。

— 夏季型人：除蓝系列外，宜选用活跃些的红色系、绿色系列塑造健康形象。

— 秋季型人：适合亮丽的绿松石色、橙红色、酸橙色等，应避免深重颜色。

— 冬季型人：适合亮蓝色和其他鲜艳饱和的颜色，运用强对比手法。

- 优雅的约会套装用色。出席一般公务性晚宴或赴较正式的约会时，女性既要体现时尚又要不失端庄，配色时一般选用本季型中略带华丽感和时尚感的颜色。

— 春季型人：可选择绿松石蓝、暖玫瑰、橙色、清金色等，搭配一些有对比效果的小点缀。

— 夏季型人：面料不可太旧，色彩应饱和一些，可选用银红、牡丹紫、浅正绿、天空蓝等优雅的颜色。

— 秋季型人：可选用芥末黄、金橙色、凫色等时尚而又不过分浓艳的颜色。

— 冬季型人：可选用明亮又时尚的正蓝色、蓝红色、正绿色等色彩，突出光泽感，并用饰物做对比点缀。

- 华美的晚礼装用色。晚会着装以突出华丽、典雅、高贵、时尚为原则，各季型人应尽量在各自的色群中大胆选择与此原则相吻合的颜色，并注意增加光泽感。
  - — 春季型人：所有明亮华丽的颜色都可以用，如金橘色、橙色、暖玫瑰、亮紫罗兰色、桃红色、宝石绿等。
  - — 夏季型人：选择带有光泽感的面料，颜色可选用紫罗兰色、洋李紫色、深酒红等相对深一些的颜色，也可选用有亮片装饰的浅色系列。
  - — 秋季型人：所有华丽、高贵的颜色都适合正式场合使用，典型代表有金黄色、森林绿、茄紫色、橙红色、凫色等。
  - — 冬季型人：黑、白、桑葚紫、紫罗兰色、正蓝、热绿松石蓝等。

（4）男性四季型人色彩形象设计。

① 春季型男士。

- 色彩搭配原则：适合选用浅淡、鲜明、生动的暖色基调色彩群。在色彩搭配上应遵循鲜明、对比的搭配原则。不适合过分陈旧和沉重的色彩。关于黑白灰：如果不得不穿着黑色及深色的职业套装时，可以选择春季色彩群中鲜亮颜色的衬衣和领带与之搭配；春季型人适合的白色是淡黄色调的象牙白，穿象牙白色衬衣时配上略为鲜艳的金橘色、浅绿松石色领带会让人感觉全身充满活力；在选择灰色时，应选择光泽明亮的银灰色和由浅至中度的暖灰色和亮蓝色、金橘色、明黄色搭配最佳。
- 色彩场合转换。

职业场合的色彩搭配：

- — 西装：宜选择棕色、浅灰以及饱和度略高的蓝色，尽量回避用黑、深灰、藏蓝色。
- — 衬衫：宜选择浅淡或柔和的颜色，如象牙色、浅水蓝色。
- — 领带：选择明亮、鲜艳的颜色，如浅杏色、奶黄色。

半职业场合的色彩搭配：

- — 上衣：适合色群中浅淡或鲜艳一点的颜色，如浅水蓝、暖米色。
- — 裤装：适合色群中略深一点的颜色，如铅灰色、可可色。
- — 衬衫：适合色群中浅淡、明亮的颜色，如两色条织、鸭蛋青色。

休闲场合的色彩搭配：

- — 上衣：适合色群中浅淡柔和的颜色，如象牙白、奶黄色。
- — 裤装：适合色群中浅淡或稳重一些的颜色，如铅灰色、暖米色。
- — 背心：选择色群中明亮、鲜艳的颜色，如明黄色、亮蓝色。

② 夏季型男士。

- 色彩搭配原则：夏季型男士整体感觉温文尔雅，给人知性与清洁感，适合选用清新、柔和、浅淡的冷色基调色彩群。蓝色系对夏季型人非常适合。在色彩搭配上适合同一、类似的搭配原则。关于黑白灰：夏季型人不适合穿黑色，过深的颜色会破坏夏季型男士温文尔雅的气质，可以选用灰蓝色做职业套装，既稳重又雅致。夏季型人适合乳白色，穿乳白色衬衣时，配上夏季色群中蓝色系领带给人整洁、干练感。夏季型人穿着灰色非常高雅，但注意选择中度的灰，不同深浅的灰色与同深浅的紫色及粉色搭配最佳。

- 色彩场合转换。

职业场合的色彩搭配：

— 西装：宜选择深蓝灰、灰色等冷色，尽量回避深棕色系列。

— 衬衫：宜选择浅灰、蓝、紫、淡粉等柔和的颜色。

— 领带：选择色群中浅淡、柔和、雅致的颜色，如薰衣草紫色、天空蓝色。

半职业场合的色彩搭配：

— 上衣：适合色群中略微鲜艳或稍深一点的颜色，如浅灰色、蓝灰色。

— 裤装：适合色群中略微鲜艳稍深一点的颜色，如中灰色、粉灰色。

— 衬衫：适合浅色或鲜艳的颜色，如亮蓝色、淡藤紫色。

休闲场合的色彩搭配：

— 上衣：适合色群中浅淡或鲜艳一点的颜色，如淡藤紫色、浅云杉绿色。

— 裤装：适合色群中浅淡或稳重一些的颜色，如粉灰色、蓝灰色、深灰蓝色。

— 背心：选择色群中明亮、鲜艳的颜色，如浅葡萄色、云杉绿色。

③ 秋季型男士。

- 色彩搭配原则：秋季型男士整体印象成熟稳重、浑厚，亲和力强，适合浓郁、浑厚的色彩。在色彩搭配上应遵循同一、类似的搭配原则。关于黑白灰：秋季型人穿黑色会显得不精神，可用秋季色彩群中深棕色、深蓝色、橄榄绿色代替黑色。秋季型人适合的白色是以黄色为底调的牡蛎色，与秋季色彩群中稍柔和的颜色搭配，会显得自然而格调高雅。灰色与秋季型人的肤色排斥感较强，如选择，一定挑选偏黄或偏咖啡色的灰色。
- 色彩场合转换。

职业场合的色彩搭配：

— 西装：宜选择棕色、橄榄绿等深色调的暖色，尽量回避用黑、灰和饱和度高的蓝色。

— 衬衫：宜选择以黄为基调、雅致而稳重的颜色，如金棕色、铁青色。

— 领带：选择色群中浓郁一些的颜色，如凫色、褐红色。

半职业场合的色彩搭配：

— 上衣：适合色群中浅淡呈略微鲜艳的颜色，如凫色、深油绿色。

— 裤装：适合色群中略微鲜艳稍深一点的颜色，如暗苔绿色、深咖啡色。

— 衬衫：适合色群中鲜艳的颜色，如南瓜色、铁锈红色。

休闲场合的色彩搭配：

— 上衣：适合色群中浅淡或鲜艳一点的颜色，如牡蛎白色、玫瑰色。

— 裤装：适合色群中浅淡或稳重一些的颜色，如浅驼色、栗色。

— 背心：选择色群中鲜艳的颜色，如天空色、芥末黄色。

④ 冬季型男士。

- 色彩搭配原则：冬季型男士整体给人理性、个性分明，与众不同的感觉，适合选用强烈、纯正、饱和度高的冷色调色彩群，适合清晰明了、对比强烈的搭配。关于黑白灰：在四种季型人中只有冬季型人最适合驾驭黑、白、灰无彩色系。这三种颜色运用在冬季型人身上能最好地演绎冬季型人的特点。纯白色对冬季型人来说是一个“万用色”，穿着纯白色衬衣会使冬季型人神采奕奕。冬季型人适合各种深浅不同的灰色，与色彩群中鲜艳、饱和度高的颜色搭配具有时尚感。
- 色彩场合转换。

职业场合的色彩搭配：

— 西装：宜选择黑、灰、藏蓝色等深色调的冷色，尽量回避用棕色系列。

— 衬衫：宜选择白色或明亮鲜艳的颜色，如中灰色、蓝色。

— 领带：选择色群中明亮鲜艳的颜色，如蓝红色、冰灰色。

半职业场合的色彩搭配：

— 上衣：适合色群中浅淡或略微鲜艳的颜色，如酒红色、纯白色。

— 裤装：适合色群中较深的颜色，如黑色、藏蓝色。

— 衬衫：适合色群中浅色或鲜艳的颜色，如松绿色、冰蓝色。

休闲场合的色彩搭配：

— 上衣：适合色群中浅淡或鲜艳一点的颜色，如纯白色、冰灰色。

— 裤装：适合色群中稳重、深的颜色，如黑色、中灰色。

— 背心：选择色群中鲜艳的颜色，如中国蓝色、柠檬黄色。

延伸阅读7-6 认识色彩

1. 色彩的种类

（1）无彩系。黑色与白色以及黑白相混形成的各种灰为无彩系。无彩色只有明度概念。

（2）有彩系。赤、橙、黄、绿、青、蓝、紫为基本色，相混产生出千千万万个有彩色，通称有彩系。其中，任何一种色彩都具有三个基本属性：色相、明度、纯度。

2. 色彩三要素

（1）色相。色彩本身的固有颜色称为色相。每个颜色都有一个名称，称为色相名，如“红”、“黄”、“蓝”等。

（2）明度。颜色的明亮程度叫明度，这是光的反射率不同造成的。无彩色中，反射光最多的是白色，明度高；吸收光最多的是黑色，明度低。有彩色中最明亮的是黄色，最暗的是蓝紫色。

（3）纯度。色的强弱程度叫“纯度”。色强的叫“高纯度”、色弱的叫“低纯度”。纯度高，则色饱和度高，纯度最高的颜色是纯色。七种原色的纯度最高，颜色叠加后纯度渐弱。

3. 色调

色调是指色彩外观的基本倾向。在明度、纯度、色相这几个要素中，某种因素起主导作用，可以称为某种色调。

4. 色彩搭配

所有的颜色搭配都是以色相、色调为依据来进行的。

按色相配色的原则有同一色相配色、领近色相配色、对比色相配色。

按色调配色的原则有同一色调配色、邻近色调配色、对比色调配色。

5. 人体色对穿衣的影响

人体色确切地来说，是指我们与生俱来所拥有的皮肤、眼睛、毛发等的颜色。每个人的人体色是不一样的，在掌握每个人的具体特征后，依据色彩的冷暖倾向、轻重倾向和对比关系就可正确地指导每个人的用色范围和搭配原则。

资料来源：节选自上学吧资料分享 2013 年 12 月 11 日转载于西蔓的文章“女性个人色彩诊断”，http://www.shangxueba.com/share/p7013068.html，节选时有删改。

3. 销售人员个人形象款式风格诊断与设计

（1）款式风格诊断法简介。

① 轮廓分析法。它是指依据人体的骨骼轮廓线（含面部、五官）读取人的线条特征。线条特征区分为直线型、曲线型和中间型。

- 脸形轮廓分析法。根据脸的骨骼形状和五官走向可把脸的轮廓分为直线型、曲线型和中间型。直线型脸的骨骼和五官的形状给人一种硬朗、中性的感觉。而曲线型的脸的骨骼和五官带给人温柔、亲和的感觉。难以判断呈直线还是曲线感的脸形则属于中间型。
- 体型轮廓分析法。根据身体的骨架的线条走向可把体型分为直线型、曲线型和中间型。例如，以肩的骨骼走向为例，偏“端肩膀”的人，往往是指肩的走势平直，一般为直线型；而偏“溜肩”的人，是指肩部呈下滑的弧线，往往为曲线型。其中既不明显平直，也不明显下滑的肩就属于中间型。
- 衣型轮廓分析法。根据服装零部件的直、曲线条综合表达出的状态可把服装分为直线型，曲线型和中间型。服装的轮廓形状应与人的脸庞和身型相对应。直线型袖子与肩部连接所形成的线条近 90 度角。曲线型肩型顺畅自然，肩线圆润或肩部带褶皱。

② 量感分析法。依据人体的骨骼大小与比例可把人的总体的量的特征区分为大骨架型、小骨架型和中间型。

- 面部量感分析法。脸的量感按骨架发育的程度分为大骨架型、小骨架型和中间型。脸庞骨感、五官夸张而立体的人往往是大骨架型；脸庞较小、五官紧凑的人往往是小骨架型；介于两者之间的是中间型。
- 身材量感分析法。身材的量感也分为大骨架型、大骨架型和中间型。虽然胖瘦对人体的夸张程度有一定的影响，但对量感影响最大的还是一个人的骨架。

- 服装量感分析法（领子/裙子）。量感大的服装夸张，量感小的服装有玲珑感。量感大的领子是一些领口开得较低、领面宽大的领子，如大V领、小一字领、领口开到腰线上的一粒扣西装领、宽大的青果领、下垂较多的悬垂领、大花边领、披肩领等。而量感小的领子是领口开得较浅、领面较窄的领子，如小V领、小立领、小西装领、线瓜领、窄花边等。量感大的裙子会有大气而夸张的感觉，如大A字裙等；量感小的裙子会给人轻盈、年轻的感觉，如小A字裙、质地轻薄的裙子等。

③ 形容词读取法。它是指通过观察和读取人的与生俱来的由面部、身材和性格特征而综合形成的外在气质和氛围，用能够贴切表现其个性特质的形容词描述出来，从而判定出人的款式风格的一种诊断技巧与方法。所有的人都具有用形容词来综合表述她（他）的轮廓、量感、气质、性格的可能。并且，与这个人的个性气质相吻合的服装服饰的氛围，也一定可以用类似的形容词表述出来。

（2）女性款式风格诊断与设计。结合运用轮廓分析法、量感分析法和形容词读取法，我们可把女性大致划分成戏剧型、自然型、古典型、优雅型、浪漫型、前卫型、前卫少女型、前卫少年型等几种类型，不同类型的人适合不同的款式风格。

① 戏剧型女士。具有鲜明的个性，打扮入时，引人注目。这类女士往往脸部轮廓分明，身材高挑，有个性。

- 自测要点：面部轮廓线条分明、存在感强、五官夸张而立体；身材骨感、高大（比实际身材显高）；成熟的、夸张的、大气的、风风火火的气质。
- 戏剧型女士的装扮原则：建议多选择宽大的外套等各类富有个性的款式。

② 自然型女士。给人潇洒、活力、健康的印象，神态亲切，直线型身材颇有运动感。性格随和大方，在不刻意的修饰中表现着洒脱的魅力。

- 自测要点：面部亲切自然，轮廓及五官虽线条柔和但呈出直线感；身材直线感强、偏高、潇洒、有运动感；性格随意、大方、亲和力强。
- 自然型女士的装扮原则：建议多选择朴素大方、简约直线型款式。

③ 古典型女士。一丝不苟，五官端庄，面容高贵，有都市成熟职业女性的气质。但形象稍微一松散就会显得形象朴素，年龄上涨，需要选择一些精致而正统挺括的服饰来衬托自己。

- 自测要点：面部轮廓与五官端庄并呈直线感、精致而高贵；身材适中，以直线为主；正统、知性、一丝不苟、有距离感的气质。
- 古典型女士的装扮原则：非常适合剪裁合体，缝制精美的标准职业套装。

④ 优雅型女士。优雅的面容、温柔的眼睛，给人以小家碧玉感觉。

- 自测要点：面部轮廓线条柔美，五官精致、眼神柔和；身材适中，偏曲线、轻盈；性格温柔、女人味、恬静而优雅。
- 优雅型女士装扮原则：适合柔软的面料和曲线裁剪的服装来体现其特有的温柔感。

⑤ 浪漫型女士。形象迷人，五官甜美、女人味足，眼神妩媚，身材圆润。

- 自测要点：面部轮廓及五官曲线感强、妩媚、女人味；身材丰满、曲线感强、性感；成熟的、高贵的、夸张而大气的气质。
- 浪漫型女士装扮原则：有弧线的领和袖，蓬松而线条流畅的长裙，柔软、悬垂感好的宽松型裤子，合体的体现曲线美的套装，都能较好地诠释浪漫型女士的风格品位。

延伸阅读7-7 不同风格类型女士装扮提示

1. 戏剧型女士装扮提示

个性职业装：裤装搭配个性而干练的西装外套，体现出现代职业女性的时尚风格。

约会装：精美的、色彩感强的漂亮裙装，令其光彩照人。

大开领、宽松的、阔腿裤、夸张的花边与皱褶、夸张的男性化服装都能让戏剧型女士更加出众。

适合各种呢料、丝绒、皮革和闪光面料，软硬适宜。

在图案上，与服装款式协调统一的几何类图案、夸张的花纹、抽象类图案都是最佳选择。

可以根据不同场合来选择不同款式的鞋与包，鞋、包都应具有醒目的特点。

适合直发、削短、烫发、大波浪或大方的流行发型。

由于具有强烈的存在感，无论属于哪种色彩季型，都适合选择自己色彩季型里有冲击力的颜色。

2. 自然型女士装扮提示

正装：应注意小心挑选简练的直线裁剪的服装款式。

个性职业装：可选择宽松的长裙，搭配略显正式的西装外套。

约会装：具有民族风情的服装是自然型人约会时的独特装扮之一。

休闲装：朴素大方的无领外套、格子裙、A 字裙、棒针衫、T 恤衫、牛仔裤都是自然型女士显现潇洒外在形象的最佳选择。户外活动时，T 恤衫、短裤配运动鞋是最常用的打扮方法。

面料：棉、麻、各种呢类面料都是自然型服装的首选，皮革或磨砂皮也在选择之列。

图案：朴实的花纹彩色格子和几何、动物纹图案。

饰品：适合用浓重而质朴的木制、铜类、铁类、自然石类等质料来突出自然型女士的朴实，并适合民族风格造型的款式。

装容：极其自然的淡妆和在风中飘动的线条流畅的发型最符合自然型人。

服装色彩：倾向于柔和、自然、不刺激的色彩以契合其随意而平和的外表，最好避开那些华丽而夸张的服饰。

3. 古典型女士装扮提示

个性职业装：正统的职业装，穿着合体的翻出衬衫领的套装，系上一条高品质的丝巾，是古典型人最合适的装扮。

约会装：合体的夏奈尔套装，精致典雅的时尚小包。

休闲装：选择带领的衬衫、T 恤衫或外套，有裤线或垂感很好的长裤。

直线型的 V 领、小立领、方领。

高级毛料、真丝、开丝米等面料以及小几何型、均匀排列的图案。

大小适中且精致的饰品。

宜选择质量上乘的半高跟鞋，尽量少穿平底鞋、系带鞋类。

适合材质硬朗、规矩方正、大小适中的皮包。

注重细节的化妆和修剪整齐的、一丝不苟的发型。

4. 优雅型女士装扮提示

个性职业装：穿柔软质感的职业套装，并用有花边装饰的衬衫来搭配最为得体。

约会装：穿上柔美的连衣裙，配上精致的盘发与配饰。

偏曲线感的服装、柔软的皱褶裙或鱼尾裙、柔软的羊绒开衫再搭配一条有飘逸感的裙子都很适合。

适合曲线的花朵、圆点类图案。

饰品倾向于女性化的设计，精致的金银、珍珠、水晶类饰品都是最佳选择。

鞋和包的标准：秀气，女人味十足，皮质柔软。

化妆不宜过浓，淡雅的眼影比明显的眼线更适合优雅型女士。

发型适宜有柔和感的微卷发、盘发等。

最适合用能够展现女性魅力的颜色，如粉色、紫色、柔和的绿色等。

要注意从各方面表现和发挥温柔的女性美丽，尽量避免极端的、个性化的装扮。

资料来源：节选自上学吧资料分享 2013 年 12 月 11 日转载于西蔓的文章“女性款式风格手册”，http://www.shangxueba.com/share/p6247755.html，节选时有删改。

（3）男性服饰风格诊断与设计。男性的人体形特征可分为五个基本型：夸张戏剧型、潇洒自然型、端正古典型、性感浪漫型、摩登前卫型。

① 夸张戏剧型。成熟大气、引人注目，充满了鲜明的个性，给人以摩登、夸张的感觉，甚至会给人一种威慑力，一种强大的气势。

- 自测要点：面部轮廓线条分明、硬朗，存在感强，五官夸张而立体、量感强；身材骨感、宽厚、高大看起来比实际身高显高；成熟的、夸张的、大气的、风风火火的气质。
- 装扮原则：摩登的、有舞台表演感的时尚服装；夸张、宽松的大领口，枪驳头双排扣西装外套；华丽时尚的面料；夸张、大气的图案；醒目的、装饰性强的饰物；宜选择饱和、有冲击力的色彩；适合强烈对比的搭配。

② 潇洒自然型。给人潇洒、自然、亲切、随意的感觉。充满活力，散发出洒脱的魅力；敦厚大方，无距离感。

- 自测要点：面部轮廓及五官棱角不过于分明，有一定的柔和感，神态随意、轻松；身材健硕，潇洒，有活力，颇有运动感；性格随意、大方、亲和力强。
- 装扮原则：随意、潇洒、略宽松、运动感强的服装；纯朴质感、大方、天然的面料；自然的花纹、格子、几何图案；朴实大方的饰物；宜选择大自然中有柔和倾向的色彩；适合类似色彩搭配。

③ 端正古典型。给人以稳重、端正、知性、高贵与正式感，需要精致、正统的事物来衬托自己，表现出严谨，一丝不苟的风格。

- 自测要点：面部线条适中，五官端正、精致，面部整体有成熟、严谨感；身材板正、体型匀称适中；性格严谨、稳重、正统、知性。
- 装扮原则：精致合体的服装；高级、挺括细腻的面料；均匀、规则排列的小纹样图案；精致的、大小适中的饰物；宜选择具有理性倾向的色彩；适合同一色彩搭配。

④ 性感浪漫型。给人以华丽、性感、风度翩翩的感觉，适合华丽的服饰，给人大气、夸张的氛围。

- 自测要点：面部与五官线条柔和，轮廓不硬直，眼神柔和性感；身材成熟，饱满，不僵硬；成熟的、夸张而大气的气质。
- 装扮原则：做工华美的服装；华丽、光泽感强、细腻的面料；曲线感的图案；华丽、醒目、夸张的饰物；宜选择较为饱和、华丽但不过深暗的色彩；适合类似色彩搭配。

⑤ 摩登前卫型。给人个性化强的印象，与众不同、标新立异，往往具有超前的思想。

- 自测要点：面部轮廓线条分明、清晰，五官个性立体；身材骨感、小骨架、比例匀称；尖锐的、活泼的、叛逆的性格。
- 装扮原则：别具一格的服装；流行面料；对比分明、时尚感强的图案；宜选择时尚、前卫感的色彩；适合对比的色彩搭配。

延伸阅读7-8 不同风格类型男士装扮提示

1. 戏剧型男士装扮提示

西装：适合欧式 T、Y 板型宽大西装；枪驳领、大领口、双排扣等。适合用光泽感好的面料、软硬均可。回避中庸、规矩、小气的西装。

大衣：适合摩登、夸张的大衣，大领口，双排扣，系腰带等。适合用各种高档皮革。回避平庸、老实、小气的大衣。

衬衫和领带：适合大方领、大八字领、大尖角领的衬衫。图案要醒目抽象，色彩尽量对比强烈。

休闲装：适合穿着宽松的外套，棒针毛衣，夸张大气时尚的流行款式休闲装。外套可选用粗纺面料。

配饰：适合选择独特、醒目、装饰性强的饰物，如大手表等。

2. 潇洒自然型男士装扮提示

西装和大衣：适合美式H型或造型简单大方的西装，适合散开衣扣穿着。适合用质感天然、无强烈光泽的面料。回避过于华丽或标新立异的西装。

衬衫和领带：领带图案适合几何形、条格、自然植物纹样、不规则的圆点。选用柔和的色彩。适合方领、宽角领、有领尖扣的领型的衬衫。宜选条纹、方格、几何图案。色彩倾向柔和。

休闲装：适合穿着比身材大一号的休闲装，棒针毛衣。外套宜选用质感天然的面料，如牛仔布、条绒。

配饰：适合造型简洁大方、皮质天然、柔软舒适的鞋类，皮质、牛仔或布质的包。造型简单的饰物。

3. 端正古典型男士装扮提示

西装和大衣：适合穿着精致合体的服装，如做工精良、剪裁合体的传统样式西装。宜穿三件套西装。回避过于个性另类、夸张、随意粗糙的西装。适合合体的高级、挺括的风衣、大衣，选用精纺毛料等精致面料。回避随意粗糙的大衣。

衬衫和领带：领带图案适合排列整齐、规则排列的几何形。选用理性的色彩。质地高级，如丝织品，毛料等。适合方领、标准领衬衫。宜选择规则排列的条纹、格纹、水点等几何图案。色彩倾向理性。

休闲装：适合穿面料精致与做工考究的休闲装，如有领的T恤衫、合体的翻领外套等。

配饰：皮质精良、做工上乘、样式经典的鞋类，方正、大小适中的公文包等精致而有高贵感的饰物。

4. 浪漫型男士装扮提示

西装和大衣：适合垂感面料、呈做工感的西服套装。回避过于随意、粗糙、另类、个性的服饰风格。

衬衫和领带：适合花纹、涡旋纹等曲线感和华丽感的领带图案。选用饱和、华丽的色彩。质地高级有光泽。适合面料柔软的衬衫，宜选规则水波纹、花朵、水点等曲线感强的图案。色彩较为饱和、华丽但不过深暗。

休闲装：适合穿着质地柔软的休闲装；质地柔软的高领毛衣；面料垂感好的长裤。

配饰：适合造型圆润的鞋，有华丽扣装饰的包。

资料来源：节选自上学吧资料分享2013年8月8日转载于西蔓的文章“男士个人色彩与着装风格诊断”，http://www.shangxueba.com/share/p6417695.html，节选时有删改。

延伸阅读7-9 男士服饰场合转换术

1. 职场着装

分为严谨的职业装和时尚的半职业装。男士职业场合的着装以西服为主，颜色也基本选用深蓝色和深灰色。

（1）西装。

① 西服袖口刚好碰到手背为最理想的位置。衬衫袖口应露出西服袖口1.5厘米。

② 手臂自然下垂时，西服长度及拇指第一关节为最佳。

③ 在脖子后面衬衫领应露出西服领1.5厘米。

④ 衬衫领的外边和领尖必须被西服领所覆盖。领带的领结必须正好处在衬衫两边的正中间并且不滑动。

⑤ 系好领带后，领带尖正好触及皮带。

⑥ 西服裤长前面盖及皮鞋面为最佳，后面离地面约2厘米。

⑦ 袜子的长度要保证坐下来时，腿不可以露出来。颜色应与西服同色或深色。

⑧ 两粒扣的西服只系上面的扣子，三粒扣西服系中间或上两粒扣。

（2）严谨职业装。

① 搭配：成熟稳重的搭配。

② 高尚但保守，讲究品质、洁净，体现精确、沉稳、成熟、信任感。

③ 整套西服以深色或中性色为佳。

④ 衬衣、领带的颜色不能过于鲜艳，图案不能过花过乱。

⑤ 包以皮质为佳，简单大方，选择黑色及深中性色。

⑥ 袜子的颜色要与西服同色或为黑色、深色。

（3）半职业装。

① 搭配：时尚个性的搭配。

② 简洁、利落、时尚、轻松随意，体现个性和创意。

③ 虽然随意但过大的运动手表及卡通表都是不合时宜的。

④ 包可以不用皮质，但仍需简单大方，可选择中性色或不过艳的彩色。

⑤ 西裤配干净的衬衫是基本原则。

2. 休闲装

分为时尚休闲、运动休闲和家居休闲。服装以宽松舒适为主。

刻意休闲是休闲着装的原则，干净、整洁、适时。

稍为宽松，但不能完全不合身。

方便、随意但不随便。家居服绝对不能在公共场合穿着。

3. 社交着装

社交礼仪用服大致分为：正式礼服（晚礼服与晨礼服）；准礼服（介于普通西服与正式礼服之间，型似普通西服，青果领或剑形领，白色礼服衬衫或普通白色衬衫，黑领结，配腰封）；普通礼服（黑色套装与三件套装）；便服（普通西服、背心、领结自由组合的临时派对装）。

燕尾服是最正式的晚礼服，变通性最小。俗成定式；黑或深色毛料，裤子与上衣同色、同料。裤侧有平行的双条锻面条饰，白色翼领礼服衬衣，白领结，白色或与礼服同色的单排或双排扣礼服背心，白色羊皮手套，白色胸帕、黑色漆皮皮鞋，黑袜子。

礼服衬衫：白色为最正式，有冀领，平胸或加U形胸衬。

领带：传统的领结、宽型领带、剑形领带都是配合礼服的领带。

资料来源：节选自上学吧资料分享2013年8月8日转载于西蔓的文章“男士个人色彩与着装风格诊断”，http://www.shangxueba.com/share/p6417695.html，节选时有删改。

4. 销售人员的商务礼仪

（1）礼仪观念。什么是礼仪？为表示尊重他人而应遵循的有关讲究礼节、注重仪表、仪容、仪态、仪式等方面的规范化的形式和程序。

“全不讲求礼仪就等于教别人也不要讲求礼仪，结果是使人对自己减少尊敬之心。”（培根）“不知礼，无以立人之前。”（朱熹）礼仪的目的是在人际交往中，双方互相尊重，迅速沟通，增强理解、缩短差异。

（2）营销活动礼仪。

① 表情。在从事各种营销活动中，在与人沟通过程中，你的表情就是你的名片，真诚的、轻松的、自然的、愉悦的表情能给人留下良好的印象，同时也体现了对别人的尊重。

- 微笑。微笑不但能保持你外在的良好的形象，而且影响着自己和别人的情绪，笑容也吸引着陌生的朋友。微笑必须来自内心，是真诚地微笑，否则脸笑而心不笑，就会看起来是假笑。
- 眼睛。“眼睛如同我们的舌头一样能表达，只是它的优势不需要任何词句就能被全世界理解。”（爱默生）眼睛是心灵的窗口。目光的接触是一种信息的交流，一种对进一步交往的邀请。

② 交谈礼仪。

- 倾听。倾听是一门事业成功者必须掌握的艺术，倾听是建立自己良好形象的最简单的办法。一个优秀的听众，能调动谈话者的情绪、思维，甚至开拓谈话者的创造力。我们所说的首先应该与倾听相关或者来自所听的，在说之前，先学会听。应该这样倾听：目光与讲话者对应；身体前倾，表示对谈话感兴趣、关注；运用点头、摇头等头部动作；运用“嗯”、“是”等语言表示你在倾听；要“所答即所问”，这表示你在与人交流。
- 声音。声音在沟通中发挥强有力的作用。深厚、迷人的声音能够强化你的美好形象，保持人们对你的积极的注意力；而尖利刺耳的声音会损坏你的形象。电话中，声音占信息交流的90%。宽厚、低沉的声音让人感到有权威、可信、可靠。

用准确精练的语言，应避免口头语或口头禅、发音错误、不文明的脏话等。

- 关于闲谈内容。人与人之间的闲谈能有效找到双方更多的相似之处，从而引起共鸣，减少交流对象之间的心理距离。

闲谈话题参考：谈论或提问对方擅长的话题；安全话题（公共话题），如哲学、历史、地理、艺术、建筑、风土人情；轻松愉快的话题，如电影、电视、体育比赛、流行时尚、烹饪小吃、天气状况等。

- 文明十字：“你好”；“请”；“谢谢”；“对不起”；“再见”。

③ 演讲礼仪。演讲的主要目的不仅仅是表达和展示你的演讲内容，更重要的是展示你杰出的形象。在演讲的前两分钟，你展示给人们的视觉形象和开头的几句话是否能抓住人们的兴趣，就决定你的演讲是否能成功。美国一位演讲专家认为：“如果你在前两分钟不让听众兴奋，就别再让他们乏味。”引用名人名言；运用统计数据；想象；讲神秘的经历；微笑；目光接触等。

④ 电话礼仪。电话是一种常见的重要沟通工具，不规范、没有职业风范的电话方式，不但影响着你的形象，也在影响着公司的商业信誉。“每个电话，都要努力展示给对方一个有高度职业经验，可以信赖的形象。”（英格丽）

- 接电话要点。
  — 电话铃响时，心中微笑着去接电话。
  — 在电话铃响第二声之后，第三声时再接电话。
  — 先报公司名，再报个人名。
  — 电话交谈中，停止手中、口中的一切活动。手中持笔，以记下重要信息。
- 打电话要点。
  — 电话中声音一定要热情、温暖。
  — 告诉对方你是谁及来电的目的。
  — 询问对方是否方便接电话；若不方便，告诉对方你在对方方便时再来电。
  — 不要在商务电话中啰唆，要用精练的职业语言。
  — 以祝福对方的友好语言结束电话。“非常高兴能与你通话！”“谢谢你！”
- 谁先挂电话。
  — 地位高者先挂（上级部门先挂、职务高者先挂、客户先挂）。
  — 身份地位一样时，主叫先挂。

⑤介绍礼仪。

- 自我介绍。
  — 先递名片，再做自我介绍。
  — 时间简短，内容简明扼要。
  — 内容全面（单位、部门、职务、姓名）。
  — 使用简称要慎重。
- 介绍他人。
  — 谁当介绍人。社交场合往往是女主人当介绍人。公务介绍：办公室、公关人员等专业人员；对口人士；会见贵宾时，本单位职务最高者。

— 介绍顺序。介绍双边人士时：尊者居后，尊者有优先知情权。介绍顺序：把职级低者介绍给职级高者；把年轻者介绍给年长者；把自己公司的同事介绍给别家公司的同事；把同事介绍给客户；把非官方人事介绍给官方人士；把本国同事介绍给外国同事。介绍单边人士时，尊者居前。

⑥ 握手礼仪。

- 伸手顺序：尊者在前。
- 表情：与对方目光接触，面带笑容。
- 握手姿势：伸出手时，手掌和拇指应该有一个角度，一旦你的手与别人的手握在一起，你的四指与拇指都应该全部与对方的手握在一起。
- 握手力度：2 公斤。
- 握手时间：3 ~ 5 秒。

⑦ 名片礼仪。

- 递名片。
  — 地位低者先递名片。
  — 微笑，目光交流，双手捏住名片的两上角。
- 接受名片。
  — 如自己没有名片："对不起，我名片用完了。""对不起，我没带名片。"
  — 微笑，目光交流，双手捏住名片的两下角。
  — 认真看，必要时念名片上的重要内容。
- 索取名片。
  — 交易法：将欲取之，必先予之。
  — 激将法："不知能不能有幸和您交换一下名片？"
  — 谦恭法："不知道以后如何才能够继续向您请教？"
  — 联络法："不知道以后怎样方便和您联系？"

⑧ 次序礼仪。

- 排序办法。
  — 按行政职务的高低（官方活动、正式场合）。
  — 按姓氏笔画顺序排列（选举、登报致谢等）。
  — 按拉丁字母顺序排列（国际会议、涉外沟通、运动会等）。
  — 按报名早晚顺序排列（招商会、展示会）。
  —不排列（对同等地位的客人进行介绍时）。
- 位次。
  — 动态位次：左中右，中为上；进门方向的右边为上；内侧高于外侧，靠墙边为上；前方高于后方。
  — 座次：面门为上；居中为上；以右为上；前排为上；以远为上（离门距离）。

⑨ 空间礼仪。

- 距离。
  - — 亲热界 0 ~ 46cm。
  - — 个人界 46 ~ 1.22m。
  - — 社交界 1.22 ~ 6.1m。
  - — 公众界 6.1 ~ 8m。

一般来说，在商务活动中应尽量在个人界内与人个别交流，应在社交界内与群体进行沟通。

- 位置。一般来说，在办公室递文件或在客厅交谈的场景，面对面的位置表示严肃和有距离感，斜对面或左右两侧位置表示关系更随意和亲近，在心理上更利于沟通。
- 电梯礼仪。
  - — 陪同人员先进后出。
  - — 领导、尊长后进先出。
  - — 电梯内一般不向任何人说话。
  - — 不与人眼光接触。
  - — 不应有太多身体动作。
  - — 眼睛盯着数字板。

⑩ 体姿礼仪。心理学家的研究发现，人与人之间的交流 58%通过视觉，35%通过听觉，只有 7%通过语言。体姿属于身体语言，在视觉上很大程度地影响人与人之间的沟通。

- 站姿。
  - — 基本要求：抬头；挺胸；收腹；提臀；脸上带有自信；挺拔感。
  - — 应避免的站姿：两腿交叉站立；双手或单手叉腰；双臂交叉抱于胸前；双手插入衣袋或裤袋。
- 走姿。
  - — 基本要求：抬头平视；挺胸；收腹；肩膀往后垂；摆臂自然；步伐轻盈。
  - — 应避免的走姿：步子太大或太小；双手插入裤袋；双手反背于背后；拖泥带水；惊慌奔跑。
- 坐姿。
  - — 基本要求。女士：基本站立的姿态；后腿能够碰到椅子轻轻坐下；膝盖并拢；腿放中间或放两边；跷腿应合并。男士：基本站立的姿态；两腿可分开与肩平；两手放于双膝；可跷腿（于尊者之后）。

（3）宴请礼仪。

① 关于吃什么。关于吃什么最重要的一点是搞清楚客人不能吃什么，要尊重客人的民族习俗、宗教信仰和相关禁忌。比如，西方人有六不吃：不吃动物内脏；不吃动物的头脚；不吃宠物（猫、狗、鸽等）；不吃珍稀动物；不吃淡水鱼；不吃无鳞无鳍的动物（鳝、鳅、

鲶、蛇等）。当然，在很大程度上，商务宴请可能更加注重吃本身之外的东西即附加值，如文化、环境和氛围等。

② 宴请礼仪要点。

- 主人应早于约定时间几分钟为客人服务。
- 侍者领入位时，应让客人先走。
- 最好的座位让给客人，主人坐在客人的左边。或者说，主人右边的人是最重要的人。正对领导（主人）位为结账埋单位置。
- 形象同行为同等重要，坐立要直，双肘不要放在桌上。
- 全体到齐或领导宣布开始方可开始动手。
- 口中不要发出咂咂声，口中不要塞满食物。
- 不要吹热咖啡或菜，让它自然凉。
- 不要强迫客人喝酒，如果客人点酒，主人也应点酒；如果不喝酒，可以点非酒饮料。
- 西餐进食规矩。主菜：用刀切割，一次吃一块，不可一次切完再逐一食用，口中有骨头或鱼刺时，用拇指和食指从紧闭的唇间取出。色拉：用小叉食用。面条和面包：面条用叉子卷妥食用，面包用手撕成小块放入口中，不可用嘴啃食。汤：用汤匙由内往外舀，不可将汤碗端起来喝，喝汤时不可出声。
- 主人应准备好付餐厅最昂贵的价格。

③ 关于酒水常识。

- 酒菜应当相互配合。干白葡萄酒——鱼、海鲜或鸡，配奶油汁；干红葡萄酒——牛肉、羊肉、意大利粉；甜红葡萄酒——甜点心（最后一道）。
- 酒的顺序。味道越浓的酒越放在后面用。通常是白葡萄酒先于红葡萄酒；年限短的酒先于年限长的酒；未加糖的酒先于加糖的。但没有任何人在葡萄酒中加任何调味品，更不加冰和柠檬。
- 一般情况下，酒只倒杯子的2/3。

（4）服饰礼仪。

① 服饰理念。“服装建造一个人，不修边幅的人在社会上是没有影响的。”（马克·吐温）“穿着成功不一定保证你成功，但不成功的穿着保证帮助你失败!”（凯伦）

② 西服。

- 面料：100%毛料或至少70%的毛料或毛与丝的合成材料。任何化纤制品都会看起来廉价、劣质。
- 色彩：成功男性的西服不过于深蓝、灰、深灰等中性色彩。黑色和棕色在国际性商务活动中应避免。
- 花纹：男性西服只能是纯色或暗而淡的含蓄的条纹。任何大格、花呢的图案都不会让人产生良好的印象。深蓝色西服加暗条纹被认为强有力的男性西服。
- 单排扣还是双排扣：目前国际时尚的西服是单排扣，双排扣西服更加正规和拘谨。

穿双排扣西服，所有的扣子都要扣上，而单排扣西服，最下的一颗扣子要开敞。

- 穿正装西装时严禁穿毛衣。

目前，世界上流行的西服有三种风格：美式、欧式、英式。

- 美式。宽松、不贴身、腰部呈筒形，后中开衩。适合瘦高型身材的人。
- 欧式。剪裁得体，强调垫肩，肩部方正和后腰尤为得体，显出男性的肩、胸。双排扣较多，欧式更适合中国人的形体。大方得体，做工精细。
- 英式。无垫肩或只有一点垫肩，腰部略有形状，有绅士格调和品位，多为单排扣。

③ 衬衣。确保衬衣无斑点、渍迹；领带、衬衣要与西服配合；深色衬衣——深蓝、黑色、深绿、棕色等，大图案、大条纹、花案的，丝衬衣等都不属于商务服装；不要穿短袖衬衣与西服相配；衬衣的袖口要长出西服两指。穿西装时，后领的合适与否也极为重要，但要防止后领处鼓着大包。

④ 领带

- 选择有艺术品位又有权威力量的领带，能衬托出一个成功的男人深厚雄伟的魅力。男人至少要有酱红色和蓝色的领带各一条。
- 买高质量真丝，图案含蓄、简单，色彩保守的领带。
- 领带的打结：领带的衣底三角正处于腰带的中间，长于腰带，显得不精干；拖拉在腰带之上显得小家子气；领带的打结与领口的样式有关，领口越宽，领带的结应该越宽。
- 领带细节：不应有疵点，线头，破丝，或者褪色变形的迹象。

⑤ 鞋和袜。闪亮、优质的鞋，意味着出色、优秀、可信的人格。鞋的质量至关重要，保持皮鞋发亮、不皱。穿西服时，只能穿样式简单优质黑色牛皮鞋，袜子要与裤子同色，不应穿白袜子，只能穿蓝、灰袜子或黑袜子。袜子的腰要足够长，以遮住腿。不能穿有破洞和抽了丝的袜子。

⑥ 佩饰。佩饰的穿戴应本着“设计简单，质量精致”的原则。

- 表：选用金属表，优质真皮或金属表链。
- 眼镜：金丝边眼镜比塑料边的儒雅，不要选用粗厚、塑料框架的眼镜。
- 腰带：要与皮鞋同色，腰带扣形状要简洁。
- 公文包：选用国际公认规格的公文包；选用深棕色或黑色的牛皮或羊皮包；外表杜绝一切花纹图案和文字，“花哨”意味着“低品位”。不要用背肩式、夹式或箱式的皮包。
- 笔：优质的高贵品牌的金属墨水笔。
- 手套：黑、深棕皮手套。

保险销售人员应熟练掌握并灵活运用以上色彩诊断与设计、款式风格诊断与设计和商务礼仪等知识技巧来打造自己体现个性魅力的成功职业形象。

7.3.2　销售人员活动管理

1．活动管理的意义

活动管理是指建立在一套完整的管理工具和一套完善的管理操作体系基础上的日常销售管理行为规范，其目的是让销售人员形成一套日常标准工作模式，从而达到自动自发，自我激励，自我管理的目的，有效提升销售人员日常销售活动的质与量。

具体来说，销售活动管理对销售人员的好处包括：不断增加准保户数量；提高有效拜访量；改善各项经营指标；提升客户服务质量；提升专业技能；工作有计划；管理有系统；拜访有目标；销售有策略；展业有工具；服务有品质等。销售人员活动管理对营销主管的好处包括：了解组员工作状态；实时掌控组织发展动态；可以使教育辅导更有针对性；确保业绩、增员的稳定增长；规范主管日常管理行为；累积主管的管理经验和资料；促使主管专业化管理；增强业务员的工作认同感；建立业务员日常工作模式等。

销售人员活动管理体系主要包括目标管理、时间管理、客户管理和情绪管理等。

2．目标管理

在销售活动管理体系中，目标管理可谓是“牵一发而动全军”，起着方向标的引领作用。目标管理包含两大核心内容，一是目标的设定，二是对目标达成过程的管控。

（1）目标设定

① 目标设定要求。不管是短期目标、中期目标还是长期目标，概括来讲，应符合 SMART 设计原则，即所设定的目标应是特定的（Specific）、可量化的（Measurable）、可达成的（Attainable），熟悉的（Relevant），须在一定时间内完成的（Time）。

② 目标设定步骤。科学设置个性目标一般包括六个步骤。

步骤一：明确生活需求。拟定年度内的重大消费项目和储蓄投资项目，可填写“个人生活需求表”。

步骤二：明确收入目标。根据今年支出的各项开支和投资储蓄额等，在参考上年收入及期待的增长率的基础上，明确自己今年所要达成的收入，拟定今年的销售佣金或手续费目标。

步骤三：将收入目标换算为活动目标。通过收入目标计算出年度业绩目标，再据年度业绩目标计算出月业绩目标。

步骤四：设定每月活动目标。根据月业绩目标计算出月活动量目标，如月开发客户数量、月客户拜访量等。

步骤五：设定每日活动目标。根据月活动量目标计算出日活动量目标，如日拜访量、呼出电话量等。

步骤六：录入目标。将每月的业绩目标和每日活动量目标填写到目标设定表中，并上交营销单位或主管，录入人员将制定的各项目标录入存档，以备过程跟踪、督促和考核。

（2）目标达成过程管控。目标设定之后，对执行过程进行有效管控，以保证目标的顺利达成。可通过GOLD模式进行目标达成过程管控。

① Goal——集中注意力关注目标。

② Organize——对完成目标所需投入的资源进行组织调度和管理，如对资金、人力的组织调度。

③ List——对须完成的活动项目列出清单，并标明重点项目和完成时间先后顺序。

④ Do——按照清单贯彻执行。

延伸阅读7-10 保险销售人员目标拟订步骤

步骤一与步骤二：明确生活需求与明确收入目标。

明确生活需求是制定个性化目标的基础，在这里有工具“个人生活需求表”来帮助我们找到自己的生活需求，从而可以针对自己不同时期、不同环境的需要来设定自己的目标。目标是根据自己的实际需要制定的，从而使目标的有效追踪成为可能。每年年底或年初时，主管在晨会中组织大家填写未来一年的“个人生活需求表”。

步骤三：将收入目标换算为活动目标，包括新保单件数、拜访客户数。

假设件均保费为X元，则年度新单件数=年度金钱收入÷X。

假设拜访平均N个客户可促成1件新单，则需年度拜访客户量=年度新单件数×N=（年度金钱收入÷X）×N。

步骤四：设定每月活动目标。根据年度活动目标计算月活动目标。

月新单件数=年度新单件数÷12=年度金钱收入÷X÷12

月拜访量=年度拜访客户量÷12=（年度金钱收入÷X）×N÷12

步骤五：设定每日活动目标。根据月活动目标计算日活动目标。

日拜访量=年度拜访客户量÷12÷月工作天数=（年度金钱收入÷X）×N÷12÷月工作天数

步骤六：录入目标。把目标录入销售计划表、行事历或活动日志，督促自己确实执行。

说明：以上目标设定主要从收入目标及销售活动目标来讲的。其实，为了保持自己的可持续发展潜力，销售人员应注重自我成长与职涯规划等人生目标的制定。

资料来源：根据《中国人寿业务员手册》编辑整理。

课堂实作：

请为销售人员周士超拟定一个销售目标方案。

周士超，已婚无子女，夫妻双方收入基本一样。

每月（元）：租房500元，伙食800元，电话费150元（大部分是周士超使用），水电费100元，物业费、有线电视费等杂费大约200元，交通费300元，香水、日常护肤品等100元（大部分是周士超妻子使用），计划每月固定存500元。

每年（元）：旅游2 400元，学习、培训费1 200元，文具、杂志费用600元（大部分是周士超使用），业务应酬 1 200 元（大部分是周士超使用），保险费每年约 4 800 元，服装费 2 400 元。

（1）续期佣金：4 800 元。

（2）刚结婚仅有很少存款（忽略不计），外地人无别的固定资产。

（3）考虑税收和生活水平提高等因素，适当调高收入 20%。

3．时间管理

谈到时间管理，多数人都会想到：一是在工作上如何有效地利用时间；二是在业余时如何有效地利用时间用于学习或工作。其实，这样理解时间管理是错误的。

时间管理与目标设定、目标执行有相辅相成的关系，时间管理与目标管理是不可分的。有了目标，如何开始一步一步循序渐进地达到目标，需要的就是“计划”。计划逐步细分，自然会衍生出许多必须去执行的事件，对事件加以规划，即时间管理

延伸阅读 7-11　四代时间管理

第一代着重利用便条与备忘录。

第二代强调长/中/短期日程表，反映出时间管理已注意到规划未来的重要性。

第三代重视优先顺序的观念，将有效的时间和精力加以分配，争取最高效率。

第四代重在个人管理，注重提高个人生活和工作质量，帮助平衡发展工作和生活的不同角色，并全盘规划日常生活。

第四代时间管理注重规划，即效率和效能的结合。偏重于重要而不急迫的事情，是比较理想的状况（见图 7-2）。

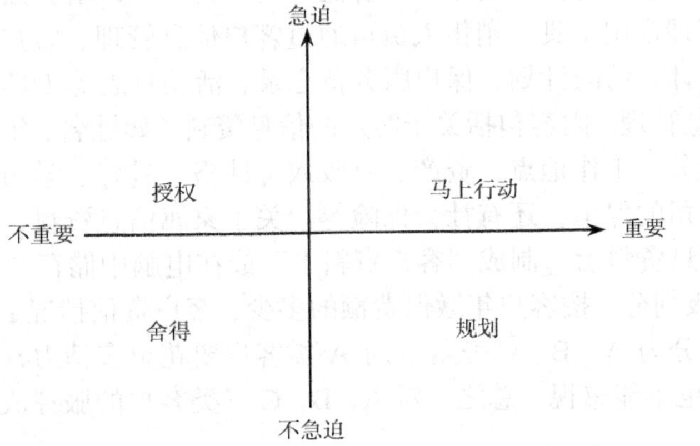

图 7-2　第四代时间管理

思考题：

1. 你的重要又急迫的事项有哪些？
2. 你的重要但不很急迫的事项有哪些？

4．客户管理

（1）客户管理的内容。客户管理的实质是通过调查分析，进行客户开发、客户服务、客户促销、客户维护并促进客户价值的提升。客户管理的内容包括：

① 客户调查管理。客户调查是实施市场策略的重要手段之一。通过人口特征、生活态度、生活方式、消费历史、媒介消费等对目标客户进行分析，迅速了解客户需求，及时掌握客户信息，把握市场动态，调整、修正产品与服务的营销策略，满足不同的需求，促进产品及服务的销售。

② 客户开发管理。在竞争激烈的市场中，能否通过有效的方法获取客户资源往往是营销成败的关键。

③ 客户信息管理。客户信息管理是客户管理的重要内容和基础，包括客户信息的收集、处理和保存。建立完善的客户管理系统，对于扩大市场占有率、提高营销效率、与客户建立长期稳定的业务联系，都具有重要意义。

④ 客户服务管理。客户服务是一个过程，是在合适的时间、合适的场合，以合适的方式向合适的客户提供合适的产品和服务，使客户合适的需求得到满足，价值得到提升的活动过程。客户服务管理是了解与创造客户需求，以实现客户满意为目的的一种经营行为和管理方式。

⑤ 客户促销管理。促销是销售人员将有关产品信息通过各种方式传递给客户，提供产品情报、增加消费需求、突出产品特点，促进其了解、信赖并使用产品及服务，以达到稳定市场销售，扩大市场份额，增加产品价值，发展新客户，培养强化客户忠诚度的目的。

（2）客户管理常用工具。销售人员可通过客户信息管理、客户等级划分、客户区域划分和访问路线设计、访问计划、保户服务备忘录、活动日志等工具来实施客户管理。

① 客户信息管理。内容包括关于客户的信息资料，如姓名、年龄、生日、籍贯、体格、住址、电话、职务、工作地点、资产、月收入、性格、爱好、学历等；关于已订保单，含本公司及其他公司的保单，还有社会保险等；关于家属信息资料，与客户信息项目同。收集尽可能多的信息资料后，制成“客户资料卡”或在电脑中储存“客户档案”。

② 客户等级划分。按客户年缴保费额的多少、客户资信情况、保险意识的强弱、经济实力等把客户划分为A、B、C三等。对A类客户要花更多精力，勤于联络拜访；当然，对B、C类客户也不能忽视。总之，对A、B、C三类客户的服务成本要比例分配，以便提高销售业绩。

③ 客户区域划分和访问路线设计。为了节约时间和经费、提高销售工作效率，划分客户区域、设定拜访路线是有效途径。

④ 访问计划。访问数依客户的不同级别而有所不同。

⑤ 保户服务备忘录。这是销售人员对保户进行售后服务的记录备忘工具，有效保证服务的有条不紊和提高客户的满意度，同时为老客户二度开发提供基础。

⑥ 活动日志。活动日志是销售人员进行行动管理并养成良好的销售习惯、培养毅力、提高销售水平的有效途径。以下是活动日志内容范例，样表见本章“销售工具”。

- 任务数。
- 访问时间。
- 访问对象。
- 访问路线。
- 访问反应：热情——加强复访，1～3天再访；平淡——放慢节奏，1～3周再访；冷谈——冷处理，1～3年再访。
- 下回访问日期。
- 今日成果。
- 今日感想。

延伸阅读7-12　某公司团险业务活动量管理暂行规定

为了规范各单位销售行为，强化追踪和辅导，打造团险业务长远发展的基础，特在团险渠道推行活动量管理，望各单位严格执行，具体要求如下：

一、行事历的报送，每周六中午12：00前，基层单位团体部经理将本周工作及目标完成情况进行总结，连同下周的工作行事历上报分管总处，分管总完善批准后，报市公司团险业务部信箱，团险业务部汇总后报市公司分管总。

具体要求：各单位要充分论证目标和工作的可行性，明确每个员工的目标和重点工作。

二、每天召开早会，基层单位团体部经理负责填写“早会记录评估表”，并于每周六汇总上报到市公司团险业务部信箱，汇总后报市公司分管总。

三、客户经理采取6 311日工作模式，即6个维护或开拓电话、3个有效拜访、1个准客户资料积累和1个问题或险种学习。客户经理每天认真填写“客户经理工作日志”，由各单位分管总不定期抽查。

四、团体部经理采取3 111日工作辅导模式，即3个电话追踪、1个有效陪访、1个有效辅导和1个计划书制作或增员。每天认真检查批阅客户经理的“客户经理工作日志”，认真填写“主管周活动评估表”，周六将该表经分管总审批后，上报市公司团险销售部信箱。

五、陪访制度，客户经理进行客户开拓，建立“准客户资料登记表”，第2次拜访由组长进行陪访，第3次由科长陪访，如果有需要，建立“客户资料档案卡”，第4次由分管总陪访，如果较重大项目，可直接由总经理室陪访或市公司相关领导陪访。

六、奖罚措施，各种工具必须按照要求认真据实填写，认真落实规定的活动量，各单位进行考核。

七、本暂行规定自即日起执行，解释权归市公司团体业务部。

资料来源： 节选自圈中人保险资料库 2013 年 1 月 7 日转载的“团险业务活动量管理暂行规定”，http://zlk.qzr.cn/vip/553601.shtml，节选时有删改。

思考题：

1. 请对客户经理和团体部经理的角色定位进行分析。
2. 请对比分析客户经理的日工作模式和团体部经理的日辅导模式。

5. 情绪管理

（1）了解情绪。情绪是指人的心理和情感状态，又称“心态”。人们常说的EQ（情商）反映了一个人的情绪品质和对社会的适应能力。EQ高的人人际交往和自省的能力强，能自由抒发释放和接纳承认自己的情绪，并善于洞察人心，善于与人交往。他们虽然敏感，却又能控制、调整自己的情绪。

情绪/心态包括正面情绪/心态和负面情绪/心态，如自信、热情、乐观、积极、平常心、敞开心胸乐于沟通协调、承担责任的态度、乐于合作、肯定自己工作的价值、以团队的一分子为荣等属于正面情绪，而愤怒、悲伤、焦虑、恐惧、后悔、罪恶感、沮丧、失望、压力、孤独等属于负面情绪。

（2）管理情绪。

① 情绪管理三步骤。

- 了解自己的情绪。
- 跟自己的情绪在一起，了解如何做自己的朋友。
- 更新情绪。想想：最糟糕的状况是什么？准备接受最糟的状况？有没有什么方法可以使状况改善一些？马上行动！在改变现状的行动中不良情绪自然而然得到化解了。

② 改变心情三信念。

- 凡是发生必有其目的并且有助于我。
- 每个困难都带给我同等或更好的机会。
- 无论发生什么事，都有其正面对自己有帮助的地方。

③ 管理情绪三工具。

- 改变肢体动作。
- 改变注意力。
- 改变所问的问题。

延伸阅读 7-13　培养自信与热情

坦然地接受别人的赞扬。眼睛能与别人直视。热情像一股神奇的力量，吸引着人们。热情与否决定着你是否有其他的优良品质。心理学家认为，热情的人之所以被人们喜欢是因为热情的品质包含了更多的个人内容，它让人们联想到与之相关的其他优良品质和特性，这正是“光环效应”的反映。热情的源泉来自对生活的热爱和信赖。请记住以下句子：

"不是因为这些事情难以做到，我们才失去信心，而是因为我们缺乏自信心才使这些事情难以做到。"（塞涅卡）

"你必须相信不可能是可能的。"（霍华德·海德）

"你认为你'能'，还是'不能'，你都是正确的。"（亨利·福特）

"只允许那些积极的想法在脑海中存在。"（英格丽）

"不要自我贬低，不要说不利于自己的话，不要过分地谦虚。"（英格丽）

资料来源：英格丽.《修炼成功——世界形象设计师的忠告[M].北京：中国发展出版社，2003.

思考题：

以上所列的哪些句子让你产生共鸣？让你产生了哪些积极联想或回忆？

延伸阅读 7-14 营销主管压力管理

营销主管的工作是具有挑战性的，营销主管需要挑战来激励自己，同时增加生活的乐趣。营销主管必须建立良好的工作环境，使业务员努力工作。

所谓压力，是一种无法放松心情的状态。压力的产生表示一个人无法处理某些局面，人在压力之下，情绪和行为都会受到影响，身体也会显出症状。个人承受压力的情形，与他的基本性格、应付技巧及过去的经验有关。紧张内向型的人较之莽撞外向的人容易受到压力的伤害。个人的优点与缺点，也会影响压力的承受情形。

1. 压力的来源

一般来讲，压力来自三个方面。

（1）公司的目标。公司的目标要靠全部门的业务员共同完成，带领各个团队或组织的主管自然负有不可推卸的重大责任，有的甚至还同公司立了"军令状"。这是鞭策自己、激励自己的动力，同时也是自己给自己增加的压力。

（2）外在因素。外在压力的产生主要是由于同事之间的攀比导致的。人都有虚荣心，每个人都希望自己比别人强，尤其喜欢找一些能力、背景等各方面条件跟自己差不多的人比较。如果比别人强，要想始终保持领先地位，就得更加努力，给自己加压；如果比别人差，不服输是人的本性，更应加倍努力，给自己施压。

（3）内在因素。内在压力的产生主要是由于自信和自我要求。作为主管要充满自信，要相信自己是世界上最棒的，在各个方面严格要求自己，只有高标准、严要求才能使你永远立于时代的潮头，永远立于不败之地。

2. 压力的代价

可衡量的压力代价：缓慢/差劲的表现；疾病；提早退休；工作中死亡；事故/受伤；旷工；保健医疗花费等。

不可衡量的压力代价：差劲的时间管理；低效的管理；存在事故隐患；人际关系的恶化；判断力的削弱；创造力的降低等。

3. 释解压力的方法

（1）良好的人际关系，是减少压力的关键。所有冲突与挫折可能来自工作，也可能来自家庭，而两者相互影响。无论在家庭中或在工作中，应该互相了解，彼此关怀。在工作中，就应确定自己的工作目标，并乐意与他人讨论困难所在，以避免日后成为棘手的问题；而在家庭中，也应设身处地为你的另一半着想，并确实采取行动，改善彼此之间的关系。

（2）健康的身体状况，也有助于使你在工作与家庭生活都能保持平衡。为了使身体健康，你必须抽空运动，并注重休闲活动，避免工作过度。主管应设身处地替组员着想，不应该给组员不必要的压力。同时应注意那些与压力有关的征兆，鼓励组员在家庭与工作上取得平衡，使他们更有能力去接受工作上的挑战，使团队更健康地发展。

（3）有意地控制压力。主管可以通过对自己长处与短处的分析来了解自己，使压力向好的方向转换，检讨一下自己是个什么样的主管，是个什么样的生活伴侣。对工作中、生活中引发压力的事件清楚了解，然后努力对它们进行控制。控制压力的方法有：

① 改变你的思维。主管可以建立更加积极的形象，改变不切实际的信条，避免绝对化的思维或带有“必须”或“应该”的信念。特别是拖延的习惯，它会将一些事情逼到一个非常紧急的关口，常常让我们在压力下喘不过气来。

② 与好朋友谈谈。我们常说“当局者迷，旁观者清”。面对压力时，不妨找三两好友商对策，从别人的建议中，跳出个人因过度主观所可能引发的错误判断。

③ 暂时远离问题。当压力产生时，有些主管会不断往死胡同里钻，结果非但未减轻压力，反而产生更多问题。所以可以暂时抛开这个问题，过一些时间再度面对时，可能会有全新的看法。

④ 不要恐惧问题。任何一个组织都会有问题的产生，问题的来临是正常的。要采取积极面对的心态，并且相信自己能很好地解决问题。其实，因为逃避而产生的问题堆积常常会强烈地爆发，以致到达难以收拾的程度。

⑤ 化解紧张气氛。身为主管，必须与下属建立良好的人际关系。在组织中需要竞争来推动业务，但是要营造友好和谐的竞争气氛，避免组员之间的过度竞争带来的压力。

⑥ 多为别人做事。施比受更受别人尊敬。在你付出的时候，会有快乐的成就感。将个人利益淡化，加强组员的友谊，让他们感受到组织的温暖，可以很好地缓解个人压力。

⑦ 善待别人和自己。与同事交流，尽量少用批评的口气，多用建议的言辞，减少人际障碍，化解人际压力。

⑧ 营造生活乐趣。在忙碌的工作中，抽出时间做一些旅行，做一些自己爱做的事情，或者和家人在一起共享快乐时光，良好的家庭生活和休闲娱乐可以培养健康正面的生活态度。

⑨ 避免拖延。拖延是一种说服自己把今天应该做的事推到明天去做的“艺术”，把应该做的工作以各种借口不做，直到把自己逼到万不得已的那一刻。拖延是我们每个人身上都有的毛病，它对我们的工作造成很大的影响，给我们的工作和生活带来很大的压力。

总之，成为一个优秀主管并不是一日之事，但是最重要的一点是要求自己不断地学习和成长。从业务员到主管，是事业生涯的一个台阶，如果对自己没有适度的调整，将难以胜任这份工作，更不用说组织的发展。对自己的严格要求，合理地分配时间、正确地面对压力和巧妙地减轻压力将使你在工作中游刃有余，顺利地成长为一个成熟的主管。

资料来源：中国平安保险公司的《平安行销》。

思考题：

1. 以上材料中介绍的释解压力的方法哪些比较适合于你？
2. 你准备采用以上材料中介绍的哪些有意控制压力的办法？

同步练习

1. 保险销售人员应该具备哪些职业道德？
2. 保险销售人员应该具备哪些基本素质？
3. 保险销售人员应该具备哪些职业能力？
4. 请阐述保险公司对保险销售人员的培训体系。
5. 销售人员的形象塑造包括哪些内容？
6. 保险销售人员的活动管理的目的是什么？主要包括哪些内容？
7. 保险销售人员应如何对自己进行目标管理？
8. 保险销售人员可怎样进行时间管理？
9. 保险销售人员应如何进行客户管理？
10. 保险销售人员应如何进行情绪管理？

典型案例分析

不断创新 追求卓越
——记中国人寿山东济南分公司个险精英曹纪平

1. 常怀感恩心

曹纪平出生在一个农民家庭，父母靠勤劳的双手种着比别人家多两倍的农田。家庭的影响，造就了他勤奋、坚毅、争强好胜的个性。这种个性使他不甘平庸，在寿险营销的道路上勇往直前。永不服输的精神像一团火，时刻鼓舞着曹纪平始终保持一种积极乐观的心态，能够勇敢面对一切困难。

1998 年，曹纪平加入中国人寿山东省济南市分公司，当年就取得保费 8 万余元，以后每年的保费都以超过 50%的速度递增。2010 年，他的首年期缴保费突破千万元大关。2011 年，保费突破千万且实现了十年期保费占比近 90%。进入中国人寿 15 年来，他连续多年获得济南分公司“卓越五星级销售人员”称号，连续七年被济南市保险行业工会评为“十佳优秀代理人”，多次荣获中国人寿总公司和山东省分公司的荣誉和奖励，曾荣获国寿“十大杰出青年”荣誉称号，获得国内、国际 MDRT 白金会员等多种奖励。

在展业过程中，很多销售人员都害怕客户会拒绝自己，但曹纪平却一直把困难和拒绝堪称下一次成功的希望。也许，正是这种执着与认真，令客户印象深刻；也正是这种执着与认真，让他在寿险营销的道路上创造了一个又一个佳绩。

2. 坚持和毅力是成功的法宝

“成功不是偶然加运气，而是坚持加毅力。”曹纪平说。

从 1998 年从事寿险营销时起，十几年来，曹纪平每天中午都在办公室午休一会儿。有伙伴不解地问他：“你家离公司这么近，步行 5 分钟就到了，你怎么不回家午休？”他笑着告诉这位伙伴：“不为别的，在家午休一睡就是一个小时，而在办公室午休十几分钟就可以了。然后洗把脸就能准时出门展业。”曹纪平用这种办法让自己每天都保持展业数量和质量，时刻提醒自己不能懈怠。

2009 年 12 月 11 日，曹纪平在寿险个险精英高峰会上演讲时说：“到今天为止，我从业 3 840 天，写了 3 840 篇工作日志，一共写了 45 本，一共签了 4 778 件保单，保额达到了数十亿元，这就是坚持的力量。”

3. 快乐营销，快乐工作

曹纪平坚信，坚定的信念和积极的心态可以导致强有力的行动，强有力的行动必能导致美好的结果。

所有行业的从业者都要“敬业”，在敬业精神的基础上，还应该快乐工作。曹纪平一直提倡：“乐业精神、快乐工作。”曹纪平把从事寿险营销看成一件快乐无比的事。他认为简单就是美，简单就是快乐。一件保单能否成交，在最初见到客户的几分钟内就已经决定了。几分钟内，根据客户的具体情况，把要说的明白无误地告诉客户。在轻松愉快的气氛中签单。每一份保单都凝聚着他对客户的关心、用心和努力，也凝聚着客户的信任和认可。当曹纪平把保单亲手递交给客户的那一刻，他的心情会无比快乐。而每当此时，他就更加坚信：自己所从事的是世界上最伟大的事业！

资料来源：节选自《中国人寿》2013 年第 8 期（总第 156 期）的文章“不断创新 追求卓越——记中国人寿山东济南分公司个险精英曹纪平”，www.chinalife.com.cn，节选时有删改。

思考题：

1. 你认为曹纪平作为一名保险销售人员具备哪些可贵品质。
2. 曹纪平主要通过哪些途径和方式成功打造了其个人品牌？
3. 如果你是一名销售人员，你会学习借鉴曹纪平哪些品质和方法？

销售工具

1. 个人生活需求表

个人生活需求表

未来 12 个月支出项目		每　月	全　年
一、固定支出和投资	租金或房屋按揭		
	保险费（寿险+产险）		
	债务偿还（消费品分期付款）		
	银行定期存款及投资		
	父母赡养费		
	子女教育费		
	其他		
	全年小计		
二、生活费用	膳食费		
	服装费		
	电话费、水电费		
	嗜好（香烟、化妆品等）		
	其他		
	全年小计		
三、业务开支	交通费		
	业务应酬		
	文具、杂志费用		
	其他		
	全年小计		
四、其他杂项	学习、培养费		
	旅游费		
	俱乐部及会员会费		
	其他		
	全年小计		

续表

（1）未来12个月个人的总支出=上述四项全年小计之和
（2）未来12个月个人的其他收入（如续佣、利息等）之和
（3）未来12个月必要的总收入（首年佣金FYC）=（1）–（2）
（4）进行适当调整后的总收入（根据各地税率和个人情况定）
（5）每个月必需收入=（4）÷12个月

2．个人发展计划表

个人发展计划

个人的目标 （在下一年/下五年要实现的目标） 1. 2. 3.	目前在知识/技能上存在的不足 （哪些是我的薄弱环节？） 1. 2. 3.
发展计划 （我该采取哪些方法来弥补不足？） 1. 2. 3.	发展目标 （运用这些方法我将获得哪些能力？） 1. 2. 3.
谁做我的导师或教练？ 1. 2. 3.	我想从他那里得到哪方面的帮助？ 1. 2. 3.

3．客户分布现状表

客户分布现状表

摘要/年度	地区别	户数			保费（元）				备注
		A	B	C	A	B	C	小计	
	合计								

4. 拜访路线表

拜访路线表

时间：　　　　　　　　　　　　　　　　　　　　　　　　业务员：

	区			区			区		
级　别									
路　序									
客　户									

5. 客户访问频率表

客户访问频率表

项目 级别	营　销　员			营销主任	营销经理	总 经 理	备注
	访　问	电　话	信　函				
A级	每月3次	每月2~3次	每季1次	每月1次	半年1次	1年1次	
B级	每月2次	每月1~2次	半年1次	每季1次	1年1次	有必要时	
C级	每月1次	每月1次	1年1次	有必要时	有必要时		

6. 保户服务备忘录

保户服务备忘录

受理日期	保单号码	姓名	联系电话	受理事项（√）							受理内容（金额）	受理台交还日期	转送完成日期	备注
				理赔	满期	年金	解约	复效	变更	其他				
7.18	××××××××	×××	×××××××	√							3 200元	7.18	7.19	
8.7	××××××××	×××	×××××××						√		受益人	8.9	8.10	8.9补送资料
8.8	××××××××	×××	×××××××	√							4 500元	8.8	8.9	

7. 拜访周计划表

第____周

本周经营目标与成果				本周经营计划（具体操作方法）	本周经营总结（造成差异原因）	主管关怀
项　目	目　标	实际达成	差　额	一、开拓客户 二、完成一件 三、提高二成保费 四、祝贺保户生日	一、开拓准客户效果还不错 二、保户总是说要考虑	××： 本周表现尚可，请多加油
成交保费	1 500	0	–1 500			
成交件数	1	0	–1			
意外险保费	400	600	200			

续表

本周经营目标与成果				本周经营计划（具体操作方法）	本周经营总结（造成差异原因）	主管关怀
平均日访问量	8	5	–3		三、拜访量太少了	
新增卡	2	3	1			
增员	0	0	0			

8. 拜访活动日志

样表一

年　月　日

目标任务	保费数								
	保单件数								
	新客户开拓数								
	老客户服务数								
	增员数								
访问对象									
访问路线									
访问反应									
下次访问日期安排									
今日成果	1. 2.								
今日感想									

样表二

编号	拜访对象				活动内容												问题摘要	预填下次拜访日
	F/C编号	新卡	旧卡	姓名	寒暄拜访	市调访问	谈观念	送媒体	介绍商品	送建议书	促成契约	送礼物	增员	售后服务	续期收费	未遇		
			√	李先生													和太太商量	7月28日
			√	马先生					√						√		新婚、诉求太太	7月30日
			√	庞先生													没兴趣	8月15日
			√	黄先生			√		√								对保险公司没信心	8月5日
	45		√	邬先生									√	√			考虑（希望不浓）	9月

续表

编号	拜访对象				活动内容													预填下次拜访日
	F/C编号	新卡	旧卡	姓名	寒暄拜访	市调访问	谈观念	送媒体	介绍商品	送建议书	促成契约	送礼物	增员	售后服务	续期收费	未遇	问题摘要	
	46	√		周小姐	√	√											新认识，做美发	7 月 27 日
	合计	1	5		1	1	1		2				1	1	1			

本章实训

1. 采用 SWOT 分析方法对自己进行全面的分析，从而提取出自己在保险职业发展方面的优势与劣势，今后要重点培养的素质与能力。

2. 讨论：如何给准保户留下深刻的第一印象。

3. 假设你是一名销售主管，请拟定一份新进销售人员岗前训练计划。

4. 请以几个同学为模特，分别对其适合的色彩系和服饰款式风格进行诊断与设计。

5. 假如你是寿险公司的新进销售人员，请为自己拟定一份年度目标实施计划。

6. 假定你在保险公司实习，请为自己设计一份时间管理方案。

7. 如有条件，请参加一次野外拓展训练。

8. 进行若干次即兴演讲训练。

参考文献 *References*

[1] 孙云晓，卜卫. 培养独生子女的健康人格[M]. 天津：天津教育出版社，1998.
[2] 柳斌. 创造教育模式全书[M]. 北京：九洲图书出版社，1999.
[3] 孙祁祥. 保险学[M]. 北京：北京大学出版社，1997.
[4] 刘茂山. 保险学原理[M]. 北京：经济管理出版社，1998.
[5] 刘子操. 保险营销学[M]. 北京：中国金融出版社，1998.
[6] 吴小平. 保险原理与实务[M]. 北京：中国金融出版社，2002.
[7] 付菊，徐沈新. 保险学概论[M]. 北京：电子工业出版社，2007.
[8] 张志廷. 保险市场营销指南[M]. 北京：经济管理出版社，2000.
[9] 陈朝先. 保险营销[M]. 成都：西南财经大学出版社，2001.
[10] 王绪瑾. 保险学[M]. 北京：经济管理出版社，1999.
[11] 庹国柱. 保险学[M]. 北京：经济管理出版社，1999.
[12] 郝演苏. 财产保险学[M]. 北京：中国财政经济出版社，1998.
[13] 刘金章. 保险学教程[M]. 北京：中国金融出版社，1997.
[14] 吴之为. 现代推销学（修订第 2 版）[M]. 北京：首都经济贸易大学出版社，2002.
[15] 陈士亮. 寿险营销理念与推销技巧[M]. 北京：气象出版社，1999.
[16] 沈键. 保险中介[M]. 上海：上海财经大学出版社，2001.
[17] 魏华林，林宝清. 保险学[M]. 北京：高等教育出版社，2003.
[18] 万峰. 寿险销售技巧[M]. 北京：中国金融出版社，2003.
[19] 郭颂平，赵春梅. 保险营销学[M]. 北京：中国金融出版社，2001.
[20] 周灿，常伟. 保险营销理论与实务[M]. 北京：电子工业出版社，2014.
[21] 周灿，常伟. 保险营销专业技能训练[M]. 北京：电子工业出版社，2011.
[22] 刘春长. 保险艺术 AB[M]. 西安：陕西旅游出版社，2001.
[23] 李佳. 销售代表手册[M]. 北京：企业管理出版社，2003.
[24] 陈思，潘子平. 现代实用推销学[M]. 广州：中山大学出版社，2002.
[25] 王淑英. 保险营销[M]. 北京：中国人民大学出版社，2001.
[26] 陈企华. 新保险推销员必读全书[M]. 北京：中国纺织出版社，2002.

[27] 勒洪岩，朱立，张永艳，等. 销售人员业务技能训练精要[M]. 北京：中国纺织出版社，2002.
[28] 江生忠. 保险中介教程[M]. 北京：机械工业出版社，2001.
[29] 周伟. 保险产品行销技巧[M]. 北京：清华大学出版社，2006.
[30] 摩根. 营销专业技术[M]. 上海：上海财经大学出版社，2001.
[31] 格森. 成功销售的精神要素[M]. 上海：上海财经大学出版社，2001.
[32] 霍普金斯. 如何做好销售[M]. 北京：企业管理出版社，2000.
[33] 熊银解. 销售管理[M]. 北京：高等教育出版社，2001.
[34] 万峰. 寿险营销管理[M]. 北京：中国金融出版社，2002.
[35] 王宪章. 顾问式行销[M]. 北京：中国财政经济出版社，2002.
[36] 金正昆. 商务礼仪[M]. 北京：北京大学出版社，2006
[37] 英格丽. 修炼成功——世界形象设计师的忠告[M]. 北京：中国发展出版社，2003
[38] 于西蔓. 男士个人色彩与着装风格诊断[M]. 广州：花城出版社，2004.
[39] 于西蔓. 女性个人款式风格诊断[M]. 广州：花城出版社，2003.
[40] 于西蔓. 女性个人色彩诊断[M]. 广州：花城出版社，2002.
[41] 李超. 个性化保险频现产品细分成趋势[J]. 中国证券报，2013.
[42] 韩猛，王晓军. 我国年金产品的效用比较[J]. 保险研究，2010.
[43] 刘长宏. 人身保险高额保单研究[J]. 北大赛瑟(CCISSR)论坛文集，2014.
[44] 王妍. 健康保险规划产品选择分析[J]. 现代经济信息，2013.
[45] 苏洁. "夹心层"如何做好保险规划[J]. 中国保险报，2013.
[46] 中国保监会网站，http://www.circ.gov.cn/.
[47] 中国人寿保险股份有限公司网站，http://www.chinalife.com.cn/.
[48] 中国太平洋保险（集团）股份有限公司网站，https://www.cpic.com.cn/.
[49] 中国平安保险集团公司网站，http://www.pa18.com/.
[50] 泰康人寿保险股份有限公司网站，http://www.taikang.com/.
[51] 新华人寿保险股份有限公司网站，http://www.newchinalife.com/.
[52] 中国人民财产保险股份有限公司网站，http://www.piccnet.com.cn/.
[53] 太平人寿保险股份有限公司网站，http://www.tplife.com/.
[54] 宁波保险网，http://www.cnnb123.com/.
[55] 浙江金融网，http://www.zjfinance.com/.
[56] 中国金融新闻网，http://www.financialnews.com.cn/.
[57] 和讯保险大搜索网，http://insurance.hexun.com/.
[58] 新浪财经，http://finance.sina.com.cn/.
[59] 上学吧，http://www.shangxueba.com/.
[60] 圈中人保险网站，http://www.qzr.cn/.

[61] 好书读网，http://www.haoshudu.com.
[62] 中华文本库，http://www.chinadmd.com/.
[63] 常识网，http://www.csai.cn/.
[64] 万一保险网，http://www.wanyiwang.com/.
[65] 向日葵保险网，http://www.xiangrikui.com/.
[66] 中保网，http://www.sinoins.com/.